城市中国的奥运想象

Olympic Imagination in Urbanized China

王成　著

吉林大学出版社

长春

图书在版编目（CIP）数据

城市中国的奥运想象 / 王成著 . -- 长春：吉林大学出版社，2020.11
ISBN 978-7-5692-7731-9

Ⅰ . ①城… Ⅱ . ①王… Ⅲ . ①奥运会—工作—研究—中国 Ⅳ . ① G811.21

中国版本图书馆 CIP 数据核字（2020）第 225201 号

书　　名　城市中国的奥运想象
CHENGSHI ZHONGGUO DE AOYUN XIANGXIANG

作　　者：王　成　著
策划编辑：卢　婵
责任编辑：王默涵
责任校对：卢　婵
装帧设计：黄　灿
出版发行：吉林大学出版社
社　　址：长春市人民大街 4059 号
邮政编码：130021
发行电话：0431-89580028/29/21
网　　址：http：//www.jlup.com.cn
电子邮箱：jdcbs@jlu.edu.cn
印　　刷：广东虎彩云印刷有限公司
开　　本：787mm × 1092mm　　1/16
印　　张：24
字　　数：310 千字
版　　次：2020 年 11 月　第 1 版
印　　次：2020 年 11 月　第 1 次
书　　号：ISBN 978-7-5692-7731-9
定　　价：188.00 元

序

认识青年学者王成有好多年了。他是我的老同学田雨普的学生，雨普兄对他颇有赞语。雨普兄发病后，王成和他的同学待他很好，轮流护理，在病房里讨论学术，让老师沉闷的医疗生活有了几分亮色。多年前他曾来北体大与我讨论过奥林匹克运动方面的问题，此后在不同的场合多有交流。他对学术的执着追求，给我留下了深刻印象。

王成有着浓厚的奥林匹克情结，以至于他的硕士和博士论文均以奥运为选题。硕士论文讨论奥林匹克圣火传递，博士论文则通过青奥会，论述奥林匹克理想与价值。作者在奥林匹克研究领域浸淫已久，不仅关注赛事承办和遗产留存等现实议题，而且对奥运改革和发展的政策动向保持高度的学术敏感性。这本书是他多年来思考奥运问题，探索奥运发展之路的结果。在该书中，作者深入观察和分析了奥林匹克运动的诸多方面，涉及奥林匹克视觉形象、奥林匹克仪式、青奥会、奥林匹克教育、青奥文化、奥运遗产及奥运未来的发展。尽管作者从不同的角度，论及诸多奥运议题，但讨论的展开始终围绕着奥林匹克价值，因此多而不乱，杂而有据。文章多点散视，立体化地呈现出奥林匹克人文精神的多种样态。的确，奥运会之所以不同于寻常赛事，也正是它以催人奋进的人文精神，促使人们在不断完善自我的奋斗中实现人自身的和谐，人与社会和谐，人与环境的和谐，进入至诚至善至美之境。奥林匹克运动的一切都离不开价值的引导、价值的诠释、价值的传播。

作者之所以能对奥林匹克运动有自己独到的感悟，与他的体育经历有关。奥林匹克运动强调在参与中追求卓越，体验尊重，构筑友谊。作者说自己“研究体育、观察体育、参与体育、享受体育”，这确实是作者的经验之谈，也是奥林匹克研究所要求的。只有对体育有深切的体会，才有可能领略奥运的精髓。希望王成将自己的研究工作继续下去，在参与中观察奥运、研究奥运、享受奥运，拿出更多的成果来。

北京体育大学教授、博士生导师、
北京体育大学奥林匹克研究中心主任
2020 年 5 月 13 日

目　录

绪 论

奥运十周年，中国体育改革再出发[①]

北京奥运会十周年了。十年，可谓弹指一挥间，带给世人太多的体育想象。

2008 年的那个夏天，注定会成为很多人心中难以忘却的纪念。我清晰地记得，为观看北京奥运会开幕式，硕士刚毕业的我和爱人因承租房内没有电视机，特意在合肥长江中路的如家快捷酒店订了一间房。傍晚在与酒店仅一路之隔的一所中学校内田径场散步，谈论对开幕式的期待和设想，晚饭后就赶紧返回酒店等待开幕式的到来。为了使观看更具“情境感”和“仪式感”，我还特意从超市买来一瓶红酒，以示隆重。“有朋自远方来，不亦乐乎”“四海之内皆兄弟”……那晚的北京城想必一定灯火通明，29

① 2018 年 8 月 8 日，我乘机从南京前往广州参加国家体育总局政策法规司主办的全国青年体育理论工作者研讨会，登机时看到手机中的微信推送才得知，原来那天正值北京奥运会十周年纪念，一时间竟有种“恍如隔世”之感，北京奥运会时的举国期待、全民激情和万众狂欢似乎就在昨日。奥运之于中国，不仅意味着“圆梦”和“疗伤”，而且寓意着“开放”和“包容”，可谓承载了太多的意义与想象。十年了，从北京奥运会“无与伦比”的光环中走出，中国体育是否真正得到成长和历练？本文完稿于 2018 年 8 月 17 日，乃有感于北京奥运会十周年而作，谨以此文作为代前言。

个烟火脚印，穿过天安门奔向鸟巢体育场……多少人为了那一刻的到来付出毕生努力，如今一朝圆梦，想必会喜极而泣吧。而相隔千里之外的一个中部城市，两个30岁不到的年轻人“猫”在如家快捷酒店的一间房间里，通过荧屏中的影像呈现，感受穿越时空的奥运梦想。

大脚印、击缶、文明画卷……开幕式中尽管有多处亮点和创意，但留给我最深刻印象甚至带来真正触动的却是那两处：隆重、热闹且喜庆的开幕式演出告一段落，全场静谧下来，随之聚光灯集中在一个清新可人的女孩身上，天真烂漫的孩童形象伴随着清脆嘹亮的天籁嗓音，“五星红旗迎风飘扬”的歌声回荡全场，身穿民族服装的护旗手们各执红旗一角款款走来，将国旗交给旗手。如果说当初《新青年》中提出的“奥运三问”怀有的是对早日扫除“东亚病夫”这个特殊称谓而带有的一种期盼之情的话，那么当下将奥林匹克五环旗和中国的国旗一同升起在北京的奥林匹克体育场，就是对这种多年期盼和圆梦北京的最好回应。再有一处便是最后的圣火点燃环节。同样的全场目光聚焦，同样的悬念瞬间解开，当最后一名火炬手登台亮相，一展庐山真面目的时候，我的心情可谓紧张且激动到极点。李宁手持“祥云”奔跑在“鸟巢”上方，纸卷轴画卷徐徐展开，一幅幅笑脸逐步呈现，那是一种多年期盼和多年逐梦的真实写照。当然，圣火点燃事件之所以引起我的极大兴趣和感慨，其中一个原因是那几年我对奥运会火炬接力格外关注，发表的第一篇论文就是关于北京奥运会圣火点燃创意研究的，硕士学位论文的选题是“奥林匹克圣火传递的历史研究”，其间还就北京奥运会祥云火炬的形式文化以及奥林匹克仪式的历史变迁做过专门的研究。因此，对北京奥运会火炬接力活动颇为留意。

中国人百年来的奥运期盼和夙愿在2008年得以实现。中国运动员获得51枚奥运金牌创历史新高，我们不仅承办了奥运会，而且取得了金牌榜第一、奖牌榜第二的历史最好成绩，用“竞技体育和精神文明双丰收”来概括毫不为过。我在多种场合不止一次地表达过如下的观点：北京奥运会，天时地利人和，我们能够取得竞技体育参赛的历史最佳成绩，没有什么需要谦虚的，也应该抓住这样的机会力争第一。但是，竞技体育中的胜负输赢和兵家战事有着相似的道理，世界上没有常胜将军，没有人能够永远站在最高领奖台上。下一届甚至下下一届成绩有所下滑，我们也应该保持客观的判断和平和的心态。北京能够成功举办奥运会这样的大型赛会，已经证明我们有能力、有实力。既然有这个能力和实力，就无需其他多余的言说和论证。“谦虚过度，就是骄傲，甚至虚伪。”换言之，盲目自信和妄自菲薄都不该是中国体育应有的态度。真正走出对金牌的过度追捧和对竞技成绩的过分热衷，就是成熟和理性的表现。

我们应该看到，近来国际奥委会遭遇赛事承办危机，鉴于全球经济走势持续低迷，不少国家对奥运会的申办热心不再，奥运会申办举步维艰。就连巴赫本人都坦言，今后极有可能采取指定的方式来进行承办。国际奥委会发布的改革议程更是将这一点作为改革要点写入了议程条款之中。为何这样一个有着极强“吸金”和“吸睛”效用的超级赛会如今申办遇冷，众多西方国家对之热情不再，我们应该深刻反思其中的缘由。

北京奥运会的政治影响和文化影响已经发挥了应有效用，这一点，毋庸置疑。举国体制的优越性和独特性也已经显示出其强大的动员力和号召力。因为没有常胜将军，所以中国参赛代表队不可能在其他届次奥运会上再次取得这样的好成绩，因为很难有甚至不可能再有这样的“天时地利与人和”。即便有，对我们而言，其意义和价值和2008年相比也不可同日而语。所以2008年北京奥运会之后，社会各界期待的体育改革究竟有没有落到实处，有没有真正推行下去，才是问题的关键。

不少人喜欢用“投入—产出比”来计算产出一枚奥运金牌（奖牌）所对应的前期所有投入与花费，以此来批判中国竞技体育无底洞般的开销，并痛斥竞技体育举国体制的种种弊端。对此，我的态度是要辩证地看，不可一概而论。如果说2008年北京奥运会之前我们可以不计一切代价生产金牌的话，那么2008年之后还延续这种做法不加以改变就必然要遭受更为严厉的批判了。中国人需要2008年奥运会来摆脱“东亚病夫”的精神桎梏，从这个意义上而言，北京奥运会这一重要的事件和2008年这一重要的时间点，对中国和中国人来说，具有独特的“疗伤”意义和功能。需要2008年奥运会来证明我们有能力承办奥运赛事，有能力冲击竞赛榜首，有能力为国际体育做出自己的贡献甚至形成样板。为北京奥运会而修建的“鸟巢”和“水立方”，如今成为国人赴京旅游的“朝圣”之地，彰显出独特的“纪念碑”价值，其意义和效用远非简单地探讨体育场馆后期运营或者投入产出此类的字样所能涵盖。但是，北京有且只有一个“鸟巢”，如果再建一个，必要吗？可行吗？

中国人的努力与期盼、光荣与梦想，如同鸟巢上方熊熊燃烧的圣火，那个火热的夏天，定格成为国人记忆中永恒的经典。回想起那时的激动与兴奋，每一个中国人都有属于自己的情感印记，都有自己的独特理解。无论是作为大国所承载的宏大叙事，还是个体对体育进程中的私人化表达，北京奥运会都会以自身的独特魅力停留在每个人的记忆深处。

自从胡锦涛“9·29”讲话之后，体育学术界掀起一股体育大国和体育强国研究热。从“努力实现由体育大国向体育强国的迈进”到“建设体育强国”再到“加快推进体育强国建设”，不同历史时期的话语表述虽然文字有别，但都显示出国家层面对体育事业发展的期望和要求。研究成果中普遍认为中国距离世界体育强国还有很大差距，目前只能定位于体育大国的基本事实。但是，体育大国，我们真正做到了吗？身边有多少人热衷体育？市民体育参与的积极性如何？中国人口众多，有多少人经常参加体育锻炼，有多少人通过体育来进行社交，有多少面向普通民众的体育活动和体育赛事，有多少体育场地设施可供便利使用？这些都需要进行精确的定量化表述。因为，任何数据在面对近 14 亿人口这样一个巨大的分母数字时，都会显得无比渺小。就以备受关注的足球为例，中国究竟有多少人经常参加足球运动，有多少人接受过正规的足球启蒙教育？没有这些底座和基础，所谓的竞技体育塔尖显然是极不牢固的。更何况，即便是参与的人数比例有所提升，但体育素养如何、是否接受过规范的体育启蒙，也是一个更为迫切和严峻的问题。

近日在《每日人物》公众号读到一篇题为“北京奥运冠军的十年，我们统统都猜错”的文章。平时很少用手机浏览长文的我，竟然“划”着屏幕一点点看完。人们常说“文体是一家”，在我看来，体育界的“冠军”和娱乐界“明星”至少有一点是相通的，那就是在中国社会，大众的确关注位于塔尖者，但是，造星速度又太快，一拨倒下，我们往往还没有真正认清他是谁，新的明星又诞生了。如果说娱乐明星的形成多少还有一些外界因素如好的影视作品来助推的话，那么体育冠军的诞生则显得要艰难得多。从新手入行到一朝成名，多年的默默付出不说，其中大多数时间与外界隔绝，缺失了一个“社会人”应有的喜怒哀乐和爱恨情仇。更为严重的是，为了取得最佳的运动成绩，日复一日年复一年形同机械般的竞技训练很大程度上给身体带来了长久的伤病与疼痛。有多少优秀运动员没有伤痛困扰？那些曾经的体育冠军，如今还有多少人能记得他们？或者，即便回归平淡，他们在做什么，还在从事体育吗，生活过得好吗，至少在当下看来，几乎很少有人关心过。不管是“蹊跷十年”“寻常十年”“殊途十年”“无悔十年”“衰落十年”“执着十年”“决绝十年”“诡异十年”，还是“唏嘘十年”“荒诞十年”“迥异十年”“随性十年”“玛丽苏十年”“放飞十年”“隐居十年”，我们都不希望“不再碰竞技体操（体育）、不做教练，甚至连电视上的比赛都不看”。如果中国体育培养的精英都流露出反体育的内心情结，这样的体育会好吗？经历过 2008 年那个夏季最歇斯底里的挥拳庆祝和欢呼之后，我们是不是应该更加理性地看待这些金牌背后的故事？更加人性地慎思每一位运动员在中国体育中所处的位置？借用文章中的一句话：“当群情激昂的集体情绪消散以后，这些故事中折射出的，远比夺冠和金牌更丰富、更耐人寻味。”

当中国的民族自豪感已经不需要靠体育来维持，当中国的体育事业发展已经不需要靠承办奥运会来促进，而是走上良性循环的道路，当中国的优秀运动员在所谓的“退役”之后真正能够起到像奥林匹克运动所倡导的那样，能够“发挥优秀榜样的教育价值”，而不是厌恶体育、远离体育、抵触体育的时候，中国的体育文明才会迈上一个新的历史台阶，而真正推进“体育强国”建设就不再是一句空洞的口号和标语。

第一章 “创意为王”——奥林匹克视觉形象的再审视

“火炬和奥林匹克圣火是象征，是体现奥林匹克卓越、尊重和友谊价值观的载体，它激励我们在各自工作领域要竭尽所能，务求最好。北京奥运会火炬的出色设计为火炬接力增添了独特的中国色彩，将北京奥运会吉祥、祥和的信息传递到全世界。”①

雅克·罗格，2008 年

“五环上的蓝、黄、绿、红和黑，象征世界上承认奥林匹克运动并准备参加奥林匹克竞赛的五大洲，第六种颜色白色——旗帜的底色，意指所有国家都毫无例外地能在自己的旗帜下参加比赛。”②

皮埃尔·德·顾拜旦，1908 年

① 参见罗格出席 2008 年北京奥运会火炬和火炬接力仪式路线图发布仪式时的演讲。

② 1914 年在巴黎召开的庆祝奥运会复兴 20 周年的奥林匹克全会上，顾拜旦解释他对五环标志的设计思想。而五环标志，也最终成为当代社会最具商业价值和影响力的符号标识。

第一节 北京奥运会圣火点燃的创意与设计[①]

现代奥运会不仅为运动员提供了一个竞争锦标的竞技场，也成为各主办国竞展想象力与创造力的平台。在奥运会中，点燃圣火的仪式，是其最隆重、最富有感染力的仪式，体现了体育与艺术、体育与科技、体育与想象力和创造力的完美结合，成为最具魅力、最能调动亿万人激情的华彩乐章，已成为开幕式典礼的高潮所在。历届奥运会都刻意注重奥林匹克圣火点燃仪式并不断翻新花样，因为它不仅是一届奥运会开幕式的亮点，更成为承办城市乃至国家群体智慧的考验。主办国为了展现自身的文化风貌，往往会在火炬点燃方式上大费周章，煞费苦心，因而也百花齐放，尽展风采。

每届奥运会的圣火怎样点燃？由谁来点燃？——总是一个世界级的谜语，各届奥运会都将之视为最高机密。每一次的点燃都是一次创意的刷新和覆盖，也都不可能被再次重复。如何使圣火点燃更有创意，更有画龙点睛之妙，是一件极其艰难的劳动，是开幕式策划者面临的一个重要课题，往往令其绞尽脑汁，苦思冥想。

2004 年雅典奥运会闭幕后，北京奥运会进入倒计时，世界目光开始投向中国。设计出一场独具特色且寓意深远的圣火点燃仪式，为奥林匹克运动留下独具东方特色的宝贵遗产，是国际奥委会和国际社会对 2008 年北京奥运会的共同期待，同时对我们来说也是巨大的机遇和挑战。“北京到底会有什么新意？”这一悬念也更为急迫地牵动着全球观众的神经。本书

① 该主题源自作者作为观众参加 2015 年全运会开幕式观看火炬点燃一幕，由全运会到奥运会，由火炬点燃到火炬接力，有感而作，后经过修改发表在《体育文化导刊》杂志。见王成，田雨普. 北京奥运会圣火点燃创意研究［J］. 体育文化导刊，2006（8）：33–35。

试通过对历届奥运会的点火方式进行比较梳理，结合中国自身的文化传统，提出一些可供参考的意见和想法，意在抛砖引玉，以期2008年北京奥运会圣火点燃仪式更为精彩夺目。

一、历届奥运会的回顾与启示

（一）往届奥运会的精彩点火仪式

“串烧火线”：1984年洛杉矶奥运会不但开用商业手段办奥运之先河，在点火方式上也别具一格。当满场观众望着体育场一端那高高耸立在“城门”顶上的火炬台，猜不透火炬手如何爬上去时，却见运动员把火炬向“城门”下轻轻一靠，门柱上即呈现向上串烧的“导火索”，火炬台霎时烈火熊熊，圣火点燃的谜底便由此揭开。

“扶摇直上”：1988年汉城（现首尔）奥运会另辟蹊径，在赛场边，而不是看台上，筑起25米高的火炬台。当火炬手走到台下，人们担心如何征服那光溜溜的圆柱时，只见火炬手脚下缓缓抬升，不一会便到达火炬台边，这令人不得不惊叹设计者的巧思妙想。

“神来之箭”：1992年的巴塞罗那奥运会更是别出心裁，由西班牙残奥会射箭金牌得主雷波略接过火种，将它一箭射到21米高的圣火台，点燃了圣火。这也是奥运史上历来被称为最有创意的一幕。

“意志燃火”：1996年亚特兰大奥运会点燃圣火的是美国著名的拳击运动员阿里，已患有帕金森氏综合征的拳王阿里颤颤巍巍地用双手点燃了圣火台下的火种，火种顺着钢丝迅速升到圣火台顶，从而点燃奥运圣火。这是令人意想不到的一幕。全世界约有35亿的观众，观看了这激动人心的一幕。

"水火交融"：2000 年悉尼奥运会中，点燃圣火的是澳大利亚土著运动员、女子 400 米跑世界冠军弗里曼。弗里曼站在壮观的瀑布中央，弯腰点燃被水覆盖的奥运会主火炬。主火炬冲破瀑布，熊熊燃烧着升上火炬塔。一时间，水火交融，蔚为大观。

"天人合一"：雅典奥运会上点燃圣火的是 32 岁的举重英雄、在三届奥运会上都得到奖牌的迪马斯。一路飞奔的迪马斯穿过人群，奔向主火炬，此时，与奥运火炬形状一样的"针鼻"形主火炬开始向场内倾斜，迪马斯上前用手中的火炬点燃圣火，然后主火炬又缓缓升到原来的高度。

（二）经验与启示

1. 创新的思维理念

创新可以说是一个百年不变的主题，每一届奥运会都有自己的主题内容，而在这些主题中，圣火点燃更是点睛之笔。如洛杉矶奥运会、汉城奥运会，设计者可以说是绞尽脑汁，力求完美创新。另一方面，创新体现在很多方面，如雅典奥运会独辟蹊径，在主火炬的形状上下了很大的功夫，这一点对我们来说，是不是能有所启发呢?

2. 科技手段的使用

综观每届奥运会，有了创新的思维，如何去实现，大都是在高科技上下功夫。而高科技的运用，往往又能很好地反映一个国家的科技实力。没有高科技的支持，再完美的设计思路又如何实现得了?

3. 独特的文化展示

以悉尼奥运会为例，点燃圣火的仪式是在水中进行的，表现出水对澳洲的重要性。"人文奥运""绿色奥运"这些主题便尽在不言中。众所周知，游泳是澳大利亚的强势体育项目，澳大利亚本身就是世界上最大的岛屿，而澳大利亚人对水更有着特殊的感情。诚如澳大利亚发行量最大的报纸《澳大利亚人》的评论所言：“我们的人对水都有一种质朴和普遍性的酷爱，几乎所有的人都能被水所吸引，澳大利亚公民对水有极其深厚而特殊的感情。”简短的几句话，我们对悉尼奥运会为什么要在水中点燃圣火的寓意就明了了。

4. 鲜明的主题思想

在圣火点燃的那一刹那，同时燃起的还有全人类渴望和平和不断超越自我的信念。每一届奥运会的圣火点燃，都有自己想极力表现的主题。亚特兰大奥运会上，拳王阿里用他颤抖的手点燃了圣火，有人评论这一幕说：“世界都在颤抖。”阿里用自己颤抖的双手，诠释了“重在参与”的道理。悉尼奥运会上，让土著运动员弗里曼点燃圣火，这本身就代表了民族的和解，这位澳大利亚历史上第一位赢得世界冠军的土著人将自此成为和平的化身。

5. 非凡的火炬选手

在每届奥运会上，点燃圣火的火炬手往往代表着他们的国家，这些运动员大都在体育领域取得了非凡的成就，选择他们来点燃圣火也都蕴含着深刻的意义。

洛杉矶奥运会上点燃圣火的是1960年罗马奥运会十项全能金牌得主拉尔夫·约翰逊，巴塞罗那奥运会是西班牙残奥会射箭银牌得主雷波略，亚特兰大奥运会点燃圣火的是拳王阿里，悉尼奥运会点燃圣火的是土著运动员弗里曼，雅典奥运会点燃圣火的是举重英雄、在三届奥运会上都得到奖牌的迪马斯，他曾在1992年巴塞罗那奥运会、1996年亚特兰大奥运会两度夺金，并在2000年的悉尼奥运会夺得铜牌。所有这些，都说明了他们是举办国的代表，是奥运英雄，是和平的使者，更是奥运精神的化身。

二、中国全运会的设计与创意

作为国内最高水平赛事的全国运动会，它的圣火点燃仪式是中国特色文化的集中体现，也反映出了中国人民开拓创新、锐意进取的精神风貌。在此有必要回顾一下历届全运会的圣火点燃仪式，以发掘其中的精髓，丰富和开拓我们的思路。

“双龙吐珠”：中国从六运会起开始改变多年一贯的直接点燃方法，到七运会获得的突破。在1989年举行的第七届全运会上，火炬台两边设两条金色钢龙，火炬手点燃龙尾，两龙口即各喷出一枚火球，正好在火炬台上撞击而点燃火焰。

“龙腾飞光”：应该说，1993年八运会的点火方式脱胎于上届却高于上届。上届龙头接近火炬而且角度、方向早已矫正固定，而本届火炬台远在体育场外，火龙又是由场内表演者临时构成，最终通过激光准确点火，难度当然要高很多，这需要相当的财力、科技水平，以及敢于挑战世界水平的进取精神。

“银光闪射”：2001年在广东举行的第九届全运会和以往不同，是通过激光器引燃了位于运动场内另一端的火炬台圣火。高科技的方式也正体现了本届全运会追求的目标之一——“科技九运”。

“巨人腾空”：十运会再创新高，在羽毛球奥运冠军葛非高举第十届全运会圣火火炬绕场一周后，奥体中心的上空赫然出现了一个高十几米的巨型机器人，它接过葛非手中的火炬，徐徐升空，以跨越奔跑的方式，奔向火炬高台，进而用手中的火炬点燃了高处的十运圣火。

通过以上回顾大致可以看出，我国全运会的圣火点燃方式有一个渐进演变的趋势，但总的来说，基本上体现出了以下两点：

其一，龙是中华民族的象征，中华儿女都是龙的传人。以龙为主题自然是必不可少，第七、八两届的圣火点燃都是以龙为主题来体现，不正形象地说明了这一点吗？

其二，科技的运用是一个不可阻挡的趋势。随着社会的发展和科学的进步，采用高科技的点火方式已经不可避免地成为现在乃至今后全运会的一个重要主题，从九运会的激光引燃到十运会的机器人，我们可以预言，今后举行的全运会仍然会在科技创新上下功夫。

三、北京奥运会圣火点燃仪式的思考

圣火熄灭，记忆永存。每届奥运会的圣火点燃仪式对人类、对奥运都是一笔宝贵的财产。我们忘不了拳王阿里在亚特兰大点燃圣火的镜头，也忘不了土著选手弗里曼在悉尼破水而出的情形，更忘不了雅典奥运那史诗般的人神合一。2008 年北京奥运会可谓全球瞩目，作为有着五千年文化的文明古国，又将以怎样的方式点燃圣火呢？

“科技奥运”“绿色奥运”“人文奥运”是北京奥运提出的三个核心理念，论科技，论环保，应该说一些西方大国已经超过我们，而中国的文化源远流长，又是古文明的发源地之一，五千年的灿烂文化，她的人文精神，是世界上独一无二的。因此，北京奥运的点火方式应该着重体现创新特点，着重体现悠久的历史、灿烂的文化和现代化的发展。简单地说，就是在创新和文化这两个理念上下功夫。当然，我们并不是说不要科技，而是将科技如何运用的问题，是用高科技来服务，用高科技演绎本国博大的文化内涵。传统与历史不是陈腐气息的展现，而是赋予它现代的内涵，并用现代的意念展现它。此外，2001 年北京大运会的点火方式也比较巧妙，采用飞碟的概念，既有科技含量又体现中国人智慧，最重要的是能够给观者带来视觉冲击和感官刺激，进而将整个开幕式带入高潮。

中华民族历来以龙为象征，因此很自然地想到，是否可以通过以龙为主题来点燃圣火，就像中国的七运会、八运会那样，但笔者以为，此种想法欠妥。开幕式也好，圣火点燃也好，都要办成能让中国人喜欢，又能让全世界接受，让全世界的人民在感受到中国文化魅力的同时，享受到奥运精神所带来的愉悦。在西方文化中，龙是一种不吉祥的动物，甚至是邪恶的化身，如北京奥运会的吉祥物“福娃”的形象，最初有人以龙的形象来设计，但是考虑到东西方文化的差异，这种方案最终还是被否决了。西方有凤凰涅槃的神话，中国也有火凤凰的传说，中西方的神话传说都有一个共同的特征，那就是以凤凰象征着生命、活力与激情。能否借鉴这一点来进行相关的创意设计呢?

在雅典奥运会上，年轻的中国田径运动员刘翔创造了历史，一句“亚洲有我，世界有我”喊出了多少国人的心声。因此，北京奥运让诸如刘翔、姚明等体坛精英来点燃圣火似乎合情合理。但是从另一个方面来说，圣火又象征着和平、团结，正如希腊奥委会主席尼克劳所言：“点火仪式将是个伟大的场面，它不仅是奥运会的前奏，还传递着人类之间的挚爱，它告诉人们，奥运圣火可以团结整个世界。”如果让海峡两岸的手族同胞或56个民族的运动员代表来共同点燃圣火，是否会显得更有意义呢?

最后要强调的一点就是方案的保密性，有关北京奥运会各个方面的征集工作都要突出“保密”二字。雅典奥运会的时候，国外某媒体记者在观看了开幕式彩排后没有按照承诺保密，提前泄露了某些细节，以致被国际奥委会吊销了采访证件，由此可见保密工作的严肃性。从另一方面来说，保密工作做得越好，越是能吸引大众以及媒体，越是能吊足观众的胃口，越是能收到意想不到的效果。

根据以上的分析思考，下面提出一些相关的方案设想，主要是以不同的核心理念作为出发点。个人的思维和见解非常有限，以下方案仅供参考。[①]

“真人飞天”：中国的神六一飞冲天，让世人惊叹。今天中国的科学技术已经与往昔不可同日而语。我们不妨借鉴这一重大事件，主要是将点火方式与飞船上天相模拟，在空中带有火种的飞船底部与飞船脱离后，掉入主火炬上点燃圣火，或者让运动员坐在飞船上，直接飞到主火炬旁点燃圣火。这一方面表明中国人民驾驭科技的能力，另一方面也突出表明了载人飞船的意思。另外一种考虑，十运会采用了跨越的机器人点火，那么北京奥运不妨就直接让火炬手“飞”到主火炬旁点火，这不仅和十运会相比又提升了一个档次，还更为直接地表达了中国人民的“飞天梦”以及“更快、更高、更强”的奥林匹克精神，当然，运动员的安全、飞行方式等还须经过详细的策划和周密的考虑。

“炬台巡天”：“雅典”的点火方式虽然简单，但人不动火炬动的逆向思维还是赢得了大家的称赞。北京奥运会能否考虑在主火炬上下点功夫？比如说设计一种可以像飞碟那样自由漂移的主火炬台，设想一下，当全场观众根本看不到主火炬在哪里，正在考虑运动员如何点燃圣火时，从体育

---

① 写在后面的话：2008 年的北京奥运会注定是每一位中国人心中挥之不去的奥运印记和情结。开幕式当晚，我在合肥的如家酒店通过电视机全程收看开幕式，文艺表演的细节和冗长的运动员入场式早已忘之脑后，但升旗仪式和点火仪式迄今记忆犹新：原本欢腾的“鸟巢”全场寂静，灯光聚焦。伴随着“歌唱祖国”的清澈童声，身着民族服装的多位青年手举国旗缓缓走来，将五星红旗交给护旗手。歌声，动听入耳，场景，引人深思，可谓情境交融；李宁高举“祥云”，在“鸟巢”上空绕场一周，在缓缓展开的画卷上“飞天逐梦”。当下回想，依然内心激动无比，中国人百年来的奥运情结似乎在那一刻得到了最为突出的呈现。自省、自觉、自强，或许这便是仪式的力量。

场外缓缓生起一个造型独特的主火炬模型，在空中漂移了一段之后坐落在体育场的外侧，是多么令人意想不到。当然，它的移动路线还需要进行精确的考虑和计算，重量、形状、推进方式等也需要极高的科技水平。

“天女散花”：2008 年奥运会期间，临近中国传统节日七月初七和中秋节，而中国历来就有在中秋之夜燃放孔明灯的习俗，孔明灯象征着吉祥如意、美满幸福。让无数盏孔明灯飘上体育场的上空，这些经过特殊设计的灯同时绽开，就像是燃放烟花一样，在空中相互交错，绽放出绚丽多彩的图案，这定是令人意想不到的一幕，在全场感叹这美丽的同时，散落的烛火落到主火炬台上，点燃圣火。这样的话，不仅可以显示中国人的传统，还可以向世界人民尽情展现具有中国特色的奥运会。

“凤凰涅槃”[①]：这是一个源自远古神话的创意，北京“鸟巢”体育场，圣火点燃仪式即将举行。场上十盏射灯（象征太阳）明亮耀眼，扮演后羿的运动员从天而降，取出弓箭将十盏射灯一一射落。眼看大地即将陷入一片黑暗，从远处飞来一只凤凰，挺身拖住最后一个“太阳”，并与之一同落入火炬台中，主火炬点燃了，同时，凤凰也涅磐重生。美丽与创意同在，民族与世界交融，这不仅寄寓了中华民族奋发向上、刚强坚韧的伟大精神，也代表了奥林匹克运动的日新月异，不断发展。

奥运圣火已经从雅典跃向中国万里长城，全世界中华儿女为此欢呼雀跃。北京奥运会到底以何种方式来点燃圣火，怎样在世人面前展现中国风貌，体现奥林匹克精神，让我们共同拭目以待。

---

① 此方案创意源自“我心目中的十运会点火仪式”方案设计大赛金奖作品演变而来，作者为李彦甫。

第二节 北京奥运会“祥云”火炬形式文化解读[①]

奥林匹克宪章规定，奥林匹克火炬是经国际奥委会批准的、用于奥林匹克圣火燃烧的、可手持的火炬，是奥林匹克圣火的载体。[②]自从1936年正式举行奥运会火炬接力开始，到2008年北京奥运会，传递圣火的火炬总共制造了24种样式，其中有13个是为夏季奥运会设计的，可谓风格迥异，各具特色。它们不但承载了奥林匹克精神之火，在设计和制作上也凝聚着主办国家人们的智慧和心血，在构建奥运会的整体视觉形象、体现奥林匹克精神和当届奥运会举办理念与文化特色方面都起到了不可磨灭的作用。可以说，每一款奥运火炬的问世，都为奥林匹克历史留下了独特的遗产。2007年4月26日晚，北京奥运会火炬设计“祥云”在中华世纪坛正式公布，从纸卷造型到云纹雕饰、漆红设计，这些强烈的中国元素，不仅向世人展示了源远流长的中华文明，更是将东西方两种不同的文化巧妙融合到了一起。“祥云”，不仅有着完美的外表，更跳动着一颗有力的心脏，“渊源共生，和谐共融”的设计理念，传播祥和文化，传递东方文明，更传达了“天地自然，人本内在，宽容豁达”的东方精神。

一、吉祥云纹：渊源共生，和谐共融

云，是人类生活中常见的一种自然景观，也是一种自然现象，它姿态万千，瞬息万变。云的状态可以说关系着世间万物的生息，既能反映当前的天气形势，也能预示未来的天气变化。由于它独特的旖旎壮美，流连婉

---

① 该部分内容已发表，见王成．北京奥运会“祥云”火炬形式文化解读［J］．河北体育学院学报，2008（2）：15-16．

② 任海．奥林匹克运动读本［M］．北京：人民体育出版社，2005：125．

转的形象，使历代文人雅士无不对其倾情向往，在古往今来的诗词和山水画中，描绘云的形象不性枚举。我国宋朝著名的词人王禹偁在《春居杂兴二首》中就有“春云如兽复如禽，日照风吹浅又深”的诗句，形象地描写了云彩的姿态万千，变化无常。① 对于人类而言，云是自然的，浪漫的，正是由于这些浪漫的感情色彩，才赋予了“云”更加美丽、浪漫的文化内涵，这在中国传统云纹——“祥云”上得到了集中体现。可以说，经过数个世纪的演变，作为传统吉祥图形中的一种，“云纹”的传承已不仅仅是一种装饰或审美价值的体现，更在于深厚的民族文化价值。其独特优美的造型和美好的象征寓意逐渐传承下来。

“祥云”的“祥”代表吉祥、如意、祥和的意思，“祥云”包含了一种精神气韵与内涵，是中国古人“心中之云”的真实写照，体现了中国人的审美文化和观念认识。由于云作为自然现象而产生了一定的功利作用，人类对其期盼、敬畏和崇仰的心理便逐渐体现，使得云在古人心中升华抽象成一种神秘的生存力量，崇拜和偏爱，使“云”成了“祥云”，并把它认同为一种吉祥物和吉兆，以表明人们对未来的美好憧憬。

通过“祥云”所传达的人文意蕴，绝非仅仅停留在火炬的外观形式上，作为中国最具有代表性的文化符号，通过“渊源共生，和谐共融”的文化理念，通过火炬的接力，把五千年文明古国厚重、久远的祥和文化带到世界各地，与西方文化积极对话，并在世界文化中趋于认同，这与奥林匹克追求和平、和谐的价值理念是高度统一的，同时，这也符合了北京奥运会火炬设计理念之一“文化与和谐”的要求。“和谐”体现了中国传统文化

---

① 范励. 浅析传统吉祥图形——“云纹”在现代标志设计中的应用［J］. 中国包装，2006（1）：39–40.

追求身心和谐、人际和谐、天人和谐的思想，体现了当代中国的发展理念，与奥林匹克"使体育为人的和谐发展服务，以促进维护个人尊严的和平社会的发展"的精神实质深度契合，高度概括了北京奥运会"绿色奥运、科技奥运、人文奥运"举办理念和"同一个世界 同一个梦想"主题的深刻内涵。祥云这一祥和、和谐的形象，与中国的哲学及整个奥林匹克精神都能够很好地吻合，并将中国人自信、向上的精神状态展现在全世界面前。中国，这个崛起的东方大国，会以自信的心态和崭新的面貌承诺给世界办一届最成功、最有特色的奥运会。

二、纸卷轴：中华文明，世界传承

（一）纸的发明推动了人类文明的进步

造纸术是我国古代伟大的四大发明之一，也是我国古代人们勤劳和智慧的具体体现。在漫长的岁月中，我们的祖先为了帮助记忆、记录经验、留传、著书立说等需要，采用过许多天然原料或经过加工的材料作为记事、书写所用，如结绳记事、甲骨镂刻、石鼓碑碣、简牍、缣帛等。但唯有纸的问世，才可以称得上是文字载体演变史上的一场彻底变革，纸的出现无疑是世界文化史上的一场革命，它比此前世界上出现过的任何一种文字载体如莎草纸、羊皮纸、陶器、甲骨、竹木、缣帛等都具有重大的优越性，除原料易得、制作工艺简单、价格低廉、幅面不受限制等优点外，其轻薄柔软、便于装订、吸墨性好的特点也为纸质书籍的发展和印刷术的发明创造了物质条件。当造纸术通过中亚传入欧洲和美洲以后，对整个世界文明的进步都产生了重大的影响，直至 21 世纪的今天，纸仍是世界文化传播工作所依赖的一种重要的文字载体。可以肯定地说，纸的发明，是我国人民对世界文化的巨大贡献，极大地推动了人类文明的进步，对世界文化传播起到巨大的促进作用，促进了文化的交流和教育的普及，深刻影响了世界文明的发展进程。

传统的纸卷轴是一种文明和文化的演绎。纸是几千年来世界文明的绝对载体，也是人类接触最广的传播媒介。以纸的概念诠释奥运火炬，恰巧是中国文化厚重的体现。纸卷轴的造型将体育的力与美和文明的柔与韧完美结合到了一起，坚定地传达了体育和文明延续共存的主题。

（二）“纸”“火”兼容，共荣共生

“纸”与“火”历来都是对立的，中国就有句俗话叫“纸包不住火”。然而“纸”与“火”又是统一的，此次的奥运圣火将在以“纸卷轴”为造型的火炬中熊熊燃烧并传遍世界，两者的对立统一将是对奥林匹克精神和谐理念的最佳体现。

2000年的悉尼奥运会上，圣火从水中被点燃，打破了“水火不相容”的传统，给人留下了深刻的印象。2008年，北京奥运会的圣火将再次打破“纸”与“火”难以共存的传统，从而诠释奥林匹克精神融合、共荣共生的理念。[①]21世纪世界呈现多元化的发展趋势，开放的中国将以更加开放、兼容并蓄的心态积极参与到国际事物当中，以更加昂扬的姿态办好北京奥运会。

三、汉代漆红：承载千年，中国印象

北京奥运会火炬由银、红两色组成，下半部分的红色选择源于汉代的漆红色，借以承载千年中国印象。漆器是中国古代在化学工艺及工艺美术

---

① 张宇. 奥运火炬：用“纸”与“火”对立统一表现奥林匹克融合共生［EB/OL］. http://torchrelay. beijing2008. cn/cn/news/headlines/torchlaunch/s214041024/n214042234. shtml.

方面的重要发明，是以木或其他材料造型，经髹漆而成的器物。中国用漆历史悠久，1978年，在距今约7000年的浙江余姚河姆渡文化遗址中出土的朱漆木碗，是中国迄今为止发现最早的漆器。新石器时代，漆器制造处于探索阶段。夏、商、西周、春秋时期，漆器经历了它最初的繁荣期。到了战国、汉代，漆树栽培受到重视，漆器生产规模宏大，盛况持续数百年。战国时期，设有专官对漆器生产进行管理。汉代的漆器生产设有专门的管理机构，而且，当时的漆器生产组织严谨，分工很细。漆器品种丰富，兼具实用性与观赏性，不仅可用于装饰家具、器皿、文具，还可应用于乐器、兵器、丧葬用具等，取代了部分青铜器。所以，尽管当时漆器价格不菲，仍备受新兴诸侯的宠爱。[①] 中国古代的漆器具有耐潮、耐高温、耐腐蚀等特点，并可抛光到与瓷器相媲美的程度，堪称民族的瑰宝。火炬选用的源自汉代漆器的红色，饱和而富有力度，热烈而稳重，与北京奥运会的主景观保持了完美的一致。

中国红是中国五千年悠久历史的文化底色，是中华民族对太阳膜拜、对火的皈依后燃起的精神的嬗变。世界上几乎所有民族的先民都有崇拜太阳或火的历史，并且创造了各具特色的动人神话。但是只有在中国，从这种崇拜和神话中抽象出的红色得以传承不息。

中国漆红，是渗透到中国文源和奔流在中国文脉中的一种独特颜色，体现了几千年中国文化历史沉淀的漆红色彩饱和而富有力度，热烈而稳重，既具有历史的传承又彰显着时代感，迸发着奋发向上的精神内涵。

奥运圣火象征和平，是不同种族、不同国家、不同信仰、不同语言、

---

① 张荣. 古代漆器［M］. 北京：文物出版社，2005：100-110.

不同肤色的人们共同追求世界和平和最高体育境界的独特象征。它承载着奥林匹克的精神内涵，凝聚着对更快更高更强的不懈追求。“祥云”，这朵现代文明和古典意蕴共同孕育的奥运之花，将随着奥运圣火在全世界范围内的传递而将人类的团结、友谊、和平和信任演绎到极致。奥林匹克精神也将伴随“渊源共生，和谐共融”的祥云理念传遍全球，传递人们和平共处、和谐发展的梦想。以“共享和平、共享奥运”为主题的北京奥运会圣火传递活动以崭新的面貌在全世界传扬奥运理念，在奥林匹克运动历史上增添了精彩的一笔。

第三节 奥运会会徽设计的历史透视与主体艺术特征

奥运会会徽是一届奥林匹克运动会的奥林匹克徽记，亦称奥运会会标①，它是奥运会形象景观工程中的第一“主角”，是将奥运五环和其他独特要素融合在一起的一种综合设计。每届奥运会的组委会都要为所举办的奥运会设计会徽，以此来代表奥运会和所举办的城市、国家。同时，每一个会徽的产生也是在向世界展示主办国的设计水平，传达当今时代设计的思想理念。可以说，会徽是一个极具历史纪念意义的艺术性标志。此外，会徽产生后，这位宣传和推广奥运会的第一“大使”会以纪念品、宣传册等形式，广泛应用到奥运会的筹办过程以及奥林匹克形象景观工程的开发和使用中，并产生巨大的经济效益。作为奥林匹克精神和民族文化的重要载体，会徽一经问世便会受到全世界人民的关注。深入研究会徽的发展历程及创作特点，发掘其潜在的文化内涵和设计手法，对于普及奥林匹克运

① 钟秉枢，邱招义，于静，等．奥林匹克品牌［M］．北京：北京体育大学出版社，2006：23.

动、增强人们对奥运会会徽标志的深入了解以及更深层次地理解奥林匹克理念都具有极为重要的作用。同时，会徽作为一种标志设计，也为其他社会文化组织塑造形象提供了有益的借鉴和启示，也为观察奥林匹克运动发展提供了一个微观切入点和窗口。

查阅了历届奥运会（以夏季奥运会为主）的会徽图像和说明资料，以及相关的画册、图片等，与会徽、形象设计相关的论文和书籍等，通过对这些文献资料的分析和处理，探究奥运会会徽的历史发展和演变规律。着眼于会徽的形成与西方艺术的发展氛围是一脉相承的关系，从会徽形象的组成要素、形式塑造、设计理念以及艺术风格等方面，试图系统地、动态地分析会徽的演变、内涵和发展趋势。

一、奥运会会徽设计的历史演进

（一）形象酝酿期（1896—1928）

早在古代奥运会的时候，人们就通过壁画、瓶画和陶彩等绘画形式来表现当时奥运会的活动情况和古代奥运会的精神与传统，并以此来传达奥运会的各种信息。[①]现代奥林匹克运动会诞生初期，继承了古代奥运会的相关传统，仍然用绘画来记录当时奥运会的状态，如采用了奥运会报告和秩序册的封面、商业体育海报和宣传画等，会徽尚未形成独立的表现形态，虽不能称作真正意义上的会徽，但为其产生奠定了基础。从第一届到第七届，这些宣传画以写实的古典手法来表现运动员的形象，并力求与一般的体育比赛区别开来，基本上体现的是一种传统的绘画风格，都是以人物作为会徽的重要构成要素。1896 年在雅典举办的第一届奥运会，事实上连宣

---

① 王祖爵．奥林匹克文化［M］．北京：中国水利水电出版社，2005：54-55.

传海报都没有，我们现在所看到的那幅《天神竞技重回人间》（图 1–1），是当时雅典奥委会向国际奥委会提交报告的封面，带有明显的古希腊绘画风格，雅典的守护神雅典娜手持橄榄枝注视着古希腊奥运竞技场，雅典娜、古奥运竞技场、时间这三个元素超越了时空，共同向人们展示现代奥运会已经来临。

图 1–1　天神竞技重回人间

复杂烦琐、不便记忆的海报给奥运传播带来了相当大的困难，经过 30 余年的发展演变，1924 年在巴黎举办的第八届奥运会盾形会徽（见图 1–2），其主体采用了当时的巴黎城盾形城徽，中间配有一艘在海中航行的古帆船，同时还附有“法国奥委会”和“第 8 届奥林匹亚德巴黎 1924”的文字说明。之后阿姆斯特丹奥运会会徽则融入了更多的现代因素，至此，奥运会会徽和招贴海报已经正式分离，会徽设计迎来了一个全新的时代。

图 1-2　1924 年巴黎奥运会盾形会徽

（二）标识形成期（1932—1980）

1932 年在美国洛杉矶举办的第十届奥运会，真正将奥运五环标志引入会徽设计，并得以传承，这是奥运会会徽设计史上一个重大的转折点（见图 1-3）。充满了艺术美感的第十届奥运会会徽以变化了的美国国旗作为背景，配以五环和象征胜利的月桂枝，再加上拉丁文的奥林匹克格言，无论造型还是色彩，都似乎在宣告着美国本土强势文化时代已经到来。[①]

图 1-3　1932 年洛杉矶奥运会会徽

① 陈望衡．艺术设计美学［M］．武汉：武汉大学出版社，2000：39.

随着奥林匹克运动的发展和现代标志设计艺术潮流的演变，会徽的发展也从早期的人物形象和城市建筑转变到形象性的图案，如把城徽、国旗作为会徽的主图。1964 年在日本东京举办的第十八届奥运会，会徽设计堪称现代奥运会会徽设计史上的一个里程碑，开创了会徽设计及其相关形象系统设计的时代（见图 1–4）。置于日本国旗前的是奥林匹克标志，而一轮红日下的五环也采用了金色，彰显出独特的大和民族特征，强烈的视觉冲击力成为颠覆传统会徽的最显著特征。简单说，就是体现了简单实用的设计理念。这一时期会徽的标志意义更加明了，形成了稳定的构成要素，除秉承时间、地点、事件会徽三元素设计理念外，五环也成为会徽图案中不可或缺的一部分，图案设计更加抽象化，形成了文字、图形和色彩上的统一，为进一步开发其品牌功能，为奥林匹克现实服务打下了基础。

图 1–4　1964 年东京奥运会会徽

（三）品牌成熟期（1984 年至今）

此后，奥林匹克运动日新月异，它的发展也越来越成熟，而会徽在设计取材上的寓意也更加深刻，尤其是奥林匹克精神、奥林匹克理想开始被更深层次地发掘出来，抽象性的图案成为会徽设计的主体，简洁、明了、含义深刻的设计方式成为会徽设计者的首选。值得一提的是，1984 年美国洛杉矶迎来了第二十三届奥运会，本届奥运会不仅开创了商业办奥运的先河，也使得会徽设计脱离了奥运会的附庸，成为一项独立的事物，开始了全新的品牌之旅。被称为“运行之星”的会徽（见图 1–5），图案中的 13 条横虚线使五角星显出运行状态，即寓意生命不停地运动和进取，又象征了美国独立时的 13 个州。3 个五角星运用了红白蓝三色，这是美国国旗的三种颜色。很明显，陈旧的色调已荡然无存，而明亮的色调开始被频繁使用，会徽设计风格也向着“明快亮”演进，会徽创作更是被提到了一个前所未有的高度。

图 1–5　1984 年洛杉矶奥运会会徽

如今，奥运会会徽设计日臻完善，奥林匹克运动也步入了良性发展的运行轨道。在会徽中，奥林匹克所推崇的巨大人文价值和品牌效益得到了进一步提升，丰富多彩的会徽形象被相继开发出来。可以说，奥运会不仅为运动员提供了一个竞争锦标的竞技场，也成为各主办国展示设计水平和传达当今设计思想理念的大舞台，会徽设计更成为反映当代设计思潮的风向标，历届奥运会会徽不仅向世人展示了丰富的文化内涵和历史底蕴，更为奥林匹克运动乃至全世界留下了一笔宝贵的财产。

二、奥运会会徽的文化内涵

奥运会会徽的设计取材可谓多种多样，从象征和平的橄榄枝到寓意诚信的肖形印，任何具有独特魅力的设计元素都可以被大胆采用。然而不管采用什么样的设计元素，以什么样的风格表现，奥运会会徽，它最具魅力的地方也就是它具有丰富的民族文化内涵，让人一看便能体会到，这就是奥运会，这就是奥运会会徽。

（一）展现民族文化传统

艺术设计是一种文化创造。① 每一枚会徽诞生的时候，人们惊叹的不仅是那独创的设计理念，更有在会徽背后所蕴含着的丰富文化底蕴。2003 年 8 月 3 日，北京第二十九届奥运会会徽终于在人们的期待中浮出水面。名为“中国印·舞动的北京”的会徽（见图 1–6），以象征着中华文化悠久历史的印章作为主体表现形式，将中国传统的印章和书法等艺术形式与运动特征结合起来，运用艺术夸张手法，将“京”字幻化成一个向前奔跑、舞动着双臂迎接胜利的运动人形，而“京”字又是主办

① 赵长杰. 奥林匹克进展［M］. 北京：北京体育大学出版社，2004：192.

地北京的简写，形象化的“京”字还可以理解为“龙”“文”字，巧妙地将现代奥林匹克精神与中国博大精深的文化结合在一起，蕴含着浓重的中国韵味，向世界各地的朋友展示了中国久远而深厚的历史文化。再如悉尼奥运会会徽（见图 1-7），运用了极具象征意义的色彩语言，黄色的海港、黄色的太阳和沙滩，以及红色的内陆土地，澳大利亚本土文化的独特性便跃然纸上，浓郁的地域特色和深厚的文化底蕴使得本届奥运会会徽更加诱人、精彩。

图 1-6　2008 年北京奥运会会徽

图 1-7　2000 年悉尼奥运会会徽

（二）传递奥运主办理念

2004年雅典奥运会，百年奥运，梦回爱琴海，本届奥运会的主办理念是“文化奥运”，主题是“回到故乡，共享希腊文明和奥林匹克文化”，会徽图形以具体形象橄榄枝来表达抽象的象征主义的意义，橄榄枝象征着和平、胜利，圆环象征团结、圆满，由此代表了奥林匹克运动友谊、团结、和平的宗旨，会徽的这种构成方式和象征意义准确地传递了本届奥运会的主办理念（见图1-8）。2000年悉尼奥运会正逢世纪之交，组委会希望通过举办奥运会来引领新世纪的奥林匹克运动，使体育与文化结合得更为紧密和谐，提出了“共享奥林匹克精神”的举办理念，真正办成属于“运动员的奥运”“环境的奥运”和“新世纪的奥运”。会徽也将这一设计理念形象化，以焕发活力的运动员作为会徽图形主体，强调了“运动员的盛会”这一奥运主题。

图1-8　2004年雅典奥运会会徽

（三）弘扬奥林匹克精神

《奥林匹克宪章》指出，奥林匹克精神就是相互了解、友谊、团结和公平竞争的精神。它强调了对文化差异的理解和包容，以及参与竞技运动的公平和公正。[①]“更高、更快、更强”和“参与比取胜更为重要”的体育精神在会徽中共同化为对奥林匹克的美好祝愿，和对人类团结、拼搏等美好精神的赞美。

北京奥运会会徽的主体为“运动员、京”的结合，“运动员”取其形，“京”则求其神，这奔跑中的人形，充满了活力与动感，也昭示了体育运动的不断向前。2004年雅典奥运会会徽，在充满诗意的蓝色背景下，设计者妙笔生花，将手牵手的运动员变化成象征和平与友谊的橄榄枝花冠。2000年悉尼奥运会，会徽名为“新世纪运动员”，太阳、岩石和土著人狩猎用的回旋标共同组成了一个奔跑的运动员形象。1992年巴塞罗那奥运会会徽更是充满活力，由蓝、黄、红色填充的一点和两个弯曲的线条构成了一个人的运动状态，似跑似跳，会徽不仅代表了巴塞罗那悠久的文化和现代化建设的生命活力，更可以向世人表明，巴塞罗那人正张开双臂热烈欢迎来自五湖四海的客人。

纵观历届奥运会的会徽，不难发现，早期所谓的会徽（严格意义上来说是宣传画）所要极力表现的一个主题，就是在以写实风格绘画的基础上，通过人物（以运动员为主）的形象来体现奥运精神、运动之美。第一届奥运会会徽中的雅典娜女神，第二届中身着传统法国骑士服装的女性，第四届中的跳高运动员，第五届中身形矫健的奥运选手，以及后来几届中的铁饼运动员、长跑运动员都从绘画风格上说明了这一点。随着时代设计理念

① 任海．奥林匹克运动读本［M］．北京：人民体育出版社，2005：136.

的演变和人类文明的进步，会徽的设计虽然仍通过人物来表达奥林匹克精神，但原先的写实风格运动员形象已被抽象风格的象形运动员所代替，如“新世纪运动员”“舞动的北京”。人是奥林匹克运动的主体，运动员更是奥运会的主体，将各种设计元素以动态的人形来表现，恰如其分地将奥林匹克精神在一方小小的会徽中展现出来，流畅而富有动感的图形定会在人们的记忆中留下长久的印象。

（四）镌刻比赛时代特征

会徽作为奥林匹克视觉系统的第一形象标识，首先具备的便是一般标志的象征和强调功能，它以一种强烈的视觉震撼力，宣传和代表了奥林匹克运动，并向人们传递奥运会的举办信息以及，举办地和举办时间等会徽图案构成要素，在这一点上扮演了重要的角色。从历届奥运会会徽中不难发现，地名和时间基本上采用的都是相同的色彩和字体，虽然没有主体的创意图案富有想象，但作为一种信息标识，它们被永远刻在了奥运历史的长河和人们的记忆中。北京奥运会会徽，以毛笔撰写的英文 BEIJING 和阿拉伯数字 2008 以古老的汉代竹简的书写方式，浑然天成，涵蕴无穷。[①]2008 年是奥运年，2008 年全世界最重大的事件就是北京举办奥运会，比赛的时代特征被深深地镌刻在奥运会和人类发展的历史上。

三、奥运会会徽的演变趋势

（一）表现形式：取材广泛标新立异

单从会徽的图案构成来说，其设计已经形成了自己的传统，除举办地

---

① 赵岳峰. 2008 年奥运会会徽的文化内涵探析［J］. 体育文化导刊，2006（1）：32-33.

和年份，例如“BeiJing 2008”、奥运五环外，最为引人注目的部分，就是会徽的主体构成图案，通常是新颖独特且含义丰富的图形，历届奥运会的会徽都在这部分大费周章，力求有所突破和创新。这部分内容逐渐运用前卫、时尚与抽象的艺术表现形式，通过简洁、明了的线条构成来表现更为深厚的文化底蕴，更进一步体现地域性、运动性、独特性以及文化性。火炬、悉尼歌剧院、飞来去器（又称回旋镖）、橄榄枝、印章等无一不被用来作为创意元素，寻求突破，并力求使奥林匹克精神得到更为广泛而深远的传播和普及。

（二）表现内容：文化与运动相互融合

从会徽的表现内容上来看，创作者们重视从历史文化中汲取营养，借助传统文化中的象形表意符号，采用象征性的比喻和暗示，由此创造出传统与现代相结合的艺术作品。另外，地域文化特色被强烈地显现出来，每一枚会徽中，我们都可以读出该举办国，乃至举办地的地域文化特征，在宣传奥林匹克精神的同时，也为自己的国家做了良好的形象展示。众所周知，优秀的设计在于灵感的迸发和对设计所承载的精神因素的巧妙表达，在这些精神因素中，生命的勃勃活力、顽强的体育精神被提到了前所未有的高度。从“新世纪运动员”再到“舞动的北京”，生命的永不停息、以运动员为中心的体育内涵被艺术地诠释和升华。

（三）设计风格：紧跟世界艺术的潮流

历届奥运会的会徽作为一种标志性的设计，本身具有鲜明的时代特征，往往反映了一个时代的设计理念和设计风格。每一届的奥运会在不同国家不同地点举办，国与国之间在文化氛围、艺术风格等方面都会存在着较大的差异，因此从历届奥运会会徽的图像演变可以清楚看到这一点。早期的宣传画图案烦琐，颜色沉重，不便于记忆和传播，给奥林匹克运动的推广也带来了一定的困难。会徽不但体现了当时的设计风格，也代表了时代标志设计的发展方向，古典主义、波普艺术、装饰主义和现代主义乃至后现代主义等多种艺术表现形式已相继被融入到会徽的设计中来。①

（四）设计理念：体现多元化的创造思维

现如今，在和平与发展的国际大环境中，世界呈现出多元化的发展趋势，标志艺术在全球化与本土化的浪潮中不断自我完善。② 奥林匹克相关形象设计也与时俱进，不再满足于传统而单一的发展模式，力求在多元中寻找突破。随着科技的进步和人类认识水平的提高，多元化的创造思维、尊重多种艺术方式的并存将会为我们展现一个更加绚丽多彩的艺术世界。会徽设计也是如此，它没有一个固定的创造思维模式，并非一味要去追求高雅，追求震撼力，而是在各种文化、各种艺术流派、各种风格中融合发展，新与旧、传统与现代、前卫与大众等等往往不再有鲜明的界限，共同融入奥运会会徽的创作中，以一种更加自由、更加突显个性的方式展现在世人面前。

经过百余年的发展和创新，现代奥林匹克运动不论是从规模还是从质量上，和以往相比都不可同日而语。作为奥林匹克视觉形象设计的第一标识，会徽凝结着奥林匹克精神，是主办国理念和主办地文化与艺术传统的最形象的体现。③ 它不仅发挥着标识和品牌的双重功效，更承载了奥林匹

① 门德来. 现代图形设计创意与表现［M］. 西安：西安交通大学出版社，2002：95-100.

② 李砚祖，芦影. 视觉传达设计的历史与美学［M］. 北京：中国人民大学出版社，2000：379.

③ 王军. 奥林匹克视觉形象的历史研究［M］. 北京：北京体育大学出版社，2004：42.

克巨大的人文魅力和精神价值。会徽作为一种权威性的形象标识，首先具备的便是一般标志具有的象征和强调功能，以一种强烈的视觉震撼力，宣传和代表了奥林匹克运动，体现一届奥运会的主题。其次，作为奥林匹克相关视觉形象的第一“主角”，会徽被广泛地用于奥林匹克形象景观工程的开发和使用中。如北京奥运会会徽，已连同口号、吉祥物一起，共同向世界展示了中国、北京的文化传统、城市形象和人文精神，是北京奥运会的重要财富和人文奥运会的重要载体。同样，在会徽的背后也蕴藏着无限的商机，这就是带动市场开发。特别是现代奥运会对经济的推动作用，奥运会会徽已越来越显现出强大的广告和商业魅力，蕴含着巨大的含金量，合理有效地运作将会对经济产生不可估量的推动作用。

会徽形象的塑造，促进了奥林匹克运动和艺术设计的共同融合与发展，奥运会会徽，遵循着美观和实用并举的原则，紧随奥林匹克运动和当代设计艺术的发展潮流，根据奥林匹克精神，形成了动态化的创造规律。在历史与文化相融合的理念指导下，将时代的艺术气息和奥林匹克运动的宗旨融入到会徽设计中，运用动态、系统、超平面的设计方法，服务于奥林匹克运动和大众，相信定会创造出更为精彩夺目的奥运会会徽形象。

第二章　“美与尊严”
——奥林匹克仪式的变迁与发展

“古代奥运会最光辉之处在于它的两条原则：美和尊严。如果现代奥运会要扩大影响，我想必须体现这两点，表现美和唤起尊严之心。美和尊严在我们今天进行的最重要的体育比赛中应该引起足够的重视。那崇高庄严的队列和仪态，那难忘的光辉庆典，那精美的艺术，还有公众的热情和高尚的情操，都应该融为一体。”①

皮埃尔·德·顾拜旦，1908 年

穿越具有历史意义的“丝绸之路”这一象征古代中国与世界联系的贸易之路，行经世界五大洲，并且到访奥林匹克圣火不曾到过的地方，北京奥运会火炬接力就像其主题“和谐之旅”所诠释的，将会把友谊和尊重带给不同民族、不同种族以及不同信仰的人们。②

雅克·罗格，2008 年

① 顾拜旦. 我为什么要复兴奥林匹克运动会［J］. 双周评论，1908（7）.

② 参见罗格出席 2008 年北京奥运会火炬和火炬接力仪式路线图发布仪式时的演讲。

第一节 奥林匹克圣火传递的历史流变与现实思考[①]

作为奥运会前奏的千万人参与的圣火传递活动，是奥林匹克诸多文化活动独具特色和魅力的重要组成部分，吸引了全球几十亿人的注意，对奥林匹克运动乃至当今社会产生了巨大而深远的影响。圣火传递是主办城市和主办城市之外那些没有机会直接参与奥运会的人参与奥运会的重要途径。在圣火传递的过程中，大量的文字和图片影像资料成为珍贵的历史遗产，使得奥林匹克精神以及奥运会主办国、主办城市、途经地区和城市的人文精神在火炬接力以及奥运会结束之后继续得到继承和发扬。同时，圣火传递也成为各主办国竞展想象力和创造力的平台，各式各样独具特色的奥运火炬以及开幕式上最激动人心、最富有悬念的圣火点燃仪式，无不体现了体育与艺术、体育与科技、体育与创造力和想象力的完美结合，成为奥林匹克运动中最为珍贵的遗产之一。

此外，在奥林匹克运动日益壮大发展的今天，圣火传递已经成为一个多国家多地区共同参与的真正意义的全球活动，吸引着众多媒体和大众的目光，对社会、经济、文化等领域产生了巨大而深远的影响。从圣火这一独特视角来认识奥林匹克文化和奥林匹克运动，不仅可以增强对奥林匹克圣火及其相关价值理念的认同和接受，更可以为北京乃至今后

---

① 该部分内容完成于 2007 年 3 月，同年 9 月被《体育文化导刊》录用，刊发于 2008 年第 1 期，标题为《奥林匹克圣火传递的历史与现实思考》。初稿完成后，笔者在该文基础上扩展延伸，完成了题为《奥林匹克圣火传递的历史研究》的硕士论文，而本章第二节部分则是在硕士论文完成的基础上进行删减、提炼，后以《奥林匹克圣火传递的历史追溯与解读》为题发表于《首都体育学院学报》2009 年第 4 期。从框架和内容上看，两篇文章有重合之处，特在此交代两篇文章的撰写背景。

举办奥运会圣火传递活动提供现实指导依据和经验借鉴，进而合理有效地运作这份奥林匹克宝贵遗产，对推动奥林匹克运动可持续发展有较为实际的现实意义。

一、演变历程

火是光明的使者和文明的象征，在希腊的历史上，代表着创造、再生和光明。在古希腊，人们认为火是神的化身，火与神一样有着至高无上的地位。火还是执掌火和锻炼之神赫斐斯塔司（Hephaestus）神力的象征，也是普罗米修斯牺牲了自己，从宙斯那里偷来送给人类的礼物。人们为了表达对火的崇拜和对希腊神话中神灵的爱戴，经常举行一些特别的比赛，如手持火把赛跑等，以传递火炬的形式来表达对神的崇拜，对自由和平的向往和祈祷。

公元前 776 年，人们在奥林匹亚宙斯庙（Temple of Olympian Zeus，Athens）旁举行庄严、肃穆的仪式，从祭坛点燃火炬，然后奔赴希腊各个城邦，圣火如同一道神圣的命令，有至高无上的权威，那就是“神圣的休战”。这种从祭坛上点燃火炬的仪式，一直延续到公元 393 年，随着罗马皇帝狄奥多西一世（Theodosius I，约 346–395 年，379–395 年在位）宣布废除奥运会的一声令下，在历史上盛开 1000 多年的古代奥运之花终究被罗马统治者扼杀了。

（一）酝酿萌芽期（1896—1932）

古代奥运会虽然衰亡了，但它给人类社会留下了一笔宝贵财富，对世界文明和人类进步起到了不可磨灭的作用，人们不会忘记古代奥运会为人类社会发展和进步所做出的贡献。1500 多年后，这一古希腊人的竞技盛会和古奥运精神终于在现代社会得到复兴。1896 年，现代奥林匹克运动登上历史舞台，在希腊举行的第 1 届奥运会为了展示奥运会的伟大意义和光明前途，表达对顾拜旦先生发起举办现代奥运会的尊重与感谢，效仿奥林匹亚“点圣火”活动，因此在开幕式上特别安排每名运动员手擎一个火把入场。可以说，这就是奥运会举行圣火传递和点燃主火炬活动的雏形，但最初的几届并没有将这种传统继承下来。

1912 年顾拜旦首次提出点燃奥林匹克圣火的建议，但一战的爆发，使该项建议未能得到执行。八年后，作为大战后的首次盛会，安特卫普奥运会意义非同寻常。为了纪念协约国阵亡将士和无辜丧命的人民，希望人类不再有战争，在奥运会期间燃烧了象征和平与光明的奥运会火焰，并决定从 1928 年阿姆斯特丹奥运会开始，恢复古代奥运会的这种传统。

1928 年，奥委会通过决议，正式规定：在开幕式要举行隆重的在主会场点燃火炬的仪式，火炬由运动员在希腊的奥林匹亚点燃，然后以接力跑的形式传递到奥运会主会场，点燃圣火台上的火炬，以火炬燃烧与熄灭象征开幕与闭幕。同年第 9 届阿姆斯特丹奥运会即执行了这一决议，5 月 17 日，圣火在奥林匹克山上点燃，通过火炬接力的形式传递，途经希腊、南斯拉夫、奥地利、德国 4 个国家。虽然这次并不是真正意义上的运动员接力，但开辟了奥运圣火传递的新纪元。

（二）仪式形成期（1936—1980）

1934 年，国际奥委会在雅典正式做出决定，在奥运会期间，从开幕到闭幕，主会场要燃烧奥林匹克圣火，并且火种必须采自奥林匹亚，以火炬接力的形式传递到奥运会主办城市。这是根据国际奥委会成员莱瓦尔德在 1928 年的提案所做的进一步完善。从此，圣火传递成为每一届奥运会必不可少的仪式。

两年后，德国柏林迎来了第 11 届夏季奥运会。尽管德国纳粹和军国主义的嚣张气焰笼罩着整届奥运会，并由此导致了可悲的后果，从这个角度而言这届奥运会并非值得纪念，但正是从这届奥运会开始，圣火的点燃与传递成为奥运会期间最重要的标志性仪式之一。熊熊燃烧的圣火宣告着奥运会的开始，也渐渐成为奥运会和人类体育精神的象征。也正是在这届奥运会才真正实现了圣火的人力传递。此后，几乎所有的洲际运动会都沿用了这一仪式，以至于当初曾被视为可有可无的奥运圣火传递对当今社会的影响甚至远远超过了奥运会某些比赛项目本身。

（三）创新发展期（1984 年至今）

20 世纪 80 年代以来，奥林匹克运动通过一系列的改革创新，逐步摆脱了长期困扰其发展的经济危机，步入良性运行的轨道。在这一时期，奥林匹克主义崇高的人文价值、奥运品牌的巨大作用和奥运会无与伦比的影响力得到了进一步彰显。而作为奥运会前奏的圣火传递活动，也总是与东道国的历史和文化相融合，并在前人的基础上，力求突破与创新，伴随着奥林匹克的自身进步一起发展。

1984 年洛杉矶奥运会，不仅开创了商业办奥运之先河，更是大胆地将商业运作方法引用到圣火传递活动中，颇受争议的“青年遗产千米”计划，成功集资 1100 万美元，为美国的青年活动组织和国际奥委会的专门委员会提供了运转的资金支持。1992 年巴塞罗那奥运会，在现代奥运史上第一次实现了国际所有成员的大团圆。此次圣火传递没有使用任何机动车辆，并首次邀请国外人士参加火炬的接力。50 个国家，200 名选手与西班牙人一起参加了圣火的传递，这在奥运史上是第一次，也使得本次圣火传递真正具有了世界性。1996 年亚特兰大奥运会，圣火行经 2141 公里路程，是希腊历史上火炬到达范围最广的一次传递。2000 年悉尼奥运会，使用了诸如自行车、火车、马匹、骆驼、独木舟等工具传递，独具特色的是，澳大利亚海洋生物学家邓肯手持经过特殊化学处理的火炬在澳大利亚东北部海底完成了 3 分钟的水下火炬接力。

百年奥运，梦回雅典。2004 年，雅典奥运会的圣火传递是奥运会有史以来规模最大、传递距离最长的一次。圣火途经五大洲的 26 个国家、33 个城市，并且填补了非洲和南美洲从未进行过奥运会圣火传递活动的空白。雅典奥运会以橄榄树为创作灵感，设计出了精美的橄榄树叶造型的火炬，精美的火炬设计为其转卖奠定了基础。他们提出，为了弥补火炬接力的花费，接力的火炬可以由传递者作为纪念而收藏保留，代价是必须支付 360 欧元。仅在中国就有 148 人传递，获利近 5.3 万欧元。此外，为了保证火炬接力的顺利进行，奥运会全球合作伙伴可口可乐公司和三星公司还提供了 4000 万欧元的赞助。这一社会效益和经济效益俱佳的做法非常值得我们借鉴。

二、历史启示

（一）奥运圣火寓意深刻，成为凝聚奥运精神的独特象征

火表示着生命、热情和蓬勃的朝气，而在古希腊奥林匹亚遗址点燃的圣火，象征着发祥于古希腊的文明之光，仍然照耀着人类前进的道路，激励着人类追求光明，追求理想，朝着崇高的目标不断进取。圣火的传递，也象征着奥林匹克精神的传递。① 奥运圣火是为完美而努力的象征，是为胜利、和平和友谊而奋斗的象征，是人们对于奥林匹克运动精神的寄托，

① 任海. 奥林匹克运动读本［M］. 北京：人民体育出版社，2005：313.

凝聚着人们对奥林匹克理想的不懈追求。

奥运圣火是连接古代奥运会和现代奥运会的桥梁，它传递着奥运理想，延续着奥运精神，在全世界范围内传播和平、自由、理想的奥林匹克理念。随着时代的变化，奥林匹克运动也在不断创新，而奥林匹克的相关理念也以兼容并包的姿态，在多元中寻求发展。如今，奥运圣火有多种象征含义，它的多样性体现在和平、休战、团结、兄弟关系以及与古代奥林匹亚的传统直接相关等，这就使得每个人都可以赋予它一种自己的理解并与其达成认同，丰富了奥林匹克的相关理念和价值体系。①

（二）传递方案体现出主办国独特的文化理念

圣火传递活动随着时代和奥林匹克运动的发展，已经演变成一种创造性思维的表现形式，每届奥运会都会在传递的路线、形式上寻求突破，使用不同的交通工具，力求传递方案的创新和仪式的完善。在延续奥运传统的基础上，传递方案往往体现出主办国家鲜明的文化特征和历史底蕴。1996 年亚特兰大奥运会，为了展现科技实力，圣火被送到了太空；2000 年悉尼奥运会，为了体现澳洲独特的水文化，不仅在水下进行了圣火传递，就连开幕式上点燃圣火都是在水中进行的；到了 2008 年，圣火传递则要创下新的高度——攀登珠穆朗玛峰。这一举动，无疑是奥运圣火传递史上难度最大的挑战，自然也成为北京奥运会火炬接力活动的最大亮点。此外，计划路线通过穿越具有历史意义的“丝绸之路”，到访奥林匹克圣火不曾到过的地方，把友谊和尊重带给不同民族、不同种族以及不同信仰的人们，穿越四大文明古国，穿越中华所有的文明，历史与文化融合到一起，共同

---

① 罗伊·巴娜吉奥多普罗．现代语境中的古希腊精神：奥林匹克传统与 2004 年奥运会［EB/OL］．http：// www.c2008.org/rendanews/knowledge_detail.asp?id=969．

向世界展示五千年文明古国的奥运风采。

（三）圣火传递影响巨大，规模日益“全球化”

正是由于奥运圣火寓意深刻，内涵厚重，凝聚着奥林匹克的核心价值理念，参与国家和地区越来越多，规模不断扩大，圣火传递相应地出现了“全球化”的趋势。1936 年柏林奥运会首次举行火炬接力活动时，历时 12 天，途经 7 个国家，行程 3422 公里。到了 2004 年，雅典的圣火传递遍布全世界五大洲的 26 个国家、33 个城市，历时 78 天，总距离 78 000 公里，传递火炬手达到了 12 102 名。这是奥林匹克运动发展的需要，也是世界热爱和平、崇尚进步、追求理想的人们共同的期盼。圣火经过的地方，人们热泪盈眶，掌声阵阵，许多人跟着火炬手一起奔跑，为他们加油，奥林匹克精神在圣火的传递中进一步发扬光大。此外，在一些特定的历史时期，甚至出动战斗机为圣火护航，圣火的传递与政治、经济、文化等因素交织在一起，足见奥运圣火影响之大，称得上是一项真正全球瞩目的社会文化活动。

（四）圣火点燃推陈出新，成为开幕式最具悬念和魅力的仪式

随着科学技术的发展，在主赛场点燃主火炬的方式也在不断变迁，不断创新。如何使火炬点燃更有创意，更有画龙点睛之妙，是一件极其艰难的劳动，虽然只有短短的一瞬，却凝结着无数人的智慧和创意，往往令开幕式策划者绞尽脑汁，苦思冥想。历届奥运会都刻意注重奥林匹克圣火点燃仪式并不断翻新花样，主办国为了展现自身的文化风貌，往往会在点燃方式上大费周章，煞费苦心，因而也百花齐放，尽展风采。1988 年汉城奥运会另辟蹊径，采用的是升降台；巴塞罗那奥运会别出心裁，以射箭的方式点燃圣火；悉尼奥运会则将瀑布也搬到了台上，在水中点燃了圣火；雅典奥运会更是以人不动火炬动的逆向思维赢得了大家的一致称赞。可以肯

定的是，创新的思维理念、科技手段的使用、鲜明的主题思想再加上独特的文化展示，已成为奥运会圣火点燃创意的集中体现。

三、北京展望

（一）圣火采集：提高仪式的全球影响力

《奥林匹克宪章》中明确规定："奥林匹克圣火是在国际奥委会许可下在奥林匹亚点燃的火焰。"2008年3月25日，北京奥运会圣火在希腊奥林匹亚的赫拉神庙前点燃，采集方式将完全遵循古希腊的传统，由首席女祭司在赫拉神庙前朗诵致太阳神的颂词，然后通过将太阳光集中在凹面镜的中央，产生高温进而引燃圣火。在古奥运遗址采集奥林匹克圣火，历史与现代交融，意义非同寻常。凡担任大祭司者，均为气质高雅、在艺术上有造诣的希腊女演员。神圣的圣火采集带有梦幻史诗般的色彩，仪式程序相当规范，改进和创新的空间不大。北京奥运会可在全球范围内选拔女祭司者，并通过相关媒体，进一步提高圣火采集仪式的关注程度和影响力，借此活动让更多的人了解圣火，感受奥运，感受奥林匹克。

（二）圣火传递：扩大圣火的受众参与面

现代奥林匹克运动的创始人顾拜旦当年在演讲中说道："火炬手接受了火炬，也接受了传递奥运火焰的使命。"正是这种神圣的使命感让人们将其视为如同生命般的珍贵。能够成为传递圣火的火炬手，是许多人的梦想，传递圣火往往成为每个参与者一次改变自我、完善人生的机会，并且这种幸运和殊荣往往影响甚至改变了他们的人生观、世界观和价值观。不仅如此，圣火所到之处，人们欢呼雀跃，争相目睹代表和平、休战、团结与友爱的奥运圣火。随着全球一体化的加强和奥林匹克运动在全世界范围内的发展，越来越多的普通人参与到圣火传递的活动中来。规范相应的选拔标准，创造条件，缜密安排，让更多的普通人来表达自己的奥运之情，不仅是人文奥运的体现，更是奥林匹克运动发展的需要。奥运属于世界，参与高于胜利，圣火传递将激励着每个人不断战胜自己，进而超越自己。

（三）圣火点燃：从传统文化中寻求突破

“科技奥运”“绿色奥运”“人文奥运”是北京奥运会提出的三个核心理念，论科技，论环保，应该说一些西方大国已经超过我们，而中国的文化源远流长，又是古文明的发源地之一，五千年的灿烂文化，她的人文精神，是世界上独一无二的。因此，北京奥运会的点火方式应该着重体现创新特点，着重体现悠久的历史、灿烂的文化和现代化的发展。简单地说，就是在创新和文化这两个理念上下功夫，从传统文化中寻找突破点。当然，我们并不是说不要科技，而是将科技如何运用的问题，是用高科技来服务，用高科技演绎本国博大的文化内涵。传统与历史不是陈腐气息的展现，而是赋予它现代的内涵，并用现代的意念展现它。西方有凤凰涅槃的神话，中国也有火凤凰的传说，中西方的神话传说都有一个共同的特征，那就是以凤凰象征着生命、活力与激情。从神话故事中寻找灵感，发掘其中的精髓，不失为一种丰富和拓展思路的方法。

奥林匹克圣火传递的意义就在于，它传递的是人类的奥林匹克理想，对和平的祈望，对参与的渴求和对人文精神的崇尚。不仅如此，通过圣火的传递，人类的奥林匹克梦想被传播到世界的各个角落，而这一过程更能让公众参与其中，体会奥林匹克的光荣与梦想。作为一项全球参与的社会文化活动，如何有效发挥其潜在的品牌价值，更好地创造圣火传递的社会经济效益，都是有待进一步深入研究的课题。

自1936年柏林奥运会圣火传递活动正式问世以来，奥林匹克圣火已伴随奥林匹克运动的发展在全世界掀起了一股和平、休战、团结、友爱的奥林匹克精神之风，已成为整个奥林匹克运动中最令人期待、最具有影响力的仪式之一。2008年北京奥运会引起全球的关注，在面临前所未有的机遇与挑战的同时，我们更相信，以“和谐奥运”为主题，“点燃激情，传递梦想”为口号，古代“丝绸之路”为主线的北京奥运会圣火传递活动，将以崭新的面貌在全世界传扬奥运理念，为奥林匹克运动的宝贵遗产再添精彩的一笔。

第二节　奥林匹克圣火传递的历史追溯与解读[①]

奥运圣火象征和平，是不同种族、不同信仰、不同肤色的人们共同追求世界和平和最高体育境界的独特象征。由于奥运会圣火传递活动寓意鲜明，体现了人类共同的期盼——和平与友谊、团结与进步，世界各国人民对此反响强烈，十分崇拜并积极参与。奥运会、洲际运动会乃至国家全运会，也都仿效奥运会圣火传递活动的模式，举行圣火的传递活动，借以激发本地区、本国人民的体育情结和民族自豪感。

圣火传递是奥林匹克最具标志性的仪式事件，已成为人类对奥林匹克精神的寄托和创造性思维的独特表现形式。传递严格按照奥运会相关规定和协议进行，但传递过程也成为各主办国竞展想象力和创造力的平台，成为奥林匹克运动中最为珍贵的遗产之一。加强对圣火传递的历史研究，不

① 该部分内容完成于2008年6月，后发表于《首都体育学院学报》2009年第4期，系笔者硕士学位论文《奥林匹克圣火传递的历史研究》的核心部分。

仅可以进一步推进奥林匹克教育，丰富奥林匹克研究成果，而且对我们筹办大型国际综合运动会火炬接力同样具有重要的现实意义。

一、奥林匹克圣火传递的历史演进

（一）古希腊奥运会时期

1. 人类历史的“火文化”

火，是文明的象征，是人类文明的源动力。祖先“对自然界的第一个伟大胜利”的求索，后世人民是假以神话崇拜的。西方历史流传火的传播者是普罗米修斯，他窃取天火造福人类，因此长期遭受天帝的惩罚。我国的用火流传更倾注生活的实践基础——燧人氏教民钻木取火。《管子·轻重》载：“炎帝作，钻燧生火，以熟荤臊，民食之，无兹胃之病，而天下化之。”人工取火是人类第一次控制了变革物质的强大的自然力。对于它在世界文明发展进程中的作用，恩格斯给了高度评价：“就世界性的解放作用而言，摩擦起火还是超过了蒸汽机。”火文化的精神力量无穷无尽。凡是亲临过奥运圣火传递场面的人都会感觉到，火文化地域上的世界性，精神上的凝聚性、激励性，已经深入人们的心灵，并且越来越产生巨大的震撼力量。

作为一种神圣的象征，火在希腊历史上代表着创世、再生和光明，火也一直被认为是神圣和力量的象征。古希腊时期，崇尚神人同形论的希腊人给火创造了许多富有浪漫色彩的传说。为了表现人类从自然界取得了火的胜利，古希腊人不仅创造了普罗米修斯的伟岸形象，更是制成火炬，传递扩散火种，以此来纪念这位英雄，并把这作为光明、勇敢和威力的象征。人们渴望和平安宁的生活，再加上普罗米修斯偷盗天火的神话故事，古代奥运会召开前，都要举行庄严的祭祀仪式，从祭坛点燃火炬，然后传递到各个城邦。古代神话和现实英雄主义相结合的基础下产生出来的“圣火”就这样被希腊人浪漫地延续了下来。

如今人类在举行奥运会这一人类最隆重的盛会前，都要从古希腊奥林匹亚采集圣火，并通过形式各异的火炬在世界各地传递，把这作为光明、勇敢和威力的象征。这是为了纪念那些为了人类的进步而做出牺牲的英雄，也是以美好的信念凝聚着整个人类，圣火在世界各地传递，轨迹似一条九曲回肠的火龙随风舞动，舞动的是人类之精神。

在奥林匹亚的橄榄树园林中点燃奥运会火炬，为古代奥运会和现代奥运会提供了一个具有直接象征意义的连接纽带。希腊奥委会前主席安东尼奥斯·茨卡斯（Antonios Tzikas）说：“每一次全世界汇集在奥林匹亚这同一个地点，在赫拉神庙的遗迹中，当火焰点燃生命的激情，我们都会重新燃起对奥林匹克精神的向往。”①

2. 古代奥运会的点燃圣火仪式

（1）火炬传递——一种宗教的祭祀仪式

在古希腊，火被用于各种场合乃至不同的季节。每个古希腊城邦的中心，都有一个燃烧长明圣火的祭坛，而城邦居民每家每户也都有长明圣火，以供奉女灶神赫斯提亚。人们以传递火炬的形式来表达对神的崇拜，对自由和平的向往与祈祷，宗教氛围浓厚。据资料记载，火炬传递最早出现在

① ［英］英迈克尔·佩恩. 奥林匹克大逆转［M］. 郭先春，译. 北京：学林出版社，2005：174.

雅典娜女神节上。[①] 这也是古希腊最为盛大的火炬传递宗教祭奠仪式。雅典娜是雅典的保护神，是智慧和战争女神，她受到希腊人，特别是雅典人的尊敬。为了纪念她，希腊人民于公元前447年至公元前431年，在雅典的卫城，建造了崇奉雅典娜女神的巴特农神庙，此后在相当长一段时期内，雅典每四年就要举行一次纪念雅典娜的盛会。

（2）持火炬跑——古奥运独具特色的比赛项目

火炬传递最早在古希腊是作为一种宗教仪式在夜晚举行，时隔不久就逐渐演变成在青少年中兴起的一种团体竞技运动，并最终发展成为最为流行的古希腊体育项目之一。[②]19世纪，在埃及名城奥克舍林霍斯发现了古代75—78届和81—83届奥运会优胜者的名单，这再一次印证了文献记述的古代奥林匹亚竞技赛会所设比赛项目的概况。这些项目主要有长距离赛跑、跳远、赛车、赛马等，其中，颇具特色的莫过于持火炬接力赛跑了。

这个项目的活动形式是这样的，每逢竞赛时，首先由两名祭司手擎燃烧着的火炬站在祭坛前，当裁判员下达竞技开始的号令后，两名头戴王冠的竞技者便飞奔向祭坛，从祭祀手中接过火炬，然后穿过街道跑向另一个祭坛，以接力跑的方式把火炬传递给同队的队员，直至最后把火炬传递到作为终点的受人赞颂的祭坛上。而最先到达终点并把火炬安放在祭坛上的接力队将被授予最高荣誉，其独特的奖品是一大坛橄榄油。

---

① ［法］瓦诺耶克．奥林匹克运动会的起源及古希腊罗马的体育运动［M］．徐家顺，译．天津：百花文艺出版社，2006：99.

② 有关古代奥运会火炬赛跑的记述，可参见范益思，丁忠元．古代奥林匹克运动会［M］．济南：山东教育出版社，1982；任海．奥林匹克百科全书［M］．北京：中国大百科全书出版社，2008.

（二）奥林匹克圣火传递的酝酿萌芽期（1896—1932）

1. 美和尊严——顾拜旦关于奥林匹克仪式的构想

现代奥林匹克运动的伟大复兴者——顾拜旦先生从研究古希腊历史的过程中发现，古代奥运会的兴起至少有两大特点：一是古代奥运会的宗教色彩，二是古代奥运会是一种教育手段。在古代奥运会中，圣火有它的神话传说。现代奥运会每届都要从奥林匹亚采取天火，传递火炬到运动场，以各种不同方式点燃奥林匹克圣火直到大会结束，反映了现代奥运会继承古代奥运会传统的一面。顾拜旦作为一位伟大的思想家和教育家，从希腊哲学与古代奥运会中得到许多重要启示，由此奠定了他复兴奥林匹克运动的思想基础。[①]顾拜旦认为，只有把现代奥运会办成一个神圣的体育祭坛，办成一个与多种文化形式合为一体的盛大的文化节日，才能发挥奥运会应有的作用。在认真研究了古奥运会的历史经验之后，顾拜旦指出："古奥运会最光辉之处就在于它的两条原则：美和尊严。如果现代奥运会要产生我们期望的影响，它必须显示出美，唤起人们的尊严之心。""那崇高庄严的队列和仪态，那难忘的光辉庆典，那精美的艺术，还有公众的热情和高尚情操，都应该融为一体。[②]"在这样的思想指导下，奥运会逐渐形成了一整套特有的传统仪式，如作为奥运会前奏的圣火传递，盛大的开幕式和闭幕式等。从现代奥林匹克运动诞生之初，他就希望现代奥运会能够反映出古代奥运会的传统仪式，同时指出："正是这些仪式使奥运会有别于普通的竞技运动会。"

---

① 孔繁敏．奥林匹克文化研究［M］．北京：人民体育出版社，2005：81.

② ［法］顾拜旦．奥林匹克理想 – 顾拜旦文选［M］．詹汝琮，邢奇志，等译．北京：奥林匹克出版社，1993：28–29.

2. 萌芽时期的圣火仪式概述

古代奥运会虽然衰亡了，但它给人类社会留下了一笔宝贵财富。1500多年后，这一古希腊人的竞技盛会和古奥运精神终于在现代社会得到复兴。

1896年，在希腊举行的第1届奥运会为了展示奥运会的伟大意义和光明前途，表达对顾拜旦先生发起举办现代奥运会的良好愿望，联想奥林匹亚“点圣火”活动，在开幕式上特别安排每名运动员手擎一个火把入场。当然，最初的几届并没有将这种传统继承下来。1912年顾拜旦首次提出点燃奥林匹克圣火的建议，但一战的爆发使该项建议未能得到执行。八年后，安特卫普奥运会意义非同寻常。为了纪念协约国阵亡将士和无辜丧命的人民，希望人类不再有战争，在运动会期间点燃了象征和平与光明的奥运会火焰，并决定从1928年阿姆斯特丹奥运会开始，恢复古代奥运会的这种传统。1928年，奥委会通过决议，正式规定：在开幕式要举行隆重的仪式，要在主会场点燃火炬，火炬由运动员在希腊的奥林匹亚点燃，然后以接力跑的形式传递到奥运会主会场，点燃圣火台上的火炬，以火炬燃烧与熄灭象征开幕与闭幕。同年第9届阿姆斯特丹奥运会即执行了这一决议，5月17日，圣火在奥林匹克山上点燃，通过火炬接力的形式传递，途经希腊、南斯拉夫、奥地利、德国4个国家。虽然这次并不是真正意义上的运动员接力，但开辟了奥运圣火传递的新纪元。

3. 小结

现代奥林匹克运动初创时期，世界战争阴云密布全球，各国人民呼唤和平的渴望日益强烈，就奥运会本身而言，各种仪式形态模糊、不规范，主办方为唤醒民众的民族意识，使人们意识到古代奥运会是古希腊文明的象征，同时也要激发起民众对现代奥运会的强烈兴趣，采取了一系列手段来吸引民众的目光和注意力。人们不知奥林匹克是何物，对其缺乏认识和了解，1900年、1904年、1908年奥运会甚至要借助世界博览会的势力举行。这一时期出现的“点圣火”等活动，尚没有形成具体的仪式形态，也没有出现真正的火炬等传递工具，但在客观上却满足了初创时期奥林匹克运动的发展需要。一方面，这些点火雏形延续了古代奥运会呼唤和平的相关精神和传统，体现了现代奥运会与古代奥运会一脉相承的历史渊源，另一方面，也为圣火传递的仪式形成提供了宝贵的借鉴。呼唤和平、传递理想、追求团结的奥林匹克圣火传递必定会随着奥林匹克的向前发展得到进一步确立和完善。

（三）奥林匹克圣火传递的仪式形成期（1936—1980）

1. 历史背景

（1）奥林匹克教育与文化活动紧密结合

国际奥委会前任主席萨马兰奇在为我国出版的《奥林匹克运动》教材作序时曾写过一段非常精辟的话：“离开了教育，奥林匹克主义就不可能达到其崇高的目标。”为达到该目标，必须使奥运会和教育、文化艺术紧密结合。顾拜旦关于奥林匹克的非凡构想中，其中重要的一点就是保留了许多古代奥运会仪式以及文化艺术相结合的传统，以使现代奥林匹克运动更加庄严、神圣，更富有教育意义。1936年规定举办圣火传递，也开始举办奥林匹克艺术项目的相关比赛，这一时期奥林匹克运动已不单纯是举办奥运会的竞技赛会，逐渐发展成规模宏大的社会文化活动，诸多文化艺术形式丰富了奥林匹克运动的内涵，成为其独具特色的文化组成。

（2）奥林匹克传播范围日益扩大

1936年柏林奥运会，首次采用电影胶片的方式对奥运会进行记录，并通过闭路电视向观众转播奥运会的盛况，收视观众达 162 000 人次，1948 年伦敦奥运会的收视观众达 50 万人，1960 年的罗马奥运会首次在欧洲的 18 个国家和美国、加拿大、日本进行了现场直播。奥运会在更大范围内的传播，不但满足了更多观众欣赏奥运会的需求，同时对奥运会提高自身形象和在公众范围中的感染力与震撼力的要求也更高了。奥运会需要有自身的仪式规范和形态来区别于其他大型运动会，同时通过这些仪式弘扬奥林匹克精神，让更多的人感受奥运文化带来的教育和启迪，以获得奥林匹克教育的最终目的。

（3）卡尔・迪姆——圣火传递仪式的倡导者

在奥运会圣火传递仪式上，有一位伟大的德国人是不应该被忘记的，他就是现代奥运圣火传递仪式的创意者，第 11 届柏林奥运会的组委会秘书长卡尔・迪姆（Carl Diem）（1882—1962）。

卡尔・迪姆是顾拜旦的亲密朋友，生前是德国科隆体育学院的教授。作为古希腊的崇拜者，他多次前往希腊，研究古代奥运会的习俗和观念，并自认为是古希腊精神的继承者。1906 年，雅典举办“届间奥运会”①时，他作为随团记者访问，在一篇文章里写道：“研究古希腊，我们比任何别的国家做得都多……可是希腊人的智慧和体育文化，我们却还没学到什么。”在这种思想的酝酿下，迪姆教授认为应该把古奥运的仪式风俗加以改进、传承。1931 年，他就提出了圣火点燃仪式与传递的设想，认为 1936 年柏林奥运会应当从希腊古代奥运会的遗址上采集圣火，并由跑步运动员从陆地上传递到

① 1906 年夏季奥林匹克运动会，于 1906 年 4 月 22 日至 5 月 2 日在希腊雅典举行，这次奥运会也称为 1906 年届间运动会。这次运动会是在第三届与第四届国际奥林匹克运动会之间所举办的，故称“届间运动会”（Intercalated Games），由于没有冠上“国际奥林匹克运动会”的名称，比赛期间所颁发的奖牌，也没有被国际奥林匹克委员会所正式承认。

柏林。1933年，卡尔·迪姆将其火炬传递计划分别向顾拜旦和拉图尔两位前后任国际奥委会主席做了陈述。之后的雅典全会上，通过莱瓦尔德这位资深德国国际奥委会委员，迪姆的火炬传递计划被介绍给国际奥委会，并得到认同。作为研究奥林匹克运动历史的专家，迪姆教授深知圣火传递就是要让更多的人感受神圣的奥林匹克精神。为此，他设计了许多圣火传递的规则，比如，每届奥运会的火种都应该取自神圣的奥林匹亚古代运动场，点燃仪式也应遵循古代的方式，等等。这些建议最终于1934年被国际奥委会采纳。

2. 圣火传递

1934年，国际奥委会在雅典正式做出决定，在奥运会期间，从开幕到闭幕，主会场要燃烧奥林匹克圣火，并且火种必须采自奥林匹亚，以火炬接力的形式传到奥运会主办城市。从此，圣火传递成为每一届奥运会必不可少的仪式。

两年后的柏林奥运会，尽管德国纳粹和军国主义的嚣张气焰笼罩着整届奥运会，并产生了可悲的后果，可以说这届奥运会并非值得纪念，但正是从这届奥运会开始，圣火的点燃、传递成为奥运会期间最重要的标志性仪式之一，本届奥运会制作了精美的火炬传递宣传海报和传递路线图。熊熊燃烧的圣火宣告着奥运会的开始，也渐渐成为奥运会和人类体育精神的象征。也正是在这届奥运会，真正实现了圣火的人力传递。

此后，几乎所有的洲际运动会都沿用了这一仪式，以至于当初曾被视为可有可无的奥运圣火传递对如今社会的影响甚至远远超过了奥运会某些比赛项目本身。1940年和1944年两届夏季奥运会，因为第二次世界大战未能举行，圣火传递活动因此也宣告流产。然而，1940年却制订了圣火传递的计划。1948年，历经战争磨难的人们再次迎来了奥运的盛会，战后的各国运动员相聚在奥运会的赛场上，伦敦奥运会对他们来说多少有些不同寻常的意义。身着军装、手持长枪的希腊军队下士德米特勒斯是本届奥运圣火传递的第一棒。圣火到来时，他脱下军装，露出运动员服装，放下长枪，以此象征着使奥运会延期多年的战争的结束以及圣火传递和平的主题。因为马术项目分割出去，1956 年的墨尔本奥运会成为举办两场火炬传递的奥运会。1976 年蒙特利尔奥运会，加拿大女运动员安格拉·西莫特按动自己手中燃烧着的奥运火炬传感器，捕捉离子化的火焰微粒后，将它们处理成编码的脉冲信号，经过太空中的人造卫星传递到加拿大的渥太华。人们用人造卫星捕捉到发出的脉冲信号后，再进行解码还原，便完成了奥运圣火复制。当然，这种采用高科技传递圣火的方式遭到了人们的一致反对。

3. 小结

战争与革命的洗礼，使得奥林匹克运动一次次经受考验。1936 年柏林奥运会，现代奥林匹克圣火传递仪式正式确立并得以实施，这在奥林匹克运动史上无疑具有划时代的意义。

第一，围绕奥林匹克圣火的相关理念被写入《奥林匹克宪章》。宪章规定，奥林匹克圣火是国际奥委会许可下在奥林匹亚点燃的火焰，奥林匹克火炬则是用圣火点燃或由它复燃的火炬，国际奥委会拥有与奥林匹克圣火和奥林匹克火炬使用相关的一切权力，等等。① 以奥林匹克根本大法的形式对其进行了说明，强调了这一活动的权威性。

第二，仪式自身体系不断充实完善，影响力和规模越来越大，成为奥运会不可或缺的前奏。一方面，圣火传递作为一种传统被固定下来，形成

① 钟秉枢，邱招义，于静，等. 奥林匹克品牌——中、美、澳三国奥林匹克品牌的比较研究［M］. 北京：北京体育大学出版社，2006：129-130.

了较为固定的采集、传递、点燃的三部曲。另一方面，每届奥运会都会在此基础上创新传递思路，体现当届奥运会的独特之处。

第三，诞生了奥林匹克视觉形象新的要素——火炬。1960 年，美国斯阔谷冬奥会的火炬设计者、迪士尼公司艺术家约翰·汉克确立了设计原则：火炬应该是奥运会东道国形象和该届奥运会主题的完美体现。这一原则为以后各届奥运会所遵循。作为承载奥林匹克圣火的核心载体，火炬设计紧随时代发展脉搏，融合主办国和城市特有的历史、文化特色，堪称奥运史上一道独特的艺术风景线。

总之，这一时期的圣火传递活动，加强了人们对诸如和平、团结等奥运理念的认同。当然，由于战争的缘故，圣火传递也只是为了传达公众对和平世界的强烈渴望，凝聚对奥运会的精神寄托。新时期的奥林匹克运动与初创时期相比已不可同日而语，圣火传递仪式不应局限于仪式本身，相关功能还有待进一步开发和利用，从而满足奥林匹克运动发展的实际需要。

（四）奥林匹克圣火传递的创新发展期（1984 年至今）

20 世纪 80 年代以来，奥林匹克主义崇高的人文价值、奥运品牌的巨大作用和奥运会无与伦比的影响力得到了进一步彰显。而作为奥运会前奏的圣火传递活动，也总是与东道国的历史和文化相融合，继承传统，追求创新，伴随着奥林匹克自身进步一同发展。

1. 历史背景

（1）奥林匹克仪式价值观日趋多元化

作为奥林匹克文化的最集中体现，奥林匹克仪式是指围绕奥运会进行的一系列仪式性活动，包括圣火传递、奥运会开幕式和闭幕式、颁奖仪式等。圣火传递作为奥林匹克仪式的一个重要组成部分，其庄严、神圣的仪式感得到了前所未有的增强。人们对奥林匹克仪式的地位和内涵日趋重视，仪式价值观也随着时代的发展不断丰富。①

① 身心一统的教育观：奥林匹克仪式通过自身的教化环境，将道德规范和价值观念作用于仪式的直接和间接参与者，在仪式的行进过程中，潜移默化地将教育内化于仪式参与者。

② 传承文化的人文观：奥林匹克仪式不仅带给奥运会浓烈的节日氛围，更大大地提升了奥运会的境界，使其庄严、神圣，具有强烈的感染力，激励人类不断超越进取、追求理想。

③ 崇尚艺术的美学观：奥林匹克仪式通过一系列独特的视觉形象，如火炬、奖牌等，凸显文化性与艺术性，在审美中创造艺术灵感，提升人们的审美情趣，净化人们的心灵。

④ 凝聚象征的符号观：奥林匹克仪式可以看成是一个由符号构成的仪式体系，它具有象征性以及文化表演性等特点，通过独特的象征符号，促进沟通了解，构筑奥林匹克品牌。

（2）奥林匹克运动改革与发展的需要

萨马兰奇在 1984 年说：“奥林匹克运动是我们时代最伟大的社会力量之一。多年来国际奥委会给人们的印象是只关心四年一度的奥运会，现在它参与了更加广阔的领域。”自从 1984 年洛杉矶奥运会开始，国际性的文化艺术活动逐渐成为奥林匹克文化艺术的主角，世界大众体育大会、奥运会科学大会等日益充实了奥林匹克运动的范围体系。

---

① 王成，田雨普. 奥林匹克仪式变迁及其当代价值［J］. 体育文化导刊，2008（12）：42–44，55.

2. 圣火传递

奥运会堪称是世界上最大的体育和文化艺术庆典，只有充分与社会相融合，才能获得持续发展的动力和源泉。圣火传递仪式发挥多重价值功能，作为一个全世界参与的真正意义的全球活动，吸引着众多媒体和大众的目光，产生了巨大的社会经济效益。

1984年洛杉矶奥运会，不仅开创了商业办奥运之先河，更是大胆地将商业运作方法引用到圣火传递活动中，颇受争议的“青年遗产千米”计划，成功集资1100万美元，为美国的青年活动组织和国际奥委会的专门委员会提供了运转的资金支持。1992年巴塞罗那奥运会，在现代奥运史上第一次实现了国际所有成员的大团圆。1996年亚特兰大奥运会，圣火行经2141公里路程，是希腊历史上火炬到达范围最广的一次传递。2000年悉尼奥运会，使用了诸如自行车、火车、马匹、骆驼、独木舟等工具传递。独具特色的是，澳大利亚海洋生物学家邓肯手持经过特殊化学处理的火炬在澳大利亚东北部海底完成了3分钟的水下火炬接力。2004年雅典奥运会，圣火途经全世界五大洲的26个国家、33个城市，并且填补了非洲和南美洲从未进行过奥运会圣火传递的空白，并设计出了精美的橄榄树叶造型的火炬。为了弥补接力花费，火炬可以由传递者作为纪念而收藏保留，代价是支付360欧元。仅在中国就有148人传递，获利近5.3万欧元。

2008年北京奥运会圣火“和谐之旅”，为北京奥运会乃至整个奥林匹克运动的发展增添了光辉的一幕。百余天的全球传递，穿越五大洲，19个国家和地区，攀登世界最高峰，在全世界范围内传播奥林匹克理念，一幕幕充满激情和梦想的感人画面，成为弘扬奥林匹克精神的生动诠释和有力见证，掀起了一股和平、休战、团结、友爱的奥林匹克精神之风。

3. 小结

自 1984 年起，奥林匹克圣火传递注重仪式文化，强调人文内涵，把奥运精神和人文精神有机地协调在一起。火种采集演变成一种仪式化的行为，创新的空间不大，这一时期传递活动主要呈现在传递和点燃两个方面的特征：

第一，传递方式多样化。在传递的路线、形式上寻求突破，使用不同交通工具，力求方案的创新和仪式的完善。此外，传递方案往往体现出主办国家鲜明的文化特征和历史底蕴。

第二，点火仪式创新化。随着时代的发展，在主赛场点燃主火炬的方式也在不断变迁，不断创新。1988 年汉城奥运会采用的是升降台；巴塞罗那奥运会以射箭的方式点燃圣火；悉尼奥运会则将瀑布也搬到了台上，在水中点燃了圣火；雅典奥运会更是以人不动火炬动的逆向思维赢得了大家的一致称赞；北京奥运会李宁“飞天”燃火，等等。圣火的点燃已成为每届奥运会开幕式上的亮点所在。

20世纪80年代以来，圣火传递活动的影响日趋加剧，规模愈来愈全球化，成为仅次于奥运会本身的最重要的传播工具。同时它也是奥运会主办国组委会提升公众对奥运会认知度和创造宣传点的最有力的传播活动。各主办城市和主办国都高度重视该项活动，通过组织相关活动，激发当地人民自豪感，扩大地区影响力，提升了国际形象和地位，推动了相关产业的开发。

二、奥林匹克圣火传递的特征解读

（一）奥运圣火寓意深刻，成为凝聚奥运精神的独特象征

火代表着生命、热情和蓬勃的朝气，而在古希腊奥林匹亚遗址点燃的

圣火，象征着发祥于古希腊的文明之光，仍然照耀着人类前进的道路，激励着人类追求光明，追求理想，朝着崇高的目标不断进取。圣火的传递，也象征着奥林匹克精神的传递。①

奥林匹克的相关理念以兼容并包的姿态，在多元中寻求发展。奥运圣火有多种象征含义，体现在和平、休战、团结、兄弟关系以及与古代奥林匹亚的传统直接相关等，这就使得每个人都可以赋予它一种自己的理解并达成认同，丰富了奥林匹克的相关理念和价值体系。

（二）传递方案体现出主办国独特的文化理念

传递活动随着时代和奥林匹克运动的发展，已经演变成一种创造性思维的表现形式，在延续奥运传统的基础上，传递方案往往体现出主办国家鲜明的文化特征和历史底蕴。悉尼奥运会，为了体现澳洲独特的水文化，在水下进行了传递，开幕式上点燃圣火也在水中进行；北京奥运会创下新的高度——攀登珠穆朗玛峰。这一壮举，无疑是奥运圣火传递史上难度最大的挑战。此外，通过穿越具有历史意义的“丝绸之路”，把友谊和尊重带给不同民族、不同信仰的人们，历史与文化融合到一起，共同向世界展示五千年文明古国的奥运风采。

（三）圣火传递影响巨大，规模日益“全球化”

正是由于奥运圣火寓意深刻，内涵厚重，凝聚着奥林匹克的核心价值理念，参与国家和地区越来越多，规模不断扩大，圣火传递相应地出现了“全球化”的趋势。2008年，北京的圣火传递遍布全世界五大洲的19个国家（地区）、21个城市，和中国境内31个省份，历时130天，总行程13.7万公里，

① 任海．奥林匹克运动读本［M］．北京：人民体育出版社，2005：313.

传递火炬手达到了 21 880 名。这是奥林匹克运动发展的需要，也是世界热爱和平、崇尚进步、追求理想的人们共同的期盼，称得上是一项全球瞩目的社会文化活动。

（四）圣火点燃推陈出新，成为开幕式最具悬念和魅力的仪式

随着科学技术的发展，在主赛场点燃主火炬的方式也在不断变迁，不断创新。如何使火炬点燃更有创意，更有画龙点睛之妙，是一件极其艰难的劳动，往往令开幕式策划者绞尽脑汁，冥思苦想。历届奥运会都刻意注重奥林匹克圣火点燃仪式并不断翻新花样，主办国为了展现自身的文化风貌，往往会在点燃方式上大费周章，煞费苦心，因而也百花齐放，尽展风采。巴塞罗那奥运会别出心裁，以射箭的方式点燃圣火；悉尼奥运会则将瀑布也搬到了台上，在水中点燃了圣火；雅典奥运会更是以人不动火炬动的逆向思维赢得了大家的一致称赞；北京奥运会点火创意源自“夸父追日”的神话传说，李宁“飞天”点燃圣火，震撼的瞬间展现了世界同一梦想。创新的思维理念、科技手段的使用、鲜明的主题思想再加上独特的文化展示，已成为奥运会圣火点燃创意的集中体现。

（五）对奥林匹克运动自身发展以及奥运会主办国和主办地产生双重影响

圣火传递激发公众对奥运会的热情和期望，增强对奥运会积极形象的感知；帮助扩大奥运会电视转播的传播范围。一些国际性媒体的参与更使圣火传递成为宣传主办国特有文化、历史传统、自然人文景观的重要方式。与奥林匹克营销合作伙伴的活动结合在一起，通过参与支持圣火传递，激励合作伙伴的内部员工，加强其自身品牌塑造。2007 年，联想成为北京奥运会火炬接力全球合作伙伴，通过启动各种形式的火炬参与活动，使得联

想企业价值得到全面提升。仅一年，联想的品牌价值从 307 亿元人民币上升到 607 亿元，销售拉动也净增 4%，而企业文化和员工士气也因此得以提升。[①]

（六）火炬研发凝结奥林匹克精神，追求科技与人文的统一

作为奥林匹克独特的象征符号，火炬总是努力从多方面体现奥林匹克精神。人们或者把奥林匹克格言“更快、更高、更强”刻在火炬上（1984 年洛杉矶奥运会）；或在火炬的传递上体现（1964 年日本选用当年广岛原子弹爆炸时出生的青年点燃火炬，表明了对和平的祈祷）等。北京奥运会“祥云”通过纸卷轴、祥云等中国元素的融入，使东方古老文明和奥林匹克理想完美契合，点燃时，火炬与圣火融为一体，共同传递着奥林匹克精神。火炬设计也从另一面反映一个民族的创造力和科技水平。一款完美的火炬能反映一个国家和民族积极向上的精神面貌以及科技方面的实力和创新程度，须符合极高的科技标准，以保证在任何恶劣的天气条件下，圣火都能够持续燃烧，如水中传递（悉尼奥运会）、空中传递（汉城奥运会）以及登峰传递（北京奥运会）。

（七）圣火传递活动未来的发展趋势

在圣火采集上，这一仪式带有梦幻史诗般的色彩，仪式程序相当规范，改进和创新的空间不大。在圣火传递上，传统的跑步接力会和各种科技手段结合，体现出方案的独特性，以及当地的民风民情，当届奥运会的相关理念融入传递方案，追求亮点。在圣火点燃上，选用非凡的火炬手，用科技和文化为独特的思维创意提供支撑。

---

① 中国管理资源网．联想的奥运诱惑［EB/OL］．［2018-09-01］．http://jiangsu. qg68. cn/html/news/6606. shtml.

随着奥林匹克运动在全球范围内的传播发展，圣火传递活动也显得越来越庞大、复杂。全球传递是发展趋势，但在具体国家或地区以及路线的选择上，要多方面考虑。一方面，为了达到奥林匹克发展的预期目标，通过媒体宣传、电视转播扩大参与面。另一方面，也要防止该项活动过分冗余，防止片面追求场面，成为劳民伤财的形象工程。坚持奥林匹克主义的崇高理想，保持活动与宗旨相统一，统筹规划，缜密安排，建立专门的传递设计攻关团队，体现奥林匹克发展光辉历程，奥林匹克之火的影响必将在全球范围内得到进一步升华。

奥林匹克圣火传递是奥林匹克运动独具特色的文化艺术形态，透视圣火传递的演变发展，实际上是从另一个独特视角探讨了奥林匹克运动的发展历程。

古希腊人崇尚神人同形论，远古神话和现实英雄主义相结合，以及人类对火的图腾膜拜，为现代奥运会圣火传递的产生提供了溯源基础。此外，奥林匹克发展需要一系列仪式文化加以丰富，在奥林匹克仪式思想的指导下，富有内涵的圣火传递活动得以延续、发展。古奥运时期，举行庄严的祭祀仪式，从祭坛点燃火炬，然后传递到各个城邦，以宣传“神圣休战”为目的，宗教氛围浓厚。现代奥运会的圣火传递经历了三个发展阶段：酝酿萌芽期（1896—1932）、仪式形成期（1936—1980）和创新发展期（1984年至今）。

奥运圣火寓意深刻，成为凝聚奥运精神的独特象征。圣火是人类价值的重要象征，也是人类与火息息相关的重要表现，是人们对于奥林匹克运动精神的寄托，凝聚着人们对奥林匹克理想的不懈追求。圣火传递活动随着时代和奥林匹克运动的发展，已经演变成一种创造性思维的表现形式，在延续奥运传统的基础上，传递方案体现出主办国独特的文化理念和历史底蕴。每届奥运会力求传递方案的创新和仪式的完善。持续不断的火炬研发，体现奥运发展历程，从多方面体现奥林匹克精神、反映着当届奥运会的主题、举办国家和民族积极向上的精神面貌以及科技方面的实力和创新程度。圣火点燃推陈出新，成为开幕式最具悬念和魅力的仪式。主要体现在创新的思维理念、科技手段的使用、独特的文化展示、鲜明的主题思想以及非凡的火炬选手五个方面。圣火传递对奥林匹克运动自身发展以及主办国产生重大影响。其一，圣火传递增强公众对奥运会积极形象的感知以及对奥运会赛事品牌的价值认同。其二，吸引国内外众多媒体积极参与，使主办国的旅游、文化产业从中获益，提升国家和地区形象。

第三节　奥林匹克仪式变迁及其当代价值①

从广义上来说，所有由传统习俗发展而来，被人们所普遍接受并按某种既定程序所进行的活动与行为都可以统称为仪式。仪式是人们表达信仰、传达思想情感、传递社会价值观念的工具。现代奥林匹克运动起源于欧洲，发展于西方，已成为世界文明交互融合的盛会。作为奥林匹克文化的集中体现，奥林匹克仪式是指围绕奥运会而举行的一系列礼仪性活动，是人们在参与奥运会活动的过程中所遵循的一整套表现尊敬、教育和审美意义的行为准则和规范，主要有圣火传递仪式、奥运会开幕式和闭幕式以及颁奖仪式等。在奥林匹克诸多活动体系中，奥林匹克仪式浓缩和凝聚了奥林匹克运动的核心价值观，产生了巨大的社会影响，现代奥林匹克运动最重要

① 该部分内容已发表，见王成，田雨普．奥林匹克仪式变迁及其当代价值［J］．体育文化导刊，2008（12）：42-44，55.

的精神实质和人文理念通过奥林匹克独特的仪式而有效地展现出来。从奥林匹克仪式的历史变迁中了解和把握仪式文化在奥林匹克运动发展中的重要地位和作用，加强对奥林匹克仪式价值观的研究，无疑对推进当代奥林匹克教育具有重要的现实意义。

一、奥林匹克仪式的历史变迁

（一）宗教祭祀——古代奥运会仪式传统

希腊是奥林匹克运动会的发源地，在古希腊昔日的宗教圣地奥林匹亚山村，有瑰丽的宙斯庙、赫拉庙，有世界七大珍奇之一的宙斯雕像，以及宏伟的体育竞赛场。在这个创造神话的国度，流传着许多关于奥林匹克运动会的美妙离奇的传说，但至今广为流传的说法则是古希腊奥运会是为了祭祀万神之首宙斯而定期举行的体育竞技活动。古代奥林匹亚竞技赛会并非一个单纯的体育竞技比赛，而是一个以祭神为主、内容丰富多彩、形式多样的综合性祭祀盛会，每天都举行各种不同的仪式，包括祭祀天神宙斯、朝拜众神、朗诵、体育竞技等活动。[①]然而，在古希腊，体育并非现代意义上的体育运动，而是宗教活动中的一个部分。希腊人信仰神人同形论，为了能更大限度地接近神，希腊人以一种极大的热情投入到体育锻炼中来，因此也成为世界上最早对体育运动表现出热爱的民族。[②]

据说由英雄赫拉克勒斯为祭祀众神之王宙斯而创办的奥林匹亚竞技会，即人们现在所说的古代奥运会，就是希腊世界著名的四大运动会之一。赛会的第一天多举行庄严的祭神仪式，第二天才开始竞赛活动。在这些仪

① 姜艳．神话思维与古希腊仪式文化［J］．黑龙江社会科学，2005（5）：112-114.

② 吴晓群．古代希腊仪式文化研究［M］．上海：上海社会科学院出版社，2000：110-111.

式中，以各城邦共同举行的对宙斯神的祭祀最为隆重。竞技赛会从庄严列队向宙斯雕像进发开始，身着紫色和红色长袍的裁判员在前面带领，运动员和一些享有名望的公民跟在后面，体形巨大的双牛被用来当作祭祀宙斯的供品，裁判员和运动员都要在供品面前宣誓无愧于可能得到的嘉奖——橄榄枝编成的桂冠。之后，浩浩荡荡的队伍还要到其他神庙去完成各种各样的仪式传统。在科学尚不发达的古代，古希腊人创造了一种与全世界其他民族不同的宗教信仰——人神同性的自由神学，消除了精神世界的神秘恐惧，成了希腊的圣经，这就使我们明白了一个道理，为什么希腊的祭祀活动一定要有体育竞赛的重要内容，这正是人们要以竞赛胜利者——人间的英雄，与天上的神灵一起共娱共乐的最好祭祀形式。①

（二）艺术取代宗教——现代奥运会仪式规范

如今，在我们谈到奥林匹克运动时，不能不提起现代奥林匹克运动的伟大复兴者——顾拜旦。奥林匹克仪式或由他亲手设计，或在他的影响下产生。顾拜旦在研究古希腊历史的过程中发现，古代奥运会的兴起至少有两大特点：一是古代奥运会的宗教色彩，一是古代奥运会是一种教育手段。众所周知，古希腊民族信仰泛神宗教并崇拜英雄，这正是古代奥运会在希腊兴起的历史文化背景。古代奥运会首先是作为宗教祭祀而发展起来的。因此，它充满神话色彩。著名希腊神话和荷马史诗中都有不少有关奥运会的记载。希腊神话包含对神的力量与智慧的崇拜，于是在祭祀中出现了竞技，这正是古代奥运会的起源。在古代奥运会中，圣火和橄榄枝编织的桂冠都有它们的神话传说。现代奥运会每届都要从奥林匹亚采集天火，传递火炬

① 王祖爵．奥林匹克文化［M］．北京：中国水利水电出版社，2005：56.

到运动场，以各种不同方式点燃奥林匹克圣火直到大会结束；同时，在现在的奥林匹克奖牌上都刻有橄榄枝。这都反映了现代奥运会继承古代奥运会传统的一面。顾拜旦作为一位伟大的思想家和教育家，从希腊哲学与古代奥运会中得到许多重要启示，由此奠定了他复兴奥林匹克运动的思想基础。①

为了突出奥运会的教育功能，顾拜旦认为，只有把现代奥运会办成一个神圣的体育祭坛，办成一个与多种文化形式合为一体的盛大的文化节日，才能发挥奥运会应有的作用。在认真研究了古奥运会的历史经验之后，顾拜旦指出：“古奥运会最光辉之处就在于它的两条原则：美和尊严。如果现代奥运会要产生我们期望的影响，它必须显示出美，唤起人们的尊严之心。”“那崇高庄严的队列和仪态，那难忘的光辉庆典，那精美的艺术，还有公众的热情和高尚情操，都应该融为一体。②”顾拜旦称这些为“伟大的作品”，在这样的思想指导下，奥运会逐渐形成了一整套特有的传统仪式，如作为奥运会前奏的圣火传递，盛大的开幕式和闭幕式，严肃而热烈的颁奖仪式等。从现代奥林匹克运动诞生之初，他就希望现代奥运会能够反映出古代奥运会的传统仪式。当然，这些仪式的形成并不是哪一届奥运会所能完成的，顾拜旦认为至少需要四分之一世纪才能完成。他同时指出：“正是这些仪式使奥运会有别于普通的竞技运动会。”现代奥林匹克仪式已经顺利实现了从娱神到娱人的转变。

① 孔繁敏．奥林匹克文化研究［M］．北京：人民体育出版社，2005：81.

② ［法］顾拜旦．奥林匹克理想－顾拜旦文选［M］．詹汝琮，邢奇志，等译．北京：奥林匹克出版社，1993：28–29.

二、现代奥林匹克仪式的具体形态

作为人类最大的体育盛会，奥运会最突出的特征之一就是有一整套独特的仪式体系，这也是现代奥运会最具魅力和特色的部分。它包括圣火传递仪式、奥运会开幕式和闭幕式以及颁奖仪式等，这些仪式集中体现了奥林匹克的崇高追求，有些仪式的影响力甚至超过奥运会竞技比赛本身。

（一）圣火传递仪式

自1936年柏林奥运会圣火传递活动正式问世以来，奥林匹克圣火已伴随奥林匹克运动的发展度过了70余年的光辉历程，在全世界掀起了一股和平、休战、团结、友爱的奥林匹克精神之风，成为整个奥林匹克运动中最令人期待、最具有影响力的仪式之一。每届奥运会都会在古奥林匹亚遗址的赫拉神庙遗址前举行圣火采集仪式，用凹透镜采集火种。圣火成功采集后，按照当届奥运会圣火传递的路线和方案逐一传递，奥运会开幕前一天到达主办城市，并在第二天大会开幕时，传递到奥运会主会场，点燃主火炬，奥运会正式开始，圣火燃烧到大会闭幕时止。作为奥运会前奏的千万人参与的圣火传递活动，是奥林匹克诸多文化活动独具特色和魅力的重要组成部分，它是主办城市和主办城市之外那些没有机会直接参与奥运会的人参与奥运会的重要途径。在圣火传递的过程中，大量的文字和图片影像资料成为珍贵的历史遗产，使得奥林匹克精神以及奥运会主办国、主办城市、途经地区和城市的人文精神在圣火传递以及奥运会结束之后继续得到继承和发扬。随着北京奥运会的成功举办，人们将目光转向中国，转向北京，在面临前所未有的机遇与挑战的同时，我们相信，以“和谐奥运”为主题，“点燃激情，传递梦想”为口号，古代“丝绸之路”为主线的北京奥运会圣火传递活动必然以崭新的面貌在全世界传扬奥运理念，为奥林匹克运动的宝贵遗产再添精彩的一笔。

（二）开幕式、闭幕式

奥运会的开、闭幕式历来都是奥林匹克仪式文化的主要内容，也是整个奥林匹克文化的重要组成部分，对开幕式来说尤其如此。“开幕式成功了，奥运会也就成功了一半。”可见在整个奥林匹克文化中开幕式堪称重中之重。开幕式庄严、隆重，闭幕式欢愉、喜庆。一场成功的开幕式能够为随之开始的奥运会定下基调，而一场成功的闭幕式则可以把所有奥运会参与者以及全世界观众的喜庆推向高潮。

1. 程序性仪式

《奥林匹克宪章》对奥运会开幕式和闭幕式都做了明确的说明和规定，必须遵守一定的仪式规范。在开幕式和闭幕式中，程序性仪式主要是指一系列礼仪性的程序，如运动员入场、奥运会组委会主席致辞、国际奥委会主席致辞、演奏会歌、升会旗以及闭幕式中的会旗交接等等，这些仪式向来都是作为开、闭幕式的既定程序，在宪章中都有详细说明，每届奥运会都沿袭相关传统，改进与创新的空间不大。然而从另一方面来说，仪式庆典固然重要，但毕竟不是主体，因此需转变观念，尤其在运动员入场式上，采用巧妙的创意和新颖的设计，在压缩各代表团入场时间的基础上，展现各国运动员团结、奋发的精神面貌，应该是今后发展的方向之一。

2. 圣火点燃仪式

在奥运会开幕式中，点燃圣火的仪式，是其最隆重、最富有感染力的仪式，它体现了体育与艺术、体育与科技、体育与想象力和创造力的完美结合，成为最具魅力、最能调动亿万人激情的华彩乐章，已成为开幕式典礼的高潮所在。主办国为了展现自身的文化风貌，往往会在点燃方式上大费周章，煞费苦心，因而也百花齐放，尽展风采。1984 年洛杉矶奥运会一改传统的火炬手直接点火的模式，利用串烧的“导火索”引燃主火炬；之后汉城奥运会另辟蹊径，采用的是升降台；巴塞罗那奥运会别出心裁，以射箭的方式点燃圣火；悉尼奥运会则将瀑布搬到了台上，在水中点燃了圣火；雅典奥运会更是以人不动火炬动的逆向思维赢得了大家的一致称赞。可以肯定的是，创新的思维理念、科技手段的使用、鲜明的主题思想再加上独特的文化展示，已成为奥运会圣火点燃创意的集中体现。

3. 宣誓仪式

随着奥运会的发展，参赛国家和地区运动员的逐渐增多，比赛的竞争性增强，一些运动员开始为了获得金牌而弄虚作假。这显然违背了奥林匹克原则和精神，也与顾拜旦恢复现代奥林匹克运动的初衷背道而驰。于是顾拜旦建议继承古奥运传统，在每届奥运会开幕式上让运动员代表进行宣誓，以维护奥运会比赛秩序，这也为公平竞争的奥林匹克精神做出了最为恰当的诠释。①1920 年，安特卫普奥运会上，比利时人维克多·鲍恩身着击剑服，左手持国旗一角，右手高举，代表全体参赛运动员宣誓。此后，为了加强裁判员的责任感，在 1968 年墨西哥奥运会上，裁判员宣誓又被列入仪式程序之中来。

---

① 1920 年，用宣誓诠释公平，奥运老照片［EB/OL］.［2007-09-18］. http：//www.bbtnews.com.cn/onyourmark/channel/political27228.shtml.

4. 大型文艺演出

由于奥运会开幕式和闭幕式历来都是举办国文化的最集中体现，因此各举办国无一例外地通过开、闭幕式上的文艺演出庆典，以艺术表现的形式，向全世界展示其独具特色的历史文化，往往呈现出浓郁的民族风情和地域色彩。2004 年雅典奥运会开幕式风格独特，耐人寻味，没有以往热闹非凡、万人共舞的“人的狂欢”，取而代之的则是节奏舒缓、宁静致远的“神人共娱”，德国艺术史家文克尔曼曾惊叹于希腊艺术“高贵的单纯和静穆的伟大”，雅典奥运会开幕式让我们重新咀嚼了这一名言。① 北京奥运会的开幕式是通过独特的创意，展示中国意境，还是沿用大型歌舞，人海战术，制造万人欢歌的场面，国人为之期待。

（三）颁奖仪式

现代奥运会的颁奖仪式沿袭了古奥运的相关传统，同时又融入了更为丰富的现代艺术形式。获得前三名的运动员身着正式服装或运动服登上领奖台，面向官员席。冠军所站的位置最高，然后宣布他们的名字。颁奖时，全场观众起立，以表示对优胜者及其国家或地区的尊敬。冠军代表团的旗帜从中央旗杆升起，第二名和第三名代表团的旗帜分别从紧靠中央旗杆右侧和左侧的旗杆升起。奏冠军代表团的国歌时，奖章获得者应面向旗帜。颁奖仪式庄严、隆重而激动人心，许多运动员望着国旗冉冉升起而禁不住流下眼泪。尽管奖励授予的是个人，是对运动员个人成绩的奖赏和对其拼搏精神的激励，但是奏国歌、升国旗的形式无疑把运动员的个人成就同国家和民族的荣誉紧密联系在了一起，增强了颁奖仪式的民族主义色彩，激

---

① 金元浦．大学奥林匹克文化教程［M］．北京：高等教育出版社，2006：233.

发了运动员和广大观众的爱国主义热情。

三、奥林匹克仪式的当代价值

奥林匹克仪式的历史演变深刻反映了奥林匹克运动的历史变迁，同时受到其所处时代背景如政治、经济、文化、科技、传媒等综合影响。奥林匹克仪式在当代的价值观主要体现在以下几个方面：

（一）身心一统的教育价值

教育价值是奥林匹克运动的终极价值观。现代奥林匹克运动教育的价值核心是寻求人的全面发展，通过身体教育与精神教育的统一、身体教育与文化艺术教育的统一，来促进个体的身心一统、促进个体的自我实现和自我肯定、促进个体的自我发现和自我超越，最终实现全人类的和谐发展。正如在《奥林匹克宪章》中论述的那样，奥林匹克运动的宗旨就是通过开展没有任何形式歧视的并按照奥林匹克精神——以互相理解、友谊、团结和公平对待精神的体育活动来教育青年，从而为建立一个和平而更加美好的世界做出贡献。在现代奥运会的发展历程中，奥林匹克教育追求促进人的全面发展、使人在体育运动中走向完善的价值取向从未发生过动摇和改变。当今世界各国举办奥运会的历史都已经证明，筹办和举办奥运会对世界上任何一个国家和地区来说，都大大地推动了该国和该地区的公众教育尤其是针对青少年的教育。奥林匹克仪式通过自身的教化环境，将道德规范和价值观念作用于仪式的直接和间接参与者，对人们的行为意识、伦理道德、心理情感等方面产生了巨大的影响力和征服力。在仪式的行进过程中，潜移默化地将教育内化于仪式参与者，促进身心和谐发展。一些突出国家标志的仪式，如奏国歌、升国旗等，增强民族认同感和民族凝聚力，从而引发了人们的爱国主义意识。北京奥运会为我们进行爱国主义教育提供了难得的历史机遇和鲜活生动的教育素材。

（二）传承文化的人文价值

奥林匹克仪式不仅带给奥运会浓烈的节日氛围，更大大地提升了奥运会的境界，使其庄严、神圣，具有强烈的感染力，表现为追求世界和平、民族团结；激励人类不断超越进取、追求理想；奥林匹克的价值理念得以进一步体现。

古代奥林匹克运动的文化核心体系是现代奥林匹克运动文化的根基，现代奥林匹克文化价值体系是在此基础上不断拓宽与深入的。在古代奥林匹克运动文化中，智慧的古希腊人便对人的生存、发展、自由和解放进行了一系列思考。“神圣休战”是人类对和平的承诺，橄榄枝是代表对和平的寄寓，“裸体竞技”表达了对神灵的崇敬以及人与人之间的原初平等。早在古希腊奥运会时人的和谐发展便成为奥运会发展的主题。古希腊奥运会形成的以“和平与友谊的精神”“公平竞争的精神”“追求人体健美的精神”和“奋进精神”为主要内容的奥林匹克精神体系充分体现了当时人们对人的发展与自由的思考，并以此为基础形成了一套完整的人文价值体系，为人类留下了宝贵的历史文化遗产。[①] 每届奥运会的仪式形态都会有所创新，但核心价值观念没有改变，那就是弘扬奥林匹克崇高理想，传承奥林匹克优秀文化，延续数千年的奥运精神不断发扬光大。在现代奥运会中，历届奥运会的文化核心都成为下一届奥运会文化组成的重要内容，而当届奥运会又会融入一些新的文化内容。北京的“绿色奥运、科技奥运、人文奥运”也将成为 2012 年伦敦奥运会文化组成的一部分。这种文化集

① 孙葆丽．奥林匹克运动人文价值的历史流变［D］．北京：北京体育大学，2005．

中传承的特征是奥运会的重要特色所在，是其生命力不竭的源泉所在，也是人类文化传承的重要方式所在。

（三）崇尚艺术的美学价值

雕塑、建筑、诗歌、音乐、戏剧、绘画，在谈到古奥运会时，是不能不一并对这些进行讨论的，它们也是整个盛会的精彩华章。而现代奥林匹克仪式则通过一系列独特的视觉形象，如火炬、奖牌等，凸显文化性与艺术性，在审美中创造艺术灵感，提升人们的审美情趣，净化人们的心灵。穿越五大洲的圣火传递活动、盛大的入场仪式、富有民族风情和地域特色的文艺演出等，充满了丰富的审美意境，洋溢着浓厚的艺术氛围。不仅在赛场上展示着世界一流的形体美、力量美，在奥林匹克仪式中也集中体现了多种文化艺术形式的美。此外，奥运会与精神文化紧密结合，赋予了竞技比赛更加崇高的价值观念。庄严的颁奖仪式，引导运动员通过自身的努力去攀登奥林匹克的巅峰，是对真善美的弘扬，更是对“更快、更高、更强”的完美诠释。北京奥运会的“祥云”“鸟巢”等产物，标志了我国在科技奥运口号下的科学情结与这种科学审美情趣，真实映照了“科学技术是第一生产力”、坚持“科学发展观”的最高美学观。为每届奥运会开幕而作的诗歌、音乐、戏剧、舞蹈等，都在当届奥运会闭幕之后延续，感染、荡涤、激励着人们的心灵，引导着人们继续追求人类的理想生活，和平、富足和欢愉。

（四）凝聚象征的符号价值

德国著名社会学家涂尔干曾说：“集体的理想只有通过大家所看得见、理解得了并描述得清楚的有形物体来具体体现，才能够被体现出来并意识到自身的存在。物体一旦被选定，无论有多么平凡，都会变得非常独特。”

奥运会一直都是建筑在象征意义、强烈的视觉符号和传统仪式的基础上。现代奥林匹克运动的崇高追求表现在一系列特有的标志物上，如奥林匹克五环标志、奥林匹克会徽、奥林匹克吉祥物、奥林匹克口号、奥林匹克会歌等等，所有这些都是具有鲜明象征意义的艺术符号，代表了和平、友谊、团结、进取等精神追求。现代奥运礼仪内容丰富、体系完整、特征鲜明，有一系列鲜明的标志，它们从不同方面、不同角度，用不同的方式表达着奥林匹克事业所追求的理想。奥林匹克仪式可以看成是一个由符号构成的仪式体系，从符号学的视角，它具有象征性以及文化表演性等特点，通过独特的象征符号，促进沟通了解，形成民族认同感，构筑奥林匹克品牌。

四、两点思考

一方面，从古奥运的衰落到现代奥林匹克运动的发展壮大，奥林匹克仪式逐渐形成了一系列固定体系，在遵循相应价值理念的同时，应加以开发，不断创新，满足奥林匹克和社会发展的需要。另一方面，奥林匹克的终极目标与高校大学生培养目标高度一致，通过奥林匹克教育当代大学生是培养大学生人文素质的重要手段。如何将仪式的当代价值观落实到操作层面上来，把奥林匹克仪式的文化内涵与高校素质讲堂、体育、艺术等活动有机结合起来，既必要又重要，是一项艰巨而深远的任务，我们应抓住中国办奥运的历史契机在这方面做出不懈的努力。

第三章 “再度重逢”——南京青奥会筹办理念与实践

“奥林匹克主义是将身、心和精神方面的各种品质均衡地结合起来并使之得到提高的一种人生哲学。它将体育运动与文化和教育融为一体，奥林匹克主义所要开创的人生道路是以奋斗中体验到的乐趣、优秀榜样的教育价值和对一般伦理的基本原则的推崇为基础的。”①

《奥林匹克宪章》（Olympic Charter），2019 年

“体育对于青年人来说是非常好的教育方式。奥林匹克精神同样是很好的教育途径，因为体育可以使人身体健康，可以使人意志坚强，它让青年人懂得团队力量的巨大，懂得尊重裁判，从而让他们在日后生活中懂得要遵守法律规则，而这些正是当今社会所需要的。有必要让青年人懂得体育所传达的价值。通常，第一次参加奥运会的运动员平均年龄为 22 到 23 岁，我认为在 15 至 20 岁之间有一个断层，我们可以通过让青年人了解体育价值来给予他们许多帮助。这就是我决定举办青年奥运会的原因。”②

雅克·罗格，2014 年

---

① 最新版《奥林匹克宪章》2019 年 6 月 26 日生效，国际奥委会官方网站提供全文下载（英文版和西班牙语版）。

② 罗格先生在瑞士洛桑接受新华社记者专访时的谈话，2014 年 7 月 24 日。

第一节 青奥会的创新、使命与发展[①]

青年奥林匹克运动会（以下简称青奥会）是国际奥运会于2007年创立的又一项新的国际综合性体育盛会，专为青年人设立，旨在鼓励更多年轻人投入到体育运动中。与现代奥运会相比，青奥会更加重视青年特色，突出文化与教育主题，提倡节俭办赛，强调不同文化之间的交流以及不同教育之间的合作，从而促进青少年身心和谐发展和奥林匹克运动可持续发展。奥林匹克运动方兴未艾，让奥林匹克卓越、尊重和友谊的核心价值观更广泛地被青年群体接受是奥林匹克发展的重要目标。2010年2月11日，国际奥委会在温哥华召开第122次全会，中国南京成功获得2014年第二届夏季青年奥运会的承办权。这无疑对奥林匹克教育在我国的进一步落实具有重要作用，也为奥运扎根中国的进一步实施提供了良好契机。基于此，本书从青奥会诞生的历史背景出发，探讨这项运动的创办理念和使命内涵，对青奥会在发展过程中可能出现的问题进行反思，以期为青奥会的成功举办提供理论参考。

一、青奥会：新世纪奥林匹克运动的新生命

青奥会，顾名思义，就是专门为青少年而举办的奥林匹克运动会，虽然其诞生创办时间不久，但实际上，在奥林匹克运动的诸多活动体系中，针对青少年的活动历史却由来已久。早在1912年瑞典斯德哥尔摩奥运会上，当时的瑞典国王古斯塔夫五世为了扩大奥林匹克的影响，邀请了来自欧洲

① 该部分内容已发表，见王成，田雨普．论青奥会的创新、使命与发展［J］．体育与科学，2010（2）：14–17.

的1500名青少年在奥林匹克赛场周围进行狂欢活动，由此演变成后来著名的奥林匹克青年营。此后，国际奥委会认识到仅仅依靠一两种教育活动远不能实现奥林匹克特殊的身心教育目标，又逐步尝试和创立了一系列针对青少年的体育文化活动，如奥林匹克教育计划、欧洲奥林匹克青年节、世界青年运动会等。尤其是欧洲奥林匹克青年节和世界青年运动会的成功举办，加之世界青少年体育活动的蓬勃开展，使得国际奥委会逐渐产生了为青少年创办一项全球性的体育综合赛事的设想。①

此外，科技进步使我们享受到物质丰富和生活便捷的同时，也衍生出一系列诸如诚信缺失、健康下降等问题。国际奥委会审时度势，为奥林匹克运动继续发展寻找新的动力，也为奥林匹克运动的文化价值寻找新的发展趋向，以促进奥林匹克运动走向健康、和谐、全球化的发展之路。国际奥委会很重视奥林匹克运动在新时期的发展走向，其中，怎样影响下一代，尤其是世界青少年，自然是很重要的环节。在罗格主席的号召下，2007年7月5日，在危地马拉召开的第119次国际奥委会会议上，正式提出并通过了创立青奥会的决议。时任主席罗格先生说道："这是奥林匹克运动的一个历史性的时刻，这都要归功于世界各地的青少年。"他还说："青少年奥运会像奥运会一样，比如也有运动员村，提供奥运会般的氛围，可以让一些运动员为未来的奥运会做准备。②"由于有了最初的准确定位和奥运会的广泛影响力，作为一项国际大型综合体育赛事，青奥会和奥运会一样，是其他大型国际比赛所无法比拟的。

---

① 柴王军，汤卫东，覃兴耀．青奥会价值目标探讨［J］．体育文化导刊，2008（6）：66-72.

② 柴王军，汤卫东，覃兴耀．青奥会价值目标探讨［J］．体育文化导刊，2008（6）：66-72.

在首届夏季青奥会竞赛规划简表中可以看到，青奥会的项目共设 26 个运动大项，基本以 2012 年伦敦奥运会的大项为基准，但也充分考虑到了青少年的特点，新增了诸如室内篮球或街头篮球、山地自行车、BMX 小轮车等，更加有效地展示了青少年选手的动感和活力。具体包括游泳、射箭、田径、羽毛球、篮球（奥运项目篮球或街头篮球）、拳击、划艇、自行车（小轮车、山地自行车）、马术（障碍）、击剑、足球、体操、手球、曲棍球、柔道、现代五项、划船、帆板、射击、乒乓球、跆拳道、网球、铁人三项、排球（室内或沙滩排球）、举重、摔跤（女子自由式摔跤、男子古典式摔跤）等 26 个大项。①

青奥会与奥运会一样，每四年一届，分夏季和冬季青奥会。首届青年冬奥会则于 2012 年在奥地利的茵斯布鲁克举行。青奥会举办时间一般为 12 天，参赛运动员的年龄为 14 ～ 18 岁之间，具体由各国际单项体育组织确定。国际奥委会只是规定了一个原则，即各项目只能选择一个年龄组的比赛，如：14 ～ 15、15 ～ 16 或 17 ～ 18 年龄组。

国际奥委会指出，青奥会尽量利用现成的比赛设施，不要求举办城市新建设施。对参赛国的人数也有限制，一个代表团最多派 70 名运动员，以扩大赛事的参与面。其项目设置与奥运会相似，但可根据举办城市的设施情况有所调整，运动员 3500 ～ 3800 人，官员 1500 人，接待规模约 6000 人。② 奥运会上已经被广泛认可的程序或仪式都会在青奥会上得到保留，如奥运村、领奖台、奥林匹克旗、运动员宣誓等，但没有各国国歌和国旗，以避免国家主义。在颁奖时，只升奥林匹克会旗，奏奥林匹克会歌。

---

① IOC：The Youth Olympic Games Brochure，www.olympic，org 2007-07-05.

② IOC：The Youth Olympic Games Brochure，www.olympic，org 2007-07-05.

二、奥林匹克精神本质的回归：青奥会承载历史使命

现代奥林匹克运动在百余年的发展历程中取得巨大成就的同时，也呈现出一系列不和谐的问题，严重制约奥林匹克运动的发展。过度的商业化操作、严禁不止的兴奋剂使用，以及众多在青少年中萌发的不良现象诸如网络电视成瘾、肥胖症多发等，一度使奥林匹克的生命力遭到严重威胁，发展宗旨面临偏离。

近几十年来，体育运动实践中出现了许多与奥林匹克主义精神相违背的东西，商业化程度越来越高的奥运会，运动员的成绩与经济利益紧密挂钩，人们对比赛成绩的关注超过了比赛本身，为此，许多运动员甚至会为夺得最佳运动成绩而不择手段，我们把这样的行为称为“极端奥林匹克”。[①]而真正的奥林匹克精神和价值却被忽视。一方面，在全球范围内参与竞技体育运动的青年人日趋减少，因为在高度商业化的竞技体育面前，即使是爱好体育运动的青少年也更容易成为看客而不是参与者。另一方面，普通青年人对奥林匹克运动的认同感与信任感越来越小，因为奥林匹克精神所追求的锻炼人、教育人、培养人的价值已经逐渐被无处不在的商业化和金钱所掩盖。其后果是，在很多国家和地区，青少年很早就进行了高强度、高难度的训练，身心健康受到摧残。体育的过度职业化使得部分年轻运动员承担了训练和比赛任务后，就如同一台训练机器，挖掘全部潜力，以取得最高成绩，而对于运动员自身的身心健康、友谊竞争等奥林匹克真正强调的东西却置若罔闻，严重亵渎了奥林匹克最基本的道德原则。正如国际大体联第一副主席克劳德所说：“视好成绩为唯一目标的运动员几乎沦为

---

① Claude-Louis GALLIEN. 青年奥运会的作用——健康、预防、社会适应［J］. 体育科研，2008（5）：10-12.

运动机器。奥林匹克精神对广大青少年的教育价值已经难以体现，青少年与奥林匹克的关系蜕变为对明星人物的崇拜和对物质的追求。极端奥林匹克主义不仅影响青少年运动员的成长，也影响着数以亿计的普通青年人。[①]”

国际奥委会希望，青年奥运会能成为奥林匹克精神回归的赛事，成为真正能够让每一位运动员感受到奥林匹克精神对人性的感染和洗礼的赛事，成为使运动员作为奥林匹克人，而不是运动机器的赛事。这也是奥林匹克和体育运动对青年成长和发展的价值所在。因此，青年奥运会的创办被看作是从极端奥林匹克向奥林匹克精神本质的回归。

当然，我们也应当看到，真正让面向青年人的体育运动独立于极端奥林匹克主义之外，并不是一项容易实现的计划。在目前世界经济和社会发展状况下，奥林匹克精神对促进青年成长的价值回归是现代奥林匹克肩负着的极为艰巨的历史使命，难以真正实现，甚至有可能是乌托邦式的梦想。然目标已经明确，我们需共同努力。

三、教育青少年：青奥会发展的基本理念

青年，是现代奥林匹克运动的主体，也是奥林匹克文化的创造者和传承者。

顾拜旦对青年寄予了厚望：“因为是青年，而不是儿童，掌握和引领着人类的命运。[②]”国际顾拜旦委员会主席诺伯特·米勒在我国出版的顾拜旦所著《奥林匹克回忆录》中文版一书的导言中明确提出：“奥林匹克

---

① 慈鑫.让青少年体育运动独立于极端奥林匹克主义之外［N］.中国青年报，2009-02-17.

② ［法］顾拜旦.致奥林匹亚——柏林的火炬传递手［M］//奥林匹克主义——顾拜旦文选.北京：人民体育出版社，2008：245.

主义是一种道德理念，肩负着对‘世界青少年’的教育使命。[①] 正如《奥林匹克宪章》中所阐述的那样："通过没有任何歧视、具有奥林匹克精神——以友谊、团结和公平的精神互相了解——的体育运动来教育青年，从而为建立一个和平而美好的世界做出贡献。[②]"

然而最近一项研究表明，年轻一代对于奥运会的热情正在减弱；相较参与体育运动，当今的年轻人对于电视、网络游戏的兴趣更浓。因此，青奥会对于青少年的意义正在于把他们从对网络和电视的关注重新转移到体育运动中来，以激发广大青少年参与运动、参与奥运的激情，进一步扩大青奥会在青少年群体中的感召力和影响力，从而把他们培养成身、心、精神和谐发展的人。

1999 年，国际奥委会通过的《奥林匹克运动 21 世纪议程》明确提出：青年人是与环境、发展和体育活动关联度最高的人群。奥林匹克运动认识到这一群体在可持续发展行动中具有特别重要的作用，奥林匹克运动的特点又使得它首先影响青少年。这对人类的发展是个问题。人们现在很注意气候、环境等问题，但对于人本身发展的问题重视还不够。

2009 年在哥本哈根举行的第 13 届奥林匹克代表大会上，有一个重要议题：OLYMPIC AND YOUTH，时任罗格主席认为这是本次大会最为重要的主题。该议题旨在鼓励青年人参加体育运动，培养一种健康的生活方式，回归体育的原初目标，走向教育和文化，而非争夺奖牌。该议题同时还指出，要教育青少年远离毒品，培养他们健康的生活方式，不要过度训练，由此

① ［法］皮埃尔·德·顾拜旦. 奥林匹克回忆录［M］. 刘汉全，译. 北京：北京体育大学出版社，2007：11.

② 国际奥委会. 奥林匹克宪章［M］. 詹雷，译. 北京：奥林匹克出版社，1993：6.

议题产生的若干重要建议中就包括诸如“由国际奥委会发起与青少年的互动对话”“奥林匹克运动应展开对家长们的教育，让他们意识到让孩子参与运动对其整体的健康发展非常有益”等。

早在1927年4月，顾拜旦就在奥林匹亚向全世界从事体育运动的青少年发出号召：“当今世界，强大的发展潜力和日渐衰退的危险趋势并存。奥林匹克主义可以构成一个培养纯洁思想和耐力与体力的贵族学校，但条件是你们要不断提升你们的体育荣誉感和体育的无私奉献精神，使之与肌体的勃发相媲美。未来在你们身上。[①]”一百多年以后，国际奥委会罗格主席指出：“青年奥运会绝非一个小型的奥运会，当然会有竞赛，但主要目的不在于此，主要目的是帮助青年人能够接受到奥林匹克价值观的教育：友谊、公平竞赛和反对任何兴奋剂行为。”由此不难看出，青奥会绝非低年龄的奥运会，绝不是单纯为了挖掘选手、培养冠军，其更重要的意义在于教育，让大家都来关注青少年的健康成长，给他们提供一次难忘的人生体验。从这个意义上来说，青奥会是带给全世界青年的一份成长礼，带给青年的是一份通向未来成长的礼物。如果青少年在身体和精神方面都能健康发展，必然对今后的社会进步起到作用。

四、文化与教育主题：青奥会的关键所在

从国际奥委会发布的青奥会指南手册中可以看到，文化与教育这两大主题是国际奥委会推广青奥会，面向青少年所采用的重要手段。国际奥委会特别推出了“双重”（Two-Fold）的文化与教育计划（Culture and

① ［法］顾拜旦．致各国运动员的一封信［M］// 奥林匹克主义——顾拜旦文选．北京：人民体育出版社，2008：203.

Education Program），包括精心建设一个网站，鼓励青少年分享他们的运动经历和感受；加强国家奥委会对奥林匹克体育，教育和文化活动的支持，使都市文化成为奥运会文化项目的一部分；通过不同媒体渠道增加奥运会期间运动员与青年群体的互动机会等。①

从2010年的新加坡首届青奥会的赛前宣传和推广以及2014年第二届夏季青奥会的申办中也可以明显看到，主办和申办城市都在极力宣扬文化与教育两大主题对青年人的重要作用，并相继推出一系列丰富多彩、形式各样的主题活动，如在新加坡青奥会的前期筹办中，涵盖了关于奥运价值观的教育互动和论坛，讨论如何通过健康的生活方式和反对使用毒品，使青年人成为真正的具有体育精神的人。互动活动将由著名冠军和来自教育、体育、文化界的国际专家，以自己丰富的经验直接指导年轻运动员们如何处理相关的社会问题等。这些活动还将通过网聊和博客与外界互动，并建立文化村等。新加坡青奥组委会文化与教育计划处处长李伯胜说："世界文化村是一个连接世界各地朋友的桥梁，通过世界文化村内的展示，我们不仅可以让国人了解各个参赛国的文化特色，同时也能促进我国青年与其他国家青年的交流与沟通，让他们从认识相互的文化中，学到新知识，成为朋友。②"而南京也正筹划通过一系列新媒体、涵盖网上与网下、互动论坛等多种形式来为青少年之间的交流提供更为广阔的平台和空间。可见，文化与教育主题是青奥会的核心，也是青奥会生存与发展的基础。当然，作为奥林匹克运动的生力军，青少年必须用自己的行动来丰富和发展奥林

---

① 王润斌，董世彪，李慧林. 青年奥林匹克运动会初探［J］. 体育文化导刊，2008（3）：59-61.

② 新加坡：跳出世界 舞向青奥 新加坡教育联盟［EB/OL］.［2009-10-13］. http://www.studysg.com/detail_3446.html.

匹克的价值观念，以创造出属于青年的奥林匹克文化和活动体系。

五、任重而道远：青奥会发展中需要注意的几个问题

（一）平衡好商业开发与社会公益的关系

青奥会是国际奥委会的“创新产品”，相关理论有待于进一步丰富和完善，并在实践中接受检验。青奥会要能够长久地举办下去，良好地发展下去，不仅需要经过时间的检验和洗礼，还要看国际奥委会能否坚持创立初衷，把握好商业开发的尺度。作为世界竞技体育最高水平的赛会，奥运会本身具有很强的市场吸引力和商业开发空间，发展较为成熟。而青奥会则是带有强烈公益性质的青年聚会。因此，青奥会的发展应该走一条与奥运会有所区别的道路。当然，奥林匹克运动能有今天的成就实属不易，如果奥运会完全离开商业化运作，它势必会像20世纪80年代以前那样陷入经济困境，而重新陷入举步维艰的境地。此外，奥运会办得好，商业开发运作得完美，国际奥委会也能有更大的经济实力来支持青奥会的发展。

（二）调整好精英比赛与青少年教育的关系

创办青奥会的价值初衷在于教育青少年，不能以奖牌的多少和竞赛成绩的高低作为衡量的标准，应该注重对运动员的教育、对青少年体育参与兴趣的培养，应该专注于通过青奥互动，将奥林匹克的光荣与梦想在全世界青少年中普及和弘扬，使他们有机会实现从“草根平民”到“成长荣耀”的跨越和转变，共享奥林匹克的庆典欢愉。青奥会带给青年的不仅是得到和获得，还有奉献和给予。新加坡青奥会通过社区项目（Community Project）让青年运动员不仅结交新朋友，了解社会责任，更鼓励他们为社

区做出自己的贡献。[①]教育是一项关乎社会发展的大事，然而它却并不注重经济效益和市场化，因此对于追求经济利益最大化的媒体来说，可能关注程度相对较小。国家奥委会、教育机构、政府机关乃至传媒和赞助商对赛事的宣传和推广是否到位、前期工作是否充分，都将直接影响到青奥会的发展地位。如果将青奥会的定位局限在精英比赛，它的发展只能是另一个“小型奥运会”。因此，需要我们摆正好两者关系，不可本末倒置，非此即彼。

实际上，精英比赛和青少年教育并非完全对立，相互矛盾。如同“更高、更快、更强”的奥林匹克格言和“重在参与”的口号看似矛盾，实则内在统一。正如顾拜旦所言：“如果说我想鼓励 100 个人去参加体育锻炼，我需要 50 个人是专门从事体育运动的，25 个人是接受专门的体育训练的，5 个人是具备创造非凡成绩的能力的。100 ∶ 5，最终目的是推动大众都去投入到体育锻炼中。为了推动，需要那 5% 的榜样。”因此，对那 5% 的人来说，应该追求更高、更快、更强，而对其他人来说，则是重在参与，从而达到身心锻炼和陶冶情操的目的。这也正如顾拜旦的另一句名言，“生活中重要的不是凯旋，而是战斗；不是征服，而是奋力拼搏”，奥林匹克精神的精髓就在于使体育运动超越单纯的身体行为，而成为一种“体质、意志、精神全面发展的生活哲学”和“从奋斗中体会到乐趣的生活方式”。

（三）安排好青奥会与其他各项奥运赛事的关系

青奥会不仅需要从奥运会和已有的青年运动会中汲取精华，总结经验，更应发现不足，弥补弱项。由于青奥会是在奥运年举办，还需要处理好与

---

① 新加坡夏季青奥会官方网站［EB/OL］. http：//www.singapore2010.sg/public/sg2010/en/en_culture_education/en_cep_athletes/en_community_project.html.

冬季奥运会以及其他一些世界大型体育赛会的关系，调动各参赛国的热情和积极性，协调好各方利益，处理好参赛国的广泛性和影响力之间的相互关系。在此基础上，坚持贯彻青奥会以体育运动和文化教育相结合的理念，淡化金牌观念，避免赛场内外青奥丑闻的出现，以营造和谐的赛会环境和友好的赛会氛围。青奥会和奥运会、残奥会、特奥会都是奥林匹克运动体系的重要组成部分，不同之处在于面向的对象不同，从这个角度来说，它们是互为完善、互为补充、相互衔接、相辅相成的关系，共同为实现人的和谐发展服务。

对青奥会的定位，首先应在青少年中开展奥林匹克价值和精神的宣传与奥林匹克运动的普及工作。青奥会的推广是基于比赛，又超于比赛的。我国的民族传统体育运动会在比赛期间修赛一天举行民族大联欢，促进各民族文化交流，增进各代表团之间的相互了解，创造出独具特色的民运会赛事文化，不失为一种积极的探索和尝试。

（四）处理好面向世界青年和少数国家垄断金牌的关系

各大洲、各国的地域文化差异比较大，区域性的流行项目、新兴项目乃至优势项目的差异性也比较大，青少年运动员在项目选择上会有较大的差异性。从国际奥委会改革的方向来看，盛行于年轻人、男女皆宜的项目，其发展空间应该更大些。如果青奥会的项目设置不与时俱进，不符合年轻一代的口味，奥林匹克运动将没有未来。事实上，除田径、游泳以及三大球等传统项目外，相当一部分青奥会项目都难以称得上在全球范围内广泛开展。因此各项目的参赛情况和实力水平都有很大差异。如果个别国家长期包揽所谓的优势项目，势必影响他国参与和发展这个项目的热情。长此以往，青奥会的吸引力会大打折扣。这一点是国际奥委会绝对不希望看到的。青奥会的理念之一，就是向全世界的青少年推广奥林匹克运动，能在更多体育运动还不够发达的地区共享发展机遇，使“奥林匹克资源”合理流动。此外，不设大会纪录，如何激发运动员的参赛热情，以创造优异的运动成绩，培养后备人才也是值得考虑的问题之一。

青奥会是南京城市发展道路上的一个机遇和动力，南京也会为青奥会的发展注入新的模式和经验。在筹办和举办青奥会的过程中，我们应当紧扣青奥会的宗旨，进一步拓宽视野，依靠政府和全社会的力量，推动青少年体育以及学校体育的发展，使青少年真正成为青奥会的受益者，为世界奥林匹克运动的发展做出新的贡献。

展望未来，我们有理由相信，以促进世界青年成长和发展为己任，为奥林匹克运动带来全新活力和激情的青年奥林匹克运动会，不但为奥林匹克运动的新篇章写下了浓重的一笔，更为全世界青年的文化教育提供了新的样板和模式。奥林匹克远没有完成历史所赋予它的神圣使命，21 世纪，它一定会走得更远，发展得更强大。

第二节　2014 年青奥会的理论基础与申办策略[①]

青年奥林匹克运动会（以下简称青奥会）是国际奥运会于 2007 年创立的又一项新的国际综合性体育盛会，专为青年人设立，旨在鼓励更多年轻人投入到体育运动中。与现代奥运会相比，青奥会更加重视青年特色，突出文化与教育主题，提倡节俭办赛，强调不同文化之间的交流以及不同教育之间

① 该部分内容撰写于2009年初，后发表于《南京体育学院学报（社会科学版）》2009年第3期，题为《2014年青奥会的理论基础与申办策略》。借由此文，笔者开始关注青奥会申办和筹办等议题。

的合作，从而促进青少年身心和谐发展和奥林匹克运动可持续发展。

2009 年 1 月 14 日，江苏省正式向国家体育总局提交报告，提出申办 2014 年第二届夏季青奥会。2 月 4 日，国际奥委会宣布中国（南京）已经向国际奥委会递交了申办 2014 年青奥会的申请。按照申办程序，所有申办城市须在 2009 年 9 月 4 日前递交正式的申办报告，国际奥委会执行委员会将在 12 月份宣布最终候选城市，2010 年在温哥华举行的国际奥委会第 122 届全会上将宣布最终获选城市。江苏省目前是全国唯一承办过全国运动会（2005 年）、城市运动会（1995 年）、全国体育大会（2006 年）三大全国综合性运动会的省份，省会南京是“六朝古都”“十朝都会”，无论是文化积淀，还是经济发展，都在中国具有非常强的竞争力，因此南京市申办 2014 年青奥会具有一定的基础和优势。此次申办对于弘扬奥林匹克精神、发扬继承北京奥运会的精神财富、引导青少年积极参与奥林匹克运动以及加强民族凝聚力，都是一个难得的历史机遇。

基于此，本书从青奥会诞生的历史背景、特色理念和价值目标出发，结合南京市在此次申办过程中具有的自身优势和应对的挑战，揭示申办过程中的重点和难点，提出一些可供参考的意见和想法，意在抛砖引玉，以期本次申办取得圆满成功。

一、青奥会的诞生

（一）产生背景

在奥林匹克运动的诸多活动体系中，针对青少年的活动历史由来已久。早在 1912 年瑞典斯德哥尔摩奥运会上，当时的瑞典国王古斯塔夫五世为了扩大奥林匹克的影响，邀请了来自欧洲的 1500 名青少年在奥林匹克赛场周围进行狂欢活动，由此演变成后来著名的奥林匹克青年营。此后，国际奥委会认识到仅仅依靠一两种教育活动远不能实现奥林匹克特殊的身心教育目标，又逐步尝试和创立了一系列针对青少年开展的体育文化活动，如奥林匹克教育计划、欧洲奥林匹克青年节、世界青年运动会等。尤其是欧洲奥林匹克青年节和世界青年运动会的成功举办，加之世界青少年体育活动的蓬勃开展，使得国际奥委会逐渐产生了为青少年创办一项全球性的体育综合赛事的设想。[①] 在罗格主席的号召下，2007 年 7 月 5 日，在危地马拉召开的第 119 次国际奥委会会议上，正式提出并通过了创立青奥会的决议。同年 8 月，首届青奥会申办程序启动，新加坡、莫斯科、雅典、曼谷、都灵等多个城市提出了申办。新加坡最终战胜竞争对手，获得 2010 年首届夏季青年奥运会承办权。

青奥会与奥运会一样，每四年一届，分夏季和冬季青奥会。青奥会举办时间一般为 12 天，参赛运动员的年龄为 14 ～ 18 岁。国际奥委会指出，青奥会尽量利用现成的比赛设施，不要求举办城市新建设施。其项目设置与奥运会相似，但可根据举办城市的设施情况有所调整，运动员 3500 ～ 3800 人，官员 1500 人，接待规模约 6000 人。[②] 除了体育竞赛，青奥会更加注重在运动会举办期间的教育与文化活动，这包括关于奥运价值观的教育互动和论坛，讨论如何通过健康的生活方式和反对使用毒品，使青年人成为真正的具有体育精神的人等。

---

① 柴王军，汤卫东，覃兴耀．青奥会价值目标探讨［J］．体育文化导刊，2008（6）：66-72.

② 见国际奥委会 2007 年 7 月 5 日发布的《青年奥运会手册》（The Youth Olympic Games Brochure）。

（二）鲜明特色

其一，广泛的影响力。尽管国际奥委会在 2007 年创立青奥会，参赛运动员也是 14 ～ 18 周岁的青年选手，但这丝毫没有影响到青奥会在奥林匹克运动中的重要地位以及在全世界范围内的广泛影响力。国际奥委会从一开始就把青奥会的诞生和发展作为现代奥林匹克运动中最重要的组成部分之一。时任国际奥委会主席罗格先生说道：“这是奥林匹克运动的一个历史性的时刻，这都要归功于世界各地的青少年。与传统奥运会一样，青少年奥运会每 4 年举行一次。”他还说：“青少年奥运会像奥运会一样，比如也有运动员村，提供奥运会般的氛围，可以让一些运动员为未来的奥运会做准备。”由于有了最初的准确定位和奥运会的广泛影响力，作为一项国际大型综合体育赛事，青奥会和奥运会一样，是其他大型国际比赛所无法比拟的。

其二，鲜明的青年特色。青奥会，顾名思义，就是专门为青少年而举办的奥林匹克运动会，它将集中全世界优秀的青年运动员参加高水平的体育竞技，青奥会的运动员必须是年龄在 14 ～ 18 周岁的青年选手，这就将曾经参加过奥运会的成年运动员排除在了青奥会的大门之外。此外，我们还可以从青奥会的项目设置中体会到鲜明的青年特色。如在首届夏季青奥会竞赛规划简表中可以看到，青奥会的项目共设 26 个运动大项，基本以 2012 年伦敦奥运会的大项为基准，但也充分考虑到了青少年的特点，新增了诸如室内篮球或街头篮球、山地自行车、BMX 小轮车等，从而更加有效地展示了青少年选手的动感和活力，以激发广大青少年参与奥运会的激情，进一步扩大青奥会在青少年群体中的感召力和影响力。

其三，突出的文化主题。文化主题历来都是奥运会举办中最受重视的组成部分，每届奥运会都寻求通过体育和文化的融合来达到教育的目的，青奥会力求在这方面进一步深入。青少年作为奥林匹克运动的生力军，将用自己的实际行动创造出丰富多彩的青奥会文化，不断丰富发展着的奥林匹克文化体系。为了推动奥林匹克运动更加直接有效地面对广大青少年，国际奥委会特别推出了“双重”的教育与文化计划（Two-Fold），包括精心建设一个网站，鼓励青少年分享他们的运动经历和感受；加强国家奥委会对奥林匹克长跑日、奥林匹克体育，教育和文化活动，使都市文化成为奥运会文化项目的一部分；通过不同媒体渠道增加奥运会期间运动员与青年群体的互动机会等。

其四，节俭的办赛理念。奥运会的市场化运作一定程度上给主办城市和国家带来了不菲的收入，但筹办和举办奥运会耗资巨甚，往往也会带来沉重的经济负担。国际奥委会一再强调，奥运会比赛项目必须瘦身，筹办和举办奥运会必须把节俭的理念运用到实际工作中。对青奥会亦是如此。对 2010 年新加坡夏季青奥会而言，国际奥委会规定，主办城市不得为赛会修建新的场馆；运动员规模控制在 3500 名，官员控制在 875 名，奥运村的最大容量不得超过 5000 人；奥运会的运行成本由国际奥委会承担，预算为 3000 万美元。[①] 国际奥委会的这些做法为中小城市申办青奥会提供了经济上的现实可能。减轻城市负担，实行节俭办赛，也为奥林匹克运动可持续发展奠定了有力的基础。

（三）价值目标

其一，通过青奥会鲜明的青年主题，促进奥林匹克运动可持续发展。

---

① 王润斌，董世彪，李慧林．青年奥林匹克运动会初探［J］．体育文化导刊，2008（3）：59-61.

众所周知，青年是现代奥林匹克运动的主体，是奥林匹克文化的创造者和传承者。现代奥林匹克运动在百余年的发展历程中取得了巨大的成就，与此同时，也呈现出一系列不和谐的问题，严重制约了奥林匹克运动的发展。过度的商业化操作、严禁不止的兴奋剂使用，以及众多在青少年中萌发的不良现象诸如网络电视成瘾、肥胖症多发等，一度使奥林匹克的生命力遭遇严重威胁，发展宗旨面临偏离。现代奥林匹克运动对青少年教育的需求和发展中国家青少年参与奥林匹克比例普遍偏低的事实，使得国际奥委会审时度势，顺应时代的发展需要，积极地创立了青年奥运会。无疑，青奥会，以青少年为主体，把奥林匹克的可持续发展回归到青少年的发展上来，从而给奥林匹克运动发展提供源源不断的动力和生力军。

其二,通过青奥会特殊的身心教育方式,促进奥林匹克教育目标的实现。

毫无疑问，教育是奥林匹克运动创立的终极目标，正如《奥林匹克宪章》中所阐述的那样：“通过开展与奥林匹克主义及其价值观相一致的体育运动来教育青年，从而为建立一个和平而美好的世界做出贡献。”同样，对青少年进行奥林匹克教育也是国际奥委会创立青奥会的初衷。教育是青奥会的灵魂和宗旨，时任国际奥委会罗格主席指出：“青年奥运会绝非一个小型的奥运会，当然会有竞赛，但主要目的不在于此，主要目的是帮助青年人能够接受到奥林匹克价值观的教育：友谊、公平竞赛和反对任何兴奋剂行为。”为了达到此目的，国际奥委会还采取了“双重”的教育与文化计划，以进一步推动奥林匹克运动更加直接地面向青年人，如奥林匹克价值教育计划等。青奥会这种特殊的身心教育方式，融合一系列丰富多彩的教育和文化以及体育活动，从而促进奥林匹克教育目标的最终实现，完成启蒙和教育青少年的伟大历史使命。

二、南京市申办青奥会具有的优势和面临的挑战

（一）条件和优势

与其他申办城市相比，南京市在此次申办中具有以下四个方面的优势。

第一，北京奥运会成功举办提供了良好契机。

北京奥运会的圆满举办在奥林匹克光辉史上写下了浓重的一笔，无论是横看世界还是纵观历史都称得上是一座伟大的历史丰碑。中国选手的优异表现，中国人民的热情善良，中国文化的博大精深，赛事组织的科学严密，场馆设施的优良品质，都给各国运动员和来宾留下了深刻印象。通过北京奥运会这个巨大的平台，中国与世界各国加深了相互了解、加强了交往合作，这一切都有力地推动了和谐世界的建设。通过此次友谊的盛会，世界上不同国家、不同种族、不同信仰和不同肤色的运动员、官员和来宾欢聚一堂，其影响是其他任何世界性活动都无法比拟的。北京奥运会的成功得到了国际社会的普遍好评，南京市申办2014年青奥会适逢这一机遇，随着外界对中国城市的了解加深，国际奥委会对中国办大赛的能力有了很大的信任，申办工作更容易得到国际奥委会的认可。

第二，江苏省（南京）经济实力雄厚、社会政治稳定。

江苏省位于我国东部沿海中心、长江下游，辖13个市、106个县（市、区），是我国经济最发达省份之一。改革开放以来，坚持以毛泽东思想、邓小平理论和“三个代表”重要思想为指导，高举新时代中国特色社会主义伟大旗帜，深入贯彻落实科学发展观和新发展理念，坚持“两个率先”，统筹政治、经济、社会和文化发展，奋力谱写“强富美高”新篇章，全省综合实力、居民收入、经济国际化水平、社会财富大幅度提升，2008年，实现地区生产总值突破30 000亿元，较2007年增长12.5%，位居全国第

三。[①] 省会南京市近年来经济发展迅速，2009 年一季度，全市地区生产总值 882.78 亿元，同比增长 9.3%。南京是“六朝古都”“十朝都会”，文化底蕴深厚，社会治安稳定，科技教育发达，拥有众多高等学府。从承办地的文化和历史角度考察，选择南京代表中国申办 2014 年青奥会，是对南京进行综合评价的结果。青奥会重视文化和教育的交流，南京可以在这一方面提供非常好的条件。

第三，江苏省（南京）体育实力较强、比赛场馆齐全。

江苏省是体育大省，体育事业蓬勃发展，体育实力在全国居于较高水平。2008 年新建 5000 个城乡社区体育健身俱乐部；106 个县（市、区）均建有国民体质监测中心；参加北京奥运会，共有 10 人获 8 枚金牌，取得了参赛人数、项次、成绩和对国家贡献排位全面超历史的优异成绩。[②] 除此以外，在体育产业、体育科教等方面实力也都相对雄厚。南京奥体中心是 2005 年第十届全国运动会的主赛场，也是江苏省有史以来最大规模的社会公用事业项目，在规模、功能、技术标准、环境方面都堪称一流。如今的南京奥体中心不仅成为这座历史文化名城的标志性建筑之一，亦是群众体育蓬勃开展的设施保证，有力地推动了江苏省体育事业的发展。青奥会办赛方式力求节俭，不主张重复建设比赛场馆，南京市拥有符合条件的场馆 30 多个，奥体中心的体育场、体育馆（含冰上中心）、网球中心、游泳馆、体育科技中心，南京五台山体育场（馆）连同连云港的连岛海上基地和宿迁国际小轮车竞赛训练中心等省内资源，可满足各种体育比赛的需要。

---

① 具体数据来源于江苏省统计局 2009 年 2 月 16 日发布的《2008 年江苏省国民经济和社会发展统计公报》。

② 具体数据见《江苏省体育局 2008 年工作总结和 2009 年工作要点》，江苏省体育局，2009 年 3 月 6 日。

第四，江苏省（南京）有举办国际、国内大型比赛的经验。

截至2009年，江苏省是全国唯一承办过全运会、城运会、全国体育大会三大全国综合性运动会的省份。此外，充分利用场馆的资源优势、竞赛组织的人才优势以及以南京为主，其他各市联办的办赛模式，积极申办、筹办和举办国际大型体育赛事。据统计，2006年江苏共承办国家体育总局计划的国际比赛32项，2007年，共承办国际比赛34项，承办数量位居全国第一。2008年南京市承办、举办国际比赛9项次、全国比赛11项次、省级比赛10项次、市级计划内比赛145项次，成功举办了十九届市运会，进一步提高了办赛水平，丰富了办赛经验，保持了体育竞赛良好的发展势头。[①] 其中诸如国际泳联世界跳水系列赛、国际马拉松赛等规格高、规模大、水平高的国际大型赛事不仅成功举办，组织者还以一流的精神状态、一流的服务水平、一流的场馆设施精心组织，赢得了国内外运动员和教练员的一致赞扬和肯定，在基础设施、场馆设备和办赛经验上都有不少优势。

（二）应对的挑战

虽然具备以上优势，但是同时亦面临挑战。

其一，与其他申办城市展开激烈竞争。

早在2008年2月3日，国际奥委会就已宣布中国、印度尼西亚、摩洛哥、墨西哥、波兰和土耳其的国家奥委会已递交申办2014年第二届青奥会的申请。据4月2日国际奥委会网站公布的最新情况，目前有中国南京、波兰的波兹南和墨西哥的瓜达拉哈拉共3个城市申办第二届夏季青奥会。在这种情况下，南京主要同波兹南和瓜达拉哈拉两个申办城市展开竞争。

---

① 具体数据来源于《备战全运求突破，繁荣赛事塑品牌》，南京市体育局2008年体育工作会议专题.http：//www.jssports.gov.cn/newsfiles/301/2009-02/29241.shtml.

波兹南市是波兰最古老的城市之一，作为波兰中西部的一个小城，场馆和基础设施方面面临比较大的压力，波兹南市曾申办 2010 年首届青奥会和 2011 年世界大运会，尽管最终申办失利，但在申办经验上更具优势，瓜达拉哈拉市是墨西哥的文化、工业和经济重镇，作为墨西哥的历史文化名城，国际影响力不可小视。

其二，缺乏举办国际大型综合赛事经验。

近年来，登录江苏省乃至南京市的国际比赛级别不断提高，尤其是 2005 年成功举办全国运动会之后，一系列国际重大比赛陆续落户南京和省内其他城市。从 2006 年的斯坦科维奇杯到 2008 年的钻石杯篮球赛，从 2006 年世界健美操锦标赛到 2007 年蹦床世界杯赛，从扬州鉴真国际马拉松（半程）锦标赛到苏州连续 3 年举办轮滑世界杯赛，这些重量级的国际赛事逐渐成为促进群众体育发展、提升竞技体育水平以及展示该省城市形象和提高城市投资环境的有力名片。诚然，这其中不乏世界单项最高水平赛事，但在综合性国际赛事上，尚无先例，因此，缺乏举办国际大型综合赛事的经验是客观存在的。

其三，与国际奥委会尚缺乏接触。

自从 2007 年国际奥委会提出要举办青年奥运会开始，江苏省就有意向申办此项赛会，然而由于信息方面的失误，与 2010 年首届夏季青奥会申办失之交臂。从某种意义上来说，本次参加申办的目的就是为了取得成功，获得举办权，因此，获得国际奥委会的信任和支持就显得尤为重要。此前，国际奥委会对中国的了解仅限于北京等几个奥运会赛事承办地，对南京市尚缺乏了解。如何让国际奥委会委员全面、客观、公正地了解江苏、了解南京理应成为本次申办工作的重中之重。

此外，相对而言，南京市比较缺乏工作经验和专业人才；同时，由于新加坡承办了2010年首届青奥会，根据奥运会举办传统和不成文规定，是否在同一个大洲连续举办也可能成为委员们投票考虑的因素，在这些方面我们都存在劣势。总体而言，竞争仍是比较激烈的。

三、南京市申办2014年青奥会的对策

与两个竞争对手相比，南京市在经济水平、基础建设、场馆设备和办赛经验等硬件方面都更具优势，应在申办理念、筹备活动、提高服务等方面下足功夫，力争申办成功。2009年南京市已经初步确定了申办工作的总体方案和“一室六部”工作机构，完成了前期申办工作的各项程序准备，全面启动了申办报告的撰写工作。下一阶段，南京申办工作将进入全面实施阶段。

（一）加强南京与国际媒体交流合作，使外宣工作落到实处

由于中国与西方国家在历史文化背景、政治制度、价值观、种族、经济发展水平方面存在差异，中国虽然有五千年的历史，是文化大国，但不是文化强国。南京是历史文化名城，但世界对她的了解尚需加强。这样，如何进行跨文化沟通与传播成为南京申奥成败的关键所在。加强南京与国际媒体的合作交流，“让世界了解江苏，了解南京”，对南京申办进行文化设计，在申办方法和态度上与国际接轨、与世界沟通，充分使外宣工作落到实处。针对竞争对手城市强调各自某一方面的优势，我们则把申办奥运会作为政治、经济、文化全面竞争的整体系统来把握与运作。

（二）重视“国际公关”作用，申办报告体现南京和江苏特色

国际奥委会改变了申办和竞选的规则，规定全体委员不得到申办城市访问，这给申办城市在对外宣传和公关工作带来了较大阻力。从某种意义

上说，申办的过程就是一个特殊的公关过程。① 因此我们应该多角度、多渠道地开展工作，在重视自身形象建设的同时，重视公关队伍建设，组建具备多语言交流能力、通晓外事、精通奥林匹克事物的专家团队，服务于对外公关需要。

申办报告是展现申办城市综合实力，体现申办工作总体情况的最直接表现，在各类大型综合赛事的申办过程中历来受到申办者的高度重视。根据国际奥委会相关申办程序，所有申办城市必须在 2009 年 9 月 4 日前递交正式的申办报告，在南京完成前期申办工作的各项程序准备之后，申办报告的撰写工作就成为重中之重。重视申办报告起草工作，使报告充分体现南京的特色与个性，严格遵守申办程序，做出一份能体现南京特色和青奥会特色的申办报告，力争申办成功。

（三）省市通力合作，申办工作以青奥会特色为突破口

申办青奥会，不单是政府或者体育部门的事，应该是全市、全省乃至全国人民的事。在这样的指导思想下，加强宣传和公关，调动全市全省人民的积极性就成为申办工作的重要环节。以“省市联办，以市为主”为指导思想，在申办理念、口号、标徽、吉祥物、整体形象设计方面，可以借鉴奥运经验，采用民间智囊参与申办项目的策划和运作，做好申办青奥会宣传册、电视宣传片的制作工作。

尽管南京市具有多个优势，需要注意的是，青奥会是现代奥林匹克运动的新生产物，尽管它仍是以大型综合性比赛的形式来召集青少年选手进行体育、文化和教育的活动，但在价值理念、办赛特色、目标等方面与奥

① 刘敬民. 北京申办 2008 年奥运会的公关策略［J］. 公关世界，2002（8）：8-9.

运会等大型活动相比，尤其独显特色。青年奥运会更重视青年人的文化和教育活动组织，更注重奥林匹克精神在青年人中的传播和影响，因此，如何在这方面让国际奥委会满意显得尤为重要。在全力编写申办报告的同时，南京市应在申办理念筹划、文化教育活动筹划、赛事组织安排筹划和青奥村建设筹划等方面加强工作，凸显青奥会的文化教育主题和青年特色。

（四）以申办网站为纽带，提高青奥会民众认知度和支持率

网络在现代信息传播中占有其他媒介不可比拟的作用。作为传播的有效工具，申办网站不仅是对内宣传强有力的手段，也是对外展示的重要窗口。申办委员会应尽快建立青奥会申办网站，注重网站素材的时效性和准确性，通过这个窗口，“准确、生动、精炼”地展现江苏省社会经济发展、现代化的体育设施、历史文化遗迹、群众的申办热情等。开辟“申办论坛”等栏目，如有可能，使用多种语言，建立镜像节点。重大活动如入围表决、评估团访问等，要以最快的速度争取信息同步。此外，还应该加强青奥会的相关研究，及时准确地向公众传达相关信息，包括青奥会相关理念、申办工作进展等。注意从生活中挖掘素材，增强申办工作与民众生活的贴进感，进而营造一种良好的申办氛围。

四、结语

在北京奥运会取得圆满成功之际，南京市申办 2014 年青年奥运会势必会给奥林匹克在中国的扎根发展增添不可估量的推动作用。本次申办得到了国家、国家奥委会和江苏省政府的全力支持，也是对南京市和南京人民的极大鼓舞和信任，更是南京重大的发展机遇，我们要抓住这一历史机遇，以科学发展观为指导，立足国际奥委会的思想理念和价值观，

举全市全省之力，充分利用南京市的自身优势，全力以赴，不留遗憾，力争取得青奥会申办工作的最好结果，为奥林匹克在中国的发展再添精彩的一笔。

第三节 南京成功申办 2014 年青奥会策略分析①

青年奥林匹克运动会（以下简称青奥会）是国际奥运会于 2007 年创立的又一项新的国际综合性体育盛会，专为青年人（14 ～ 18 岁）设立，糅合了体育、教育和文化等领域的内容，鼓励当代青年人参与体育运动，提升体育运动意识和参与感，从中收获健康的生活方式，从而促进青年人身心和谐发展和奥林匹克运动可持续发展。国际奥委会希望，能用一种独特而有力的方式来推广奥林匹克精神，以一种创新的形式激发关于奥林匹克精神和社会挑战的教育和讨论，向世界各地的不同青年团体推广奥林匹克精神。在此基础上，使参赛运动员在节日般融洽欢快的气氛中分享世界各地的文化。青奥会便是实现上述目的的独特载体。

近年来，在奥林匹克运动蓬勃发展的同时，诸如兴奋剂、锦标主义、过度训练等“极端奥林匹克”问题也日益盛行，严重阻碍了奥林匹克的正常发展。国际奥委会希望以卓越、尊重和友谊为核心的奥林匹克价值观能够更广泛地被青年群体接受，从而实现顾拜旦复兴现代奥林匹克运动、教育青少年的历史使命。2010 年 2 月 11 日，国际奥委会在温哥华召开第

① 该部分内容是对申办工作所做的阶段性小结，与前一节（本章第二节）内容互为对应，一为申办前，一为申办后。见王成，吴明，陈刚. 南京成功申办 2014 年青奥会策略分析［J］. 体育文化导刊，2010（11）：103-106。

122 次全会，中国南京成功获得 2014 年第二届夏季青年奥运会的承办权。时隔 6 年，奥林匹克的圣火将再次在中华大地点燃。当我们试图走近青奥会的时候，对它的创办理念和价值取向需要探索理解，对申办历程也需要认真回顾。基于此，本书从 2014 年青奥会申办历程出发，结合参与青奥办陈述组工作的体会，对申办过程中的重要事件做出分析，对成功因素进行总结，在此基础上，对南京青奥会的发展做出展望，意在抛砖引玉，以期为南京青奥会的成功举办提供参考。

一、申办工作面临新情况

青奥会是国际奥委会的“创新产品”，其诞生至今不过 3 年时间，相关理论有待于进一步丰富和完善，并在实践中接受检验。申青奥与申奥相比，有其自身特点。

其一，1999 年，国际奥委会对奥运会申办规定进行改革，国际奥委会委员不得访问候选城市，只有评估团成员才能亲自访问申办城市。而国际奥委会在对青奥会的申办问题上，这一条也取消了，没有评估团访问。只有递交申办报告、召开视频会议等。因此，申办报告的分量就显得尤为重要，是重中之重，是国际奥委会了解申办城市的最直接途径。

其二，国际奥委会对青奥会的定位是“More than sports”，并在推广中一直强调文化与教育计划（Culture and Education Program）的重要性，而究竟如何合理有效地实施该计划，新加坡也在探索之中。因此，对该文化与教育计划的理解能否得到国际奥委会的认可就成为申办工作中的另一个重点。

然而，南京在与其他申办城市的竞争中，也凸显出强大且具特色的优势。比如，南京是中国历史上的四大古都之一，有着“六朝古都”的美誉，具有历史文化悠久、经济实力雄厚、社会政治稳定、比赛场馆齐全以及办赛经验丰富等优势。社会机构的社会调查显示，近800万的南京市市民中97.35%表示支持南京申办青奥会，另外，35岁以下的南京市市民96%表示愿意当志愿者。[①]同时，南京还是一座教育之城、青春之城、青年之城，南京的大中小学非常多，在中国位居前5名。学生非常多，青年也非常多。为什么要申办？在南京工作生活的有265万中外青年、147万学生、70万大学生，光青年学生就超过波兹南，若申办成功，最直接的受惠者就是这些青年，再放大一点，中国有4亿青年，这也正符合国际奥委会创立青奥会，让世界青年接受奥林匹克价值观教育的原初理想。[②]

此外，南京与奥林匹克运动历史渊源久远，南京是中国参加奥林匹克运动的策源地，1910年，模仿奥运会赛制并全部由青年参加的第一届中国国家运动会在南京举行，1932年，著名短跑运动员刘长春就是从南京出发，代表中国第一次走进奥运会赛场的。此外，南京还培养了很多奥运冠军，因此，南京与奥运会并非遥不可及，恰相反，南京本身与奥林匹克运动有许多历史关联。所有这些，都为申办成功奠定了深厚的基础。

二、申办历程中的重要事件回顾

2007年国际奥委会创办青奥会以来，江苏就有申办的意愿，但由于当时听说举办过奥运会的国家不能再申办青奥会，因此就放弃了。而实际上，这个消息并不准确，只要是没有举办过奥运会比赛的城市，就可以提

---

① 南京喜获2014青奥会主办权97%支持率成胜利基石［EB/OL］.［2010-02-11］. http://sports. titan24. com/other/2010-02-11/62772. html.

② 数据来源于《南京申办2014年青奥会温哥华陈述稿》。

出申办青奥会。因此，2009 年 2 月，南京正式向国家体育总局提出，申办 2014 年第二届夏季青年奥运会。

2009 年国际奥委会征集 2014 年青奥会申办城市的时候，最初有 6 个城市表达了申办意向，但之后正式提出申办的只有墨西哥的瓜达拉哈拉、波兰的波兹南和中国南京。

南京市于 2009 年 3 月正式启动申办工作。4 月 14 日，南京 2014 年第二届夏季青年奥运会工作申办委员会正式成立，除时任国家体育总局副局长、国际奥委会副主席于再清和中共南京市委书记朱善璐担任主任外，很多曾在北京奥组委、奥申委任职及当时担任国际奥委会委员职务的资深体育人也进入了申办成员名单，其中包括北京 2008 奥申委秘书长屠铭德，以及李玲蔚、邓亚萍、杨扬等体坛知名人士。

随后是起草申办报告的 4 个月。由于青奥会申办过程中没有评估团考察这一环节，申办报告就显得尤为重要。这份报告不仅要体现出南京已充分理解国际奥委会创办青奥会的初衷，还要充分显现南京的文化特色。南京大学外国语学院受南京市政府委托，承担申办文件的全部翻译工作，其中包括申办报告、场馆介绍、合同担保、预算、评估委员会问题回复、视频会议及温哥华会议陈述词、网站等。8 月 27 日，距离国际奥委会规定的最后递交期限还有一个星期，凝聚了多方心血的南京青奥会申办报告火热出炉，以中英法 3 个文本呈现，并递交到国际奥委会。

9 月 24 日，南京申办 2014 年青奥会网站（域名：www.nanjing2014.org）正式开通，并向社会征集申办理念和口号。

10 月 27 日，南京完成青奥会财政预算报告。在国际金融危机面前，中国经济高速发展的稳定是南京的一大筹码。2009 年，南京市 GDP 仍然保持两位数的增长，这令国际奥委会刮目相看。2014 年青奥会南京将拿出

1.17亿美元的预算，并且提出了“合理紧凑”的建设核心。

12月1日，南京市举行申办2014年青奥会视频会议。国际奥委会评估委员会主席Frank Fredericks对南京的现场陈述和青奥会申办工作给予了充分肯定，与会的国际奥委会评估委员会专家们也对南京所作回答表示高度满意。

申办工作全面展开的同时，南京市市民期盼青奥会的热情也日益高涨起来。大街小巷有关青奥会的宣传语也越来越多，越来越多的市民逐渐了解青奥会、期盼青奥会，越来越多的人知道了“与青奥共成长”的申办口号。申办青奥会不单是申办委员会的事、政府的事，更是人民的大事。申办一年以来，江苏各大媒体轮番播放申办视频短片，印有“让青年拥抱奥运，让奥运走进青年”的招贴画布满南京的主要干道、大街小巷，一股股申青奥的浓烈气息扑面而来。

北京时间2010年2月11日凌晨，国际奥委会在加拿大温哥华召开第122次全会，投票选出2014年第二届青年奥运会的举办城市。南京在投票表决中以47票战胜波兹南（42票），成功获得第二届青年奥运会的举办权。

三、评估委员会的评估意见分析

2010年1月8日，国际奥委会对2014年青奥会申办城市的评估报告正式发布，评估报告认为：“对2014年青奥会而言，在南京举办的风险最小（minimal risk），而波兹南和瓜达拉哈拉则存在一定风险（a number of risks）。[①]”国际奥委会表示，瓜达拉哈拉主要的优势和弱势均来自2011

① 详细情况可参见《2014年第二届夏季青奥会评估报告》（2nd summer Youth Olympic Games in 2014: Report of the IOC evaluation commission），国际奥委会评估委员会，2010年2月发布。

年举办的泛美运动会。一方面，青年奥运会可以“借光”泛美运动会的筹备工作，而另一方面，青年奥运会又将与泛美运动会在财政上展开争夺。瓜达拉哈拉还有一项金融风险，即没有应对预算赤字的保障措施。报告中也对瓜达拉哈拉修建奥运村表示了担忧，认为这项工程的进展需要紧密关注。评估报告公布之后不久，瓜达拉哈拉市长表示，考虑到泛美运动会的建设工程都已落后于原计划，综合各种因素，将考虑撤回申办的可能性。最终，瓜达拉哈拉在投票前10多天的时候，退出了竞争。

而波兹南在申办报告中提到home-stay，为了控制规模，将不建青奥村，取而代之是将运动员安排在当地居民家里。但这会出现很多问题，第一,安全如何确保？统一管理的难度极大,运动员的安全无法得到保障。第二，如何保证运动员准时到达目的地？评估报告公布以后，波兹南看到对其不利，进行了相应的调整和补救，和波兹南大学签订了一个协议，决定建立青奥村，即建一个大学生公寓，并提出要建欧洲最好的大学生公寓。然而波兹南土地一直没有落实，资金也没有落实。最后温哥华陈述的时候,国际奥委会又提到青奥村的问题,询问波兹南到底落实得如何。最终，尽管波兹南做了多方努力，温哥华全会上，评估委员会的评估结果依然没有改变。

评估委员会对南京的评估整体不错，认为在城市交通、信息交流、场馆设施、社会经济等软硬件方面都很满意，在三个申办城市里风险最小。同时，也对南京提出了一定意见和有待改进之处。其一是场馆“more than enough”，太好太大，控制起来有难度，观众人数难以确保。其二是文化与教育计划（CEP）的实施国际化视野尚需要加强，国际奥委会推广文化与教育计划的理念南京尚没有充分理解。实际上，申办初期，南京对国际奥委会推出的文化与教育计划就表现出了密切的关注，然这项活动毕竟是一个新生产物，具体的实施内涵与方式不仅是重中之重，也是难中之难，只能在探索中不断实践。南京在实施具体 CEP 的时候，不仅要考虑到国际奥委会规定的内容，如通过新媒体进行奥林匹克历史和奥林匹克价值观教育，还应通过创新，进一步丰富和发展国际奥委会关于青奥会的推广理念与手段等。所有这些都需要考虑到。后来，南京在与国际奥委会进行沟通的时候明确表示，上述问题已经注意到并在尽力改变，并愿意与国际奥委会保持密切沟通与通力合作来进行适当调整，确保控制。

评估委员会在温哥华全会上仍然是维持原先的评估，对最终参与竞争的 2 个城市的评估结果没有改变。

四、关于不在同一大洲连续举办的问题

国际奥委会有“两届奥运会尽量不在同一大洲举办”的“惯例”，尽管这个“惯例”在申办文件中没有明确规定，但已经成为一种申办潜意识和委员们投票考虑的重要因素之一。这也一直是南京面临的重要障碍之一。

波兹南的申办策略非常有针对性，波兹南申青奥代表团特别强调“欧洲概念”，在申办陈述的时候，波兹南的口号是“After Asia”（亚洲之后），波兹南申青奥的宣传片中，也反复出现“After Asia”的字眼，提出要把青奥会带到欧洲来，几位现场陈述人员一再表示，“欧洲已经准备好了”，并提到了首届青奥会在亚洲举办，希望能引起国际奥委会委员们投票时的注意。在温哥华陈述之前，南京申青奥的认识都是“有希望，无把握”，而 47 ：42 的结果确实很悬。虽然票数比是 47 ：42，但实质上只有 3 票的差别。如果有 3 张票改投波兹南，那南京就会以 1 票之差而失去承办权。

除了“欧洲概念”，波兹南还特别强调“第二次申办”的身份。通常情况下，人们对屡战屡败的弱者都比较同情，因此，波兹南的这一策略非常有针对性，他们最终能得到42票，也证明策略的成功。

对此，南京采取的对策为：尽量避开“亚洲因素”。于再清副局长在申办陈述的时候说道：“希望国际奥委会委员在选择第二届夏季青年奥运会的时候，要考虑在安全、可靠、没有任何风险的城市来办”，言下之意，就是其他城市有风险。此外，南京提出2012年到2016年这4年的奥运周期也巧妙地避开了“亚洲因素”。此前在申办2016年夏季奥运会的时候，巴西申办成功，这对南京来说也是一件好事，因为，如果是日本成功，作为亚洲城市，对南京申办青奥会有很大影响。墨西哥和巴西都属于美洲，因此墨西哥申办青奥会并不占优势，而波兹南在欧洲，2012年首届冬季青奥会是在奥地利的茵斯布鲁克举行，所以欧洲也有国际奥委会的大赛。因此，我们在陈述报告中提到，如果国际奥委会把2014年青奥会承办权给予南京，从2012年到2016年，这将是在这个奥运周期内亚洲唯一的国际奥委会组织的大型赛事。总之，南京充分利用自身优势，巧妙地避开了新加坡，也即“亚洲因素”的影响。

五、2014年南京青奥会的办会期待

（一）理念提倡“绿色青奥”，科学合理地加速南京城市发展的国际化进程

南京青奥会是我国继北京奥运会、广州亚运会之后承办的又一项国际性综合体育赛事，也是南京和江苏省迄今为止承办的一次规格最高的体育盛会。办好青奥会，对于推动南京经济社会发展，促进青年体育事业进步，

提升中国自信开放的国际形象，增进中国人民与世界各国人民的友谊，具有重要的意义。中国作为一个发展中国家，城市的发展需要有一些大的活动来带动，北京办奥运，上海办世博，广州办亚运，2014 年青奥会的机会留给了南京，这是南京在城市发展中一个重大动力和节点。借此良机，应以更加开阔的视野，科学合理地加速南京城市发展的国际化进程，不仅要使交通更加便捷，还应使城市更加文明。

“绿色”理念应该成为承办青奥会的第一理念，应追求生态、低碳和环保。我们要办“绿色青奥”，优化生态环境，把生态文明理念和节俭办赛原则贯穿办赛的全过程，充分发挥现有场馆的作用，合理利用各种资源，加快发展绿色经济、低碳经济，提高绿色南京和生态城市建设水平，努力让南京的天更蓝、地更绿、水更清、空气更新鲜、市民生活更健康。健康有保障，一切才有希望。应努力在城市环保、低碳产业发展方面有所作为。坚持环境美化与生活便捷并重，加强生态建设和环境保护，提高平安建设水平，努力打造充满活力、环境优美、和谐宜居的城市，进一步把城市建设得更美。

（二）丰富创新“青年教育”，为奥林匹克教育探索新的实施方式

从文化融合的层面看，奥林匹克教育可分三个阶段，首先是对奥林匹克主义的认知和理解，这是个认知学习阶段，目标是认识“奥林匹克是什么”；其次是对奥林匹克主义的“再解释”，这是个意义识别阶段，目标是认识“奥林匹克意味着什么”；再次是对奥林匹克主义的教育加工，这是个本土化改造阶段，目标是认识“奥林匹克在我们这里变成了什么”。[①] 对这三个阶段的理解和实践，将直接指导我们实施青奥教育的具体认识。

① 刘利民．国际奥林匹克教育中的“北京模式”及其影响．北京奥运城市发展促进会官方网站［EB/OL］．http://www. beijing2008. cn/boda-activity/n214609842. shtml.

南京应该借此机会，在实施青少年奥林匹克计划的过程中，提倡和推广“奥林匹克主义”这个核心概念，不能避而不谈。

从一定意义上来说，文化与教育活动的实施成功与否，直接关系到青奥会的承办是否成功。南京应该在继承北京奥运会教育遗产的基础上，以继承和发展的眼光，进一步探索和丰富奥林匹克运动的教育模式。此外，教育行政部门应承担起动员和组织职责，充分利用新媒体（网络博客、音视频、在线论坛、网络空间等），通过一系列网上网下、场内场外的互动，加大青奥会教育的普及面和影响深度。青奥会对运动员来说，不仅是给予和获得，还有贡献和付出。我们的参赛青少年运动员绝非仅仅去参与一场青奥会比赛，而是以自己的行动来丰富和发展奥林匹克教育理念，赛后应该成为传播奥林匹克文化的使者。如有可能，我们的运动员应该在比赛期间尤其赛后，把自己参与奥林匹克的认识和理解通过各种途径充分表达出来，如各种运动员论坛等，与更多的普通青年一同分享奥运经验心得，而非仅仅去赢得一场比赛，这是责任，也是义务。

（三）努力打造“南京模式”，为青奥会的承办树立新的标杆和榜样

现代奥林匹克运动会经过百余年的演变发展，办赛模式已较为成型，而青奥会第一届尚未举行，因此努力打造具有开创意义的“南京模式”，将是南京留给现代奥林匹克运动的一个独特贡献，也是国际奥委会对南京的重要期待。当然，“南京模式”的具体构建和实施，需要不断探索实践，并与国际奥委会保持密切合作。尤其在文化与教育活动的推广和实施上，如何能够真正做到具有国际性、创新性和延续性，将文化的多元性和统一性植根于教育实践，将教育的公益性和普及性发挥到最大，尚需不断努力探索。

此外，南京青奥会还应努力处理好商业开发与社会公益、精英比赛与青少年教育、青奥会与其他各项奥运赛事以及面向世界青年与少数国家垄断金牌这四种关系。商业与公益、产业与事业并非互相冲突，不可调和，处理得好，可以协调统一。具体如何实施，值得我们深入研究和探讨。

（四）目标瞄准“青年盛会”，为世界青年相互了解提供机遇和广阔平台

办好青奥会，关键是要确立科学的办赛理念，以科学理念统领整个筹办工作。国际奥委会对青奥会的定位可以概括为“more than sports”，参与体育竞技只是一种手段，并非最终目的。奥运会已经不是单纯的体育活动，而是结合社会、教育和人文的发展内容来开展，青奥会更是如此。它在某种程度上更是一种“sports for all”，应通过体育这种平台，来建立友谊，赢得尊重，追求卓越，在此基础上注重奥林匹克价值观的传播和普及。

青奥会不仅是体育的盛会，更是青春的盛会、文化的盛会。南京的办会目标不是取得了怎样的竞技成绩，而是要看对文化与教育活动理解如何，实施如何，效果如何。基于这样的理解，我们要办一届青年的盛会、青年的聚会，要办活力青奥、绿色青奥、人文青奥。青年是最具活力的群体，因此要突出青年特色，吸引青年广泛参与，开展丰富多彩的交流活动，激励青年奋发向上、创新拼搏的精神，真正让奥运走进青年，让青年拥抱奥运，使南京青奥会成为充满青春活力的一届青年盛会。[①] 此外，南京应通过青奥会，通过相互交流，来提升青少年一代的国际理解水平。不仅让世界青年了解南京，更要让南京青年了解世界。青年是世界的未来，青年一代更

---

① 梁保华．努力办一届成功精彩的青奥会——在南京青奥会申办总结表彰暨承办动员大会上的讲话［EB/OL］．［2010-03-23］. http://gov. longhoo. net/2010-04/01/content_2229849. htm.

好地理解世界，城市发展才会有希望。应在政府的支持下，多开展民间交流活动，尤其是青少年儿童的交流活动，尽量民间化和儿童化。通过我们的努力，实现“青年盛会”的办会目标。

（五）深入研究“青奥遗产”，尤其注重青奥精神遗产的整理和评估工作

青奥会是持续十几天的赛会，赛事结束，人们对其容易淡忘，应注重青奥精神的传承和发展。青奥会不同于一般的大型综合性体育赛事，五大洲的青少年以体育平台聚首南京，畅谈思想，交流感情，理应重视青奥会精神文化遗产（如淡化金牌、健身意识、青年与未来、奥林匹克价值观的影响等）的研究。有效传承青奥会所遗留下来的精神遗产，对提升青奥会后续影响和遗产利用无疑具有重要的现实意义。

南京青奥会精神遗产是以奥林匹克价值观（卓越、友谊、尊重）为核心，以文化为载体，以体育为表现形式，通过 2014 年南京青奥会这一特定的大型赛会而得以呈现和传承。具体体现在：1. 弘扬团结、友谊、公平的奥林匹克精神；2 . 实践绿色青奥、活力青奥、人文青奥的办会理念；3 . 身心和谐、体育健康的生活意识；公平竞争、顽强进取的拼搏精神；交流开放、民主平等的思想观念；乐观自信、求同存异的生活态度以及学习榜样、提升自我的优良传统。建议在南京青年奥组委成立专门的遗产研究部门，在青奥会筹备过程中，尚未举办之际就做好相关遗产的保护和整理工作，例如通过对青奥品牌的维护利用、青年志愿服务的常态化、引导青年对公共事务的参与、物质与非物质文化载体的利用等方式，以增强青奥精神的持久性。

展望未来，我们有理由相信，青奥会能够在充分借鉴和吸收诸如奥林匹克青年营、欧洲奥林匹克青年节、世界青年运动会等已有青年体育赛会成功经验的基础上，弥补不足，与时俱进。青年是世界的未来，青年的身体健康关系到世界的兴旺和发达，希望通过青奥会在南京的举办，进一步在中国青少年中推广奥林匹克主义，弘扬和普及卓越、尊重与友谊的奥林匹克价值观，推动中国青少年体育运动、文化教育的进一步发展。青奥会虽然不及奥运会那样规模宏大、影响空前，但作为国际奥委会的一项顶级赛事，它无疑将从城市建设、组织水平、经济运营、青年教育、文化传承等各个方面带给南京一次国际化发展的绝好时机。

第四节 追寻体育的真义：2014 年南京青奥会的探索和期待①

2010 年 2 月 11 日，在加拿大温哥华举行的国际奥委会第 122 次全会上，中国南京以 47 票对 42 票战胜申办对手波兹南，成功获得 2014 年第二届夏季青年奥运会的承办权。风雨钟山，虎踞龙盘。有着悠久历史的文化古城将在 4 年后与年轻的青奥会握手相逢。当我们试图走近青奥会的时候，对它的创办理念和发展影响需要探索理解，对申办历程也需认真回顾。为

① 该部分内容是《体育与科学》杂志委托笔者对两位专家所做的一篇访谈，已发表，见《追寻体育的真义：2014 年南京青奥会的探索与期待——张之沧、王守仁教授学术访谈录》，载于《体育与科学》2010 年第 2 期。张之沧教授多年来研究身体哲学、科技哲学、西方哲学，对体育颇有关注，从身体的角度审视中国体育发展中的若干问题，有多篇论文发表在《体育与科学》，是《体育与科学》杂志的老朋友；王守仁教授时任南京大学外国语学院院长，曾经率领南京大学外国语学院团队承接了南京申办 2014 年青奥会申办报告的英文和法文版本翻译工作，对申办工作有着独到的理解和认知。青奥会申办取得成功之后，南京大学外国语学院和王守仁教授分别被授予南京申办 2014 年青奥会“有功集体”和“有功个人”荣誉称号。两位教授分别从自身学识和立场角度对南京青奥会做出解读，是非体育界人士谈青奥的一篇典型访谈稿。

此，笔者受《体育与科学》杂志社委托，访谈了南京师范大学哲学系主任、身体哲学研究专家张之沧教授和南京大学外国语学院院长、青奥办陈述组咨询专家王守仁教授。

张之沧，男，江苏邳县人（现为邳州市），南京师范大学公共管理学院哲学系主任，教授，博士研究生导师，我国第一位科技哲学博士，曾先后任教于南京大学、东南大学、厦门大学、南京师范大学。主要研究领域是科技哲学、现代西方哲学。先后承担国家“九五”规划项目、国际合作项目以及其他省部级社科项目共11项，获得优秀科研奖12项。出版的主要论著、译著有：《重建与优选》《人性与伦理》等12部，合作著作有：《现代西方哲学》《科学认识论》等10部，在《哲学研究》《自然辩证法研究》等刊物上发表论文160多篇，其中有45篇被《人民大学复印资料》全文转载。2004年起开始关注人类的身体，集中研究身体认知论和身体美学，在《体育与科学》先后发表《论体育的逻辑》《论身体尺度》等文章。

王成（以下简称王）：在奥林匹克运动的活动体系中已有夏奥会、冬奥会等一系列繁忙的工作，且奥运瘦身的呼声越来越高，并日益受到重视。在这样的背景下，由罗格主席提出举办青奥会，并最终在国际奥委会的决议中得以通过，原因何在？举办青奥会的目的何在？南京为何申办此次青奥会？您对此有何看法？

张之沧（以下简称张）：从政治的角度看，我个人并不太主张申请过多此类与体育精神背离的东西，如北京奥运会。我年轻时很喜爱体育运动，2004年开始关注人类的身体，尤其在身体认知论、身体美学，所以身体是作为我的一个哲学研究对象。西方学者尼采对其开始研究，树立起身体一元认识论，看任何东西都从身体出发。既然立足于身体，就与体育相关。现在体育很不受重视，主要原因就是没有认识到身体是我们的根本，没有认识到身体才是我们享受事业、享受生活的根本，没有认识到柏拉图所说的“只有身体，才是建立理想王国的基础”，我们总是讲精神，认为精神高于身体，这样对身体长期持有的偏见，使得对体育的认识产生偏见，柏拉图说得很好，“无论作为一个父母还是教练，首先第一要务就是使你的孩子有一个健康的身体”，柏拉图的教育体系中，体育是非常重要的。从这个角度来看，夏季奥运会也好，青年奥运会也好，能够认识到健全的身体和健全的心灵的统一性，调动起对身体的重视，提高一种对体育的认识，是很必要的。因此不管哪种运动会，甚至老年奥运会也好，无非都是这个目的，就是教育人类对生命的热爱，对身体的重视，对体育的意识要提升。我虽然不懂青奥会，但从这个角度，毛泽东“发展体育运动，增强人民体质”是点出了体育精神。奥林匹克精神是什么精神，今天，体育更多得变成一种职业、一种谋生的手段，目的和手段隔离开来，偏离了最初的目的，很可能伤害了自己的身体。国际奥委会目的很明确，消除体育异化，把人们拉回到体育自身的强身健体、增强体质上，当然，也包括其他目的，如，增进友谊、增强交往等，但根本目的，是使人类变得更健康，更朝气，更阳光。哪怕今后增加其他类型的奥运会，都是如此。因此，青奥会这个事本身我非常支持，很有意义。申办成功当然是好事，环境更美好，空气更干净，当然，并不是局限于此。

王：就是说，青奥会本身是个好东西，创立初衷也是好的，具体会发展到什么程度，要看举办城市对它的定位，对它的认识，如果把它当成一届普通的运动会，搞金牌战略，就会与创立最初的目的有冲突。因此，承办国对它的认识是很重要的。

张：这是个非常复杂的问题，围绕此，我写过很多文章：什么是体育，什么是体育精神等。中国体育的政治化、物质化，使得体育越来越远离体育的本质。以前提出的“友谊第一，比赛第二”，现在至少应该说“参与第一，金牌第二”，但我们国家是“金牌第一，参与第二”，正是这样，真正参与体育运动的不多。所以我们的冰壶被淘汰，加拿大教练说，中国从事冰壶运动的，十三亿人中不足百人啊，而加拿大人口不足3000万人，从事冰壶100多万人。美国亦是如此，参与体育、关注体育的人很多。正如刚才所说，人本身就是自身的目的，人不是一种手段，而是目的。因此，我活着就是活着，活着就是很好地活着。而我们，我活着不是为了我自己。马克思说，“人活着就是使更多人幸福”，这样也行，然而，我们是为后代活着，为子孙活着，不是自己。看一场棒球赛80美元，我怎么可能去呢，不去参与。因此，“金牌第一，参与第二”这种意识一定要改变。体育的参与主体、审美主体是需要培育的。体育是一种全人类共有的活动，人人都需要。

王：所以现在有一种观点，“体育是生活的一部分”。

张：是的，这个理念是承办青奥会应该确立的。当然，这种情况很复杂。洛杉矶奥运会赚大了，但并不能认为办奥运就是为了赚钱。可以认为，办得好，促进了经济，何乐而不为呢。比如我，从事哲学，如果谁要认为从事哲学能发家致富，那就不现实了。但现在从事哲学也不那么穷嘛，把兴趣和生活谋生结合起来，也很不错嘛。现在是经济社会，什么都需要钱，完全摆脱经济，不现实。但是完全商业化，肯定不行，很多艺术家从事艺术，就是源自内心的热爱、情感上的满足，莫扎特穷困，连病都看不起，很多有名的画家，一生穷困潦倒，但身后他们的画却很值钱，当然，他们赚不了钱了。体育不等同于商品，体育不纯粹是一种技艺，已经演变成艺术，演化成一种美。身体的艺术，它是最本真的艺术，最高尚、最基本的艺术。的确，尼采的一句话对我启发很大，他说，“只有人体才是最美的”。为什么呢？体育是什么？体育就是一种展示人体的艺术，展示人体美的艺术。有时候，我们吃亏就在于没有把体育当成一种身体的艺术，而当成一种身体技巧。我们技巧性的滑冰可以得冠军，但艺术性的冰上舞蹈只能得第20名，就是这个道理，对其艺术性的认识有待于提高。当我们的老祖宗认为，“万般皆下品，唯有读书高”“劳心者治人，劳力者治于人”，崇尚精神的时候，谁又能看得起“肌肉发达”的人呢？认为肌肉发达的人，头脑简单，然而实际上并非如此，这种观念不太正确。“没有健康的身体就没有健全的心灵”，身体和心灵是统一的。所以我研究身体美学、身体艺术，这就涉及体育的重要性。我以前说过一些偏激的话，我们的学校第一应该加强体育，加强美育，加强艺术教育，然后加强数学和哲学教育，如果我们增加了其他的东西，使我们的身体变得虚弱，使我们的心灵变得不健全，思维不发达，这样的学生是不会有前途的。

王：按照这样的思路，我想到青奥会，针对青少年，绝非只是通过一场比赛，限制参赛年龄，来教育青年，除此之外，还应通过一系列的文化和教育活动来促进青少年身体和心灵和谐发展这样一个目标。

张：对，这个很有道理。随着物化严重，任何一种活动都有可能变味。如果仅就提升健身强体，大可不必通过申办青奥会、少奥会这种形式。增强人的体育意识、人的生命意识，是可以通过多种方式的。杜威，美国的教育家，20世纪来中国讲学的时候，就对我们的科举、教育制度进行了强烈批判，认为牺牲了我们的身体。死钻书本的“好学生”，实际上是伤害了他们的身体，伤害了他们的创造力。我们要让他们与社会、与自然界广泛接触，引发他们对探索自然的兴趣，引发他们对身体、对自身的兴趣，所以在学校教育中，尤其对小学生，要增加大量的游戏环节，对中学生、大学生，要增加体育环节。杜威，他活到95岁，康德活到80多岁，对身体都相当重视。因此，为达到重视体育的目的，可以采取很多形式。申办青奥会只是其中的一种。

王：也就是说，不一定非要单一地通过申办的方式来达到上述目的。

张：是的，这就是有些国家，如德国等，就有很多人对申办奥运等持反对意见。真正将体育的意识灌输到每个人的心中，如老年人退休，他们的体育意识是很强烈的。这是生命要求产生的一种自觉性意识，而我们有很多外在的目的压倒了我们体育的要求。从这个方面来说，可以有多种形式。如以前的工间操、课间操，就很好，只是现在已经不存在了。

就南京承办这次青奥会而言，应当像办喜事那样，而不是冷冷清清的几个人，争夺金牌，不能过多考虑得失。可以考虑借鉴美国人办体育的精神，当然，有时候，国情不一样。

王：南京在北京奥运会闭幕不到 2 年的时间里再次承办国际大型体育赛会，您认为青奥会能给南京带来哪些好处，留下哪些遗产呢？

张：这次全运会在山东，就比以往任何一届都更有影响，我想这与组织者的组织和宣传等密切相关。一句话，事在人为。北京申办奥运会，并没有什么了不起，没有不可超越的，关键是理念问题。有什么样的理念，就有什么样的实践和行为，没有先进的理念，就没有先进的实践。无论怎样，青奥会，在中国，这是第一，不能被北京奥运会的光环压住。这种开放性的活动，越是少受意识形态左右，越是能办得有特色。不犯政治错误，更开放一些，一定可以办得有特色。体育作为一种艺术，艺术的本质在哪里？艺术的本质就在于形式的创新和多样化，体育的形式也是多样的，就如同开幕式、闭幕式。如果我们的理念再纯粹一些，务实一些，心态再平稳一些，眼光再长远一些，真正抱着至真、至善、至美的目的，它是不会达到一种坏的结果的。

王：也就是说，我们怀着至真、至善、至美的美好理念，朝着美好的目标去努力。

张：是的，所谓至真，就是我们要办实事，遵循体育的规律，坚持真理，体育就是体育，办体育的目的是什么，不是赚钱。至善，就是为南京做好事，甚至为中国人、为整个人类做好事，使整个人类对体育开始重视。现在我们青少年体质下降，由此导致精神的下降、精神上的悲观，学生自杀的现象不时出现。至美，就是重视美，重视美德，不能搞那么多黑哨和乱七八糟的东西，这次冬奥会3000米判罚韩国人的行为，我就十分赞成，那是一种显而易见的阻挡犯规，有违奥运会的公道和精神。因此，无论谁，都要重视美德，世界上还有什么能比美德更重要呢？任何一种教育都要把美德放在至上的地位，至美精神要多宣传。因此，这三个口号，比什么都重要。

王守仁，男，江苏苏州人，南京大学外国语学院院长、教授、博士生导师，兼任教育部高等学校大学外语教学指导委员会主任委员、中国外国文学学会副会长、中国英语教学研究会副会长、全国美国文学研究会副会长，江苏省外国文学学会会长。获英国伦敦大学博士学位，长期从事英语语言文学的教学和研究工作。主持的教改课题两次获国家级教学成果二等奖，编写高校英语专业教材10余部，入选普通高等教育“十五”和“十一五”国家级规划教材2部，由他主讲的“英国文学”入选首批国家精品课程。曾获原国家教委和人事部授予的“在工作中做出突出贡献的回国留学人员”称号（1991）、“江苏省优秀哲学社会科学工作者”称号（1998）、国家级教学名师奖(2003)，两次入选江苏省“333工程”第二层次培养对象(1998，2003），是中共江苏省第11次党代会代表（2006）。南京申办2014年夏季青年奥运会委员会成立后，作为青奥办陈述组的咨询专家，全程参与了申办工作。

王成（以下简称王）：在奥林匹克运动的活动体系中已有夏奥会、冬奥会等一系列繁忙的工作，且奥运瘦身的呼声越来越高，并日益受到重视。在这样的背景下，由罗格主席提出举办青奥会，并最终在国际奥委会的决议中得以通过，原因何在？国际奥委会举办青奥会的目的何在？此次申办历时一年，在申办过程中，我们对青奥会的内涵与使命有过诸多探讨，青奥会到底是什么？它针对青年人最大的特色和亮点是什么？您对此有何看法？

王守仁：我觉得这要从古奥运的起源去寻找答案。古希腊时期，城邦打仗，能不能不竞争，不打仗，通过体育的方式和平台来给人类的天性寻找一个机会。奥运会办下来，到现在，有两个问题，其一是金牌意识太强烈，竞技压倒一切。这导致很多问题，过度训练，运动员应该身体好，可是结果并非这样，这是一个很具有讽刺意味的事情。另一个问题是兴奋剂，扭曲了体育精神。运动员上台，背后那么多赞助商，伍兹不出场，他的赞助商要损失多少啊。现代奥运会就是竞技，有些偏离了，规模过大，难以为继，只有我们这样的国家可以办，伦敦奥运会就完全采用另一种方式。罗格主席上任以后，认为体育要回归到青少年的体质健康上，要认识到从事体育运动的重要性。2008 年哥本哈根会议上，特别有一个议题，“OLYMPIC AND YOUTH”，鼓励青年人参加体育运动，培养一种健康的生活方式。它的这个体育绝不是拿奖牌，青奥会有一点就是不设奖牌排名。这样做就是正本清源，回归体育原本的目标，回归教育和文化，青奥会最大的特点，就是文化与教育活动，“culture and education program”，文件中讲得很清楚，要教育青少年远离毒品，培养他们健康的生活方式，不要过度训练，这都是青奥会和奥运会不同的理念。另一个就是控制规模，“cost and size”，青奥会利用现有的场馆。总之，就是针对夏季奥运会，做一个应有的调节。重点放在青少年身上，让他们健康成长。青奥会的理念非常好，奥林匹克的价值“excellence，friendship，respect”提倡得非常好，这比奥运会上的“faster，stronger，higher”更好，要追求卓越，不单在竞技场上，在人生上也要追求卓越。奥运会中的选手之间是对手，有真正的友谊吗？恐怕很少，青奥会不把成绩放在首位，通过文化教育活动，发展友谊；不因为种族、文化、穷富歧视某些人，应该互相尊重，这在现今世界特别重要。因此，在我们做的申办报告里，要践行和体现这些思想。

青奥会，还可以用另一句话来概括，“more than sports”，体育作为一个平台，来做更多的事情。通过各种各样的平台，来把上述思想变成现实。具体到怎么做，有两个方面，第一就是比赛期间，另一个就是新媒体、数字化，通过网络上的信息化的交互，来使世界青年获得交流、认识。奥运会不管这个，奥运会有两个金“gold medal”和“gold”。南京实施的青少年奥林匹克计划就非常好，推广奥林匹克价值观，通过办青奥会，促进青少年体育的发展，来实现这个目的，国际奥委会的目的还是非常好的。

王：国际奥委会最担心青奥会发生什么问题？对南京有没有担心？对此，我们有没有采取相应的措施呢？

王守仁：国际奥委会评估委员会对我们的评估还是不错的，可以说非常满意，认为在三个申办城市里风险最小。但这里面有两个问题，一个是场馆太好太大，往后不好控制；一个是文化与教育计划的实施。对南京设施的评价是“more than enough”，城市交通、信息等硬件都很满意。如奥体中心容纳观众6万人，能有那么多人看吗，能有那么多观众吗。所以后来，我们与国际奥委会再接触时，提到已经注意到这个问题，并会与国际奥委会通力合作，确保控制。另一个，认为南京的文化与教育计划不是很好，评估报告中认为波兹南是了解了国际奥委会文化与教育计划的理念，南京的一些东西主要就是国际化不够，我们提的东西有点太本土化，本土化色彩比较浓，比如青奥村，各国运动员来了之后做些活动庆祝，各种活动，各种展演。但更多的我们讲的是南京当地的，如教他们如何放风筝、参观南京夫子庙啊等等，这些是需要，但国际化不行。因此国际奥委会针对我们的国际化问题总是提问题，此外，在文化与教育活动方面，我们真正怎么来做，怎么让欧洲的孩子、美洲的孩子都有兴趣参加，而不是我们自己在玩，且要与体育结合起来，这点很重要。国际奥委会也规定了一些内容，如必须讲奥林匹克的历史教育，讲奥林匹克价值、健康生活方式、新媒体、责任感等等。这些都需要考虑到。

王：也就是说要通过各种互动、各种论坛，网上网下，各种途径一起实施相应计划。

王守仁：是的，我们当时特别提到在文化与教育活动里，要做一个郑和下西洋的议题，我们要做一个网络的虚拟游船，每一个国家都给一个模拟的舱，从南京出发，设计一条航线，经过五大洲的很多国家，并与当地国家的国家奥委会建立联系，走一个环球的跨洲旅行。了解那个国家奥林匹克运动的开展情况，其中重要的一点就是要与那些办过奥运会的国家建立联系，了解奥林匹克运动在那些国家的发展，有哪些重要遗产。总的来说，就是国际奥委会认为南京的活动国际化不够，希望南京在文化与教育活动方面加入一些具有全球意义的议题和活动。

王：如果青奥会的文化与教育活动实施顺利，办得好，是否可以认为这届青奥会基本上就是成功的了呢？

王守仁：可以这么理解，青奥会可以把它理解成“more than sports”，文化与教育活动是极为重要的一块，青奥会有体育上的，还有精神和思想上的以及道德上的，等等。各个方面都要成长。

王：举办青奥会的决议为什么引起了社会广泛的争议？支持者认为，“青奥会以强调教育为主，对于开展奥林匹克教育是一个绝好的机会，以此开阔年轻一代的视野，在世界范围内普及奥运精神和奥林匹克主义”，而反对者认为，“青奥会会诱导儿童过早从事专业训练，从而诱发不良行为”，对此，该如何理解呢？我们有没有相关的考虑？

王守仁：哥本哈根宣言中提到，要鼓励大家参与到体育运动中来，这对个人和社会都是好事情。是否会诱导青少年，这个问题，可以这样理解，参与青奥会的运动员是有限的。全世界也就 3000 多人，各国名额都是控制的。再一个，也许可以与奥运会接轨，14 岁开始，培养好苗子，培养奥运会的后备人选，这也不能否认。但全世界从事体育运动的孩子多了，不会起到多大的诱导作用，能够参与比赛的很有限，且中国是一个人才大国，没有必要非要把青少年往这个上面引，应该说，这个担心是多余的。主要还是传播奥林匹克价值，看一看奥林匹克价值是否有一种普世的价值。刚才我已经讲到，南京要实施青少年奥林匹克计划，这是很重要的。青奥会在某种程度上是一种“sports for all”，是一种全民健身，南京对此也实施了很多措施，如命名挂牌奥林匹克学校，搞一国一校，还是通过体育这一平台，来建立友谊，赢得尊重，追求卓越，同时当然也是传播奥林匹克精神和价值。

评估报告对南京的评价还是不错的，当初，我们探讨青奥会、设计口号的时候也想了很多，青春啦、青年啦、放飞梦想啊、点燃青春等等，后来选了“让奥运走进青年，让青年拥抱奥运”，这里面有两个关键词，“青年”和“奥运”，夏季奥运会已经远离我们青年了，只是看看，青奥会不同，要参与进去。所以我们在翻译的时候，用的是简单的两句“OLYMPIC

FOR YOUTH，OLYMPIC BY YOUTH”，一个 for，一个 by，一个表示目的，青奥会是为了青年，一个表示手段，表示主体，青奥会的主体是谁，是青年。后来把翻译的稿子请魏纪中先生过目的时候，他觉得很不错，与国际奥委会的理念也是一致的。后来，向社会征集口号，本来是“我与青奥共成长”，成长的主题非常好，青奥会本身要成长，青年也要成长，城市、国家、个人都要成长，后来把“我”去掉了，变成“与青奥共成长”，非常好。青奥、青年、成长三者是有内在联系的，是一致的。

王：青奥会将为南京带来什么好处，南京能为奥林匹克运动做出哪些贡献？南京的地域文化与奥林匹克文化如何进行互动与交流？

王守仁：当初我们在讨论申报报告的时候就讨论过这样一个问题：南京为什么要申办青奥会？申办青奥会能为南京带来什么？南京这座城市在中国历史上，曾经对它的评价是非常悲壮的，而现在南京是一座教育城市，南京的高校非常多，在中国位于前5名。作为一个教育之城，教育非常重要，同时南京是一个青年之城，学生非常多，青年也非常多。为什么要申办？南京学生 147 万人，光青年学生就超过波兹南，申办成功，最直接的受惠者就是这些青年，既然这样，就肯定要办。再放大一点，中国有 4 亿青年，那中国更要办。

在申办陈述的时候，波兹南的口号是“After Asia”，他们提出“亚洲之后”，要把青奥会带到欧洲去，我们讲要申办，因为我们这里是青年之城，青年多，这是其一。此外，南京与奥林匹克运动历史渊源久远，南京是中国参加奥林匹克运动的策源地，1910 年，模仿奥运会赛制并全部由青年参加的第一届中国国家运动会在南京举行，当然，这是中华人民共和国成立以前的事情，为此，我们在报告中提还是不提也有过很多次讨论，但不管怎样，这都是事实。1932 年，著名短跑运动员刘长春就是从南京出发，代表中国第一次走进奥运会赛场的。这是南京城市的特殊之处。另外，南京还培养了很多奥运会冠军，南京本身与奥林匹克运动就有许多历史和现实，这是很多人都不知道的，这就需要我们去宣传，去教育，挖掘历史，让大家了解南京，而非认为南京与奥运很遥远。这是从青年的角度，南京办青奥会肯定使很多青年人受益。我并不因为自己参与申办，而认为一定要申办，而是觉得中国这样的国家，城市的发展一定要有一些大的活动来带动发展，北京办奥运会、上海办世博会、广州办亚运会，这次的机会给了南京，如果南京失去这次机会，肯定会有很大的遗憾。当然，不办也会发展，但是这样的发展和办青奥会的发展肯定是不一样的。

王：也就是说，办青奥会对南京来说，同时也是城市发展的一个机遇和一种动力。

王守仁：对，因为青奥会毕竟是一个全世界的事情。我在媒体上也看到有的人说，“办青奥会不过是小孩子在一起玩一玩”，这话说得太轻巧。难道小孩子不是家里最重要的吗？小孩子是家庭的中心，孩子来南京参加青奥会，父母肯定要来，父母不来，亲戚也要来。另外，从政治的方面来说，中国与世界其他国家有些隔阂，那么从孩子时代就让他们来了解中国，培养他们对中国的好感，也可以营造一种和谐的国际环境，中国与世界营造一种友谊、和谐的环境，肯定是好的。我们现在说提高中国文化软实力，进一步提高中国的国际交往能力，这就是一个很好的机遇啊。因此，决不能认为这是小孩子的事情，更何况小孩子的事情就是最重要的事情。

尽管国际奥委会不要求兴办新的场馆，但从实际情况来考虑，肯定会对南京的基础建设有所提升，南京会变得更好，更美，更方便，我认为最重要的一点，南京的空气质量会变得更好。目前南京的空气污染有些严重，北京奥运会，我的感觉，北京奥运会后能见到蓝天白云，而南京见不到。

最起码，南京办青奥会对环境会有提升和帮助。我们在申办报告中曾提到，要使南京的天更蓝，水更清，空气更好，这是对我们来说最大的受益。全国目前的平均寿命 73.1 岁，南京的人均寿命 73.6 岁，作为一个现代化城市，不应该是这样的。据我了解，在南京医院里头号杀手就是癌症，主要由于环境污染造成，通过青奥会不敢说有多少改善，但至少会有所控制。这也是南京办青奥会能获益的一部分。以后在一些文件中，我们甚至也可以提，南京要办“绿色青奥”，这样的理念是非常好的。南京不仅要办，还要办好，抓住这个机会，可以做很多事。承办青奥会对南京而言，另外一个获益就是增强南京的国际化进程，我们目前的视野还很不够，应该是开阔一些。总体而言，办青奥会对南京在许多方面都会有帮助。

南京为什么能拿到主办权，有很多原因。新加坡是第一次办，但新加坡毕竟是一个小国家，这一次办也不能算是一个典型，而且青奥会也是一个新生产物，很多理念到底怎么来实施、怎么体现，还需要实践。为什么这次南京成功，除了在南京办风险小（正如评估报告里所说的那样），还有一点就是国家体育总局于再清副局长在申办陈述的时候，说道：“希望国际奥委会委员在选择第二届夏季青年奥运会的时候，要考虑在安全、可靠、没有任何风险的城市来办。”言下之意，就是其他城市有风险。评估委员会在温哥华会议上仍然是维持原先的评估，评估结果没有变。怎么把青奥会办好，我们在申办报告中没敢说，那就是希望要办成“南京模式”，以后的青奥会都按照南京的模式来办。夏季奥运会已经办了 29 届，比较成型，而青奥会第一届还没有举行，要说对奥林匹克运动的最大贡献，我认为就是“南京模式”，新加坡是第一届，不管怎么样，只要顺利举办就行，但以后怎么办，应该是参照“南京模式”，这是国际奥委会的期待，也是委员们投票要考虑的一个重要原因。当然，这个模式具体怎么弄，要密切探讨，想法是好的，怎么做，一定需要实践，需要我们有开阔的国际化视野。

当然，国际奥委会对南京的担心，除了在评估报告中提到的那两点之外，在温哥华会议的时候，有一个问题就是关于青奥村的。南京要建青奥村，国际奥委会希望南京要干实事。所以，国际奥委会要南京把青奥村的地图传过去，把地理位置标出来。我们在申办报告中说要建青奥村，视频会议时提到也要建，现在就是说，不管办不办青奥会，我们都要建，因为是综合住宅区。国际奥委会也询问了青奥村所占土地的所有权是谁，要把担保文件传过去，等等，我们都做了详细应答。而波兹南在申办报告中，为了体现控制规模，提出不建青奥村，他们提出运动员住在居民家里，“home-stay”，但这会出现很多问题，第一，安全如何确保？住在当地居民的家里不容易统一管理，运动员的安全问题谁来负责？第二，如何保证运动员准时到达目的地？后来评估报告出来以后，波兹南看到对其不利，进行了相应的调整和补救，和波兹南大学签订了一个协议，决定建立青奥村，即建一个大学生公寓，并在网上发布说，要建欧洲最好的大学生公寓。但这涉及的问题是，在欧洲这样的一些民主国家，怎么可能说建就建。而波兹南土地没有落实，资金也没有落实。最后温哥华陈述的时候，国际奥委会又提到青奥村的问题，询问波兹南到底落实得如何。而南京却不存在这样的问题。所以后来，尽管波兹南做了多方努力，评估报告的结果依然没有改变。从历届来看，评估报告非常重要，基本上是一锤定音。

王：从最后的得票结果看，47 ：42，票数也很悬。

王守仁：客观地讲，国际奥委会现在要办的赛会包括夏季奥运会、冬季奥运会、青年夏季奥运会、青年冬季奥运会等。事实上，这一次也有理由让欧洲或拉丁美洲办，毕竟新加坡办了第一届。在去温哥华之前，我们的认识都是“有希望，无把握”，确实结果很悬，事实上，虽然票数比是

47 ∶ 42，但实质上只有 3 票的差别。如果有 3 张票改投波兹南，那南京就会以 1 票之差而失去承办权。当然，之前申办奥运会的时候，巴西拿到了承办权，这对我们来说也是一件好事，因为，如果是日本成功，对我们申办青奥会也会有很大影响。墨西哥和巴西都属于美洲，因此墨西哥申办青奥会并不占优势。至于波兹南，在欧洲，而 2012 年首届冬季青年奥运会是在奥地利的茵斯布鲁克举行，所以欧洲也有大型的国际奥委会的赛事，因此，我们在陈述报告中提到，如果国际奥委会把 2014 年青奥会承办权给予南京，那么从 2012 年到 2016 年，这将是在这个奥运周期内亚洲唯一的国际奥委会组织的大的赛事。关于新加坡承办第一届也是我们一直考虑的问题，因此，在这方面我们避开了新加坡的影响。此外，其他一些客观因素也还是存在的，比如我们国家在第三世界国家中的影响力和声望，关键时刻还是有很大帮助的，中国人做事情很厚道，而非像一些西方国家总是站在道德上的制高点，对其他国家任意指责。总的来说，各种能够对我们有利的因素，我们都要有力地调动起来。

第四章 “南京模式”——探究可能的青奥会办会之道

“1918年，现代奥运会运动的创始人皮埃尔·德·顾拜旦写道，他想知道100年后的生活会是什么样子。他指出：‘2018年留下的遗产将主要取决于1918年的人民做出的决定。我们时代的价值观是由他们托付的。让我们确保我们的孩子没有理由痛苦地追究我们的责任，让他们接受智慧、精力和荣誉的遗产，通过我们的美德、我们的忠诚、我们的自我牺牲而进一步丰富。”①

托马斯·巴赫，2018年

“‘以生命力表达卓越，以快乐分享友谊，以欣赏体验尊重。’分享比赛，建立纯洁深厚的友谊，分享梦想，共创美好世界。南京，以青年名义，完成青年人的‘成年礼’，使这座城市在世界上留下了一个青春的都市形象。深深烙印着奥林匹克运动痕迹的南京，将继续传承和表演青年奥林匹克运动会的规范。”②

2014年南京青奥会官方报告，2015年

① 巴赫为《国际奥委会2018年度报告：可信度、可持续性与青年》（IOC Annual Report 2018：Credibility，Sustainability and Youth）所写的卷首语。

② 见《2014年南京青奥会官方报告》（Offical Report of the 2nd Summer Youth Olympic Games）2015-06-15文本。

第一节　筹办南京青奥会的四个关键问题①

2007年，青少年奥林匹克运动会（以下简称青奥会）在危地马拉诞生，2010年，首届青奥会在新加坡成功举办，4年之后，青奥会在中国南京拉开帷幕。这项试图期待奥林匹克精神回归青年教育的全新赛会，尽管从创办之初就饱受争议，但随着新加坡青奥会的圆满落幕，奥林匹克新的一页已经翻开，青奥会也将从“初生”走向“丰满”，逐步发展，成熟稳定。“启迪心灵、超出预期（罗格语）”的新加坡青奥会不仅为青奥会未来发展和继续实现办赛理念打下基础，也为南京青奥会的承办提供了参考和借鉴。南京青奥会筹备工作稳步推进，组委会架构日趋完善，文教活动逐步升温，市场开发科学运筹，青奥会会徽全球发布，场馆建设初显宏图。希冀在对青奥会关注日益升温的同时，能冷静分析首届盛会的成功经验和不足之处，认真思考青奥会筹办的规划目标和价值追求，并以此指导办会实践。

一、参赛心态与追求目标

首届夏季青奥会于2010年8月26日在新加坡圆满闭幕，记者采访多名中外运动员和教练后发现，绝大多数参赛者都只是把青奥会当成是一项小型化的奥运会，是为青少年运动员提供了一次体验大赛的机会。②虽然有文化和教育活动的推广，但比赛和成绩仍然是青奥主旋律。中国代表团以

① 该部分内容最早为观摩2010年新加坡青奥会而作，结合当时南京本地的相关媒体报道对新加坡青奥会进行反思，后经过修改，以《筹办南京青奥会的四个关键问题》为题，发表于《吉林体育学院学报》2012年第3期。

② 慈鑫. 青奥依然是“小奥运会”，比赛和成绩仍是主旋律［N］. 中国青年报，2010-08-22.

32金、16银、5铜的比赛成绩“荣登”金牌和奖牌榜首。代表团团长蔡振华说：“代表团特别鼓励运动员参加青奥会的文教活动，所有运动员都参加了相关活动。[①]”然而具体参与情况如何，收获如何，体会如何，相关媒体和记者对此报道少之又少，国内观众无从知晓。而且一些问题也随之显现，如个别队员赛前不主动安排训练，晚上打游戏机，不按时休息，个别运动员对领队管理的提醒要求不重视，最终在比赛中发挥失常。中国代表团的小队员们大赛经验不足，暴露出相关问题，如比赛心态失控，应对困难不足；思想包袱较重，精力分散，不能全身心投入比赛；赛前准备还不够周密、细致，管理有所松懈；调整运动员参赛状态的手段不多，针对性措施不强。[②]

记者发现，在一些需要互动和考验运动员综合素质的活动中，中国年轻选手凸显被动，欠缺简单英语对话能力，难与外国运动员正常交流。因对基本的自然科学、社会人文知识知之甚少，在参加部分文教活动时而显得无所适从。所以有媒体发出“青奥成绩辉煌难掩短：三大球不灵，文化素质偏低”的感慨和警示，希望能引起我们的重视。[③]据记者报道，虽然参加首届青奥会的大多数国外运动员也非常看重成绩，但总的来说，中国运动员对成绩的重视程度更甚，那些有望取得好成绩却未能如愿的运动员，其失望程度也更为强烈，这与奥运会上中外选手的心理状态基本一致。重在参与、享受比赛对于很多中国年轻运动员来说，已经成为难以实现的美

① 蔡振华鼓励队员多沟通 中国131人次参加文教活动 . 网易体育［EB/OL］.［2010-08-22］. http://sports. 163. com/10/0822/19/6ENDFJOJ00051CAQ. html.

② 再次点名批队伍和队员 蔡振华曝代表团四大不足 . 华奥星空［EB/OL］.［2010-08-26］. http://www. olympic. cn/2010qah/china/2010-08-26/2062680. html.

③ 慈鑫. 青奥成绩辉煌难掩短：三大球不灵 文化素质偏低［N］. 中国青年报，2010-08-26.

好愿望。[①] 集中优势力量，培养顶尖选手，这本身无可非议；14 ～ 18 岁之间的参赛青少年正处于爱玩、好动的年龄，且受年龄的限制，相关参赛经验欠缺，亦属正常，可以理解；有了这次青奥会的锻炼经验，相关教练员和工作人员及时发现问题，弥补不足，以此为经验并在未来有更加良好的表现，对此，我们亦深信不疑。然而，这其中暴露出来的问题却值得反思。对于“期待奥林匹克精神本质回归”“提升体育运动意识和参与感”以及“教育青少年”等为己任的青奥会，对于“奥林匹克未来的生力军”而言，他们通过参与青奥会所得到的不应该仅仅是比赛经验和成绩荣誉，还应收获诸如增强自己的国际化视野，认识到语言交流的重要性，体会世界多元文化的交融，学会在比赛中尊重对手、分享经验、促进友谊，等等。所有这些，应该比单纯的一场竞技要重要得多，尤其在他们今后的生活道路中，这些收获和体验、能力和知识远比几块奖牌重要。而通过青奥会清楚把握自身实际水平，未来应何去何从，应是现实需要重视的事情。

比赛以竞争为核心；竞争以输赢为表征。但竞技比赛的输赢特征丝毫不会影响青奥会的奥林匹克属性。奥林匹克运动在百余年的发展中有两条脉络，其一是实践操作线（奥运会、青奥会等），其二是理念逻辑线（奥林匹克主义指导下的思想体系），我们应该能够认清并正确处理这两者的辩证关系，而非重视参与层面、轻视逻辑理念。运动员参加青奥会如何正确调整参赛目标，获取最大身心参赛收获？这显然是长久以来难以根治的难题。学训矛盾突出，运动员社会适应不足，已成为制约我国竞技体育尤其是青少年群体投身体育的根本性障碍。因此，青奥会

① 再次点名批队伍和队员 蔡振华曝代表团四大不足 . 华奥星空［EB/OL］.［2010-08-26］. http://www. olympic. cn/2010qah/china/2010-08-26/2062680. html.

筹办，理应以此为契机，加强青少年运动员基础教育、价值观教育、语言表达能力和外语交流能力教育，相关内容纳入运动队的运作管理之中，参赛体会或参加青奥会文教计划的总结思考，尤其是运动员自己的反思和领悟，应该成为我们追求竞技成绩提升之外的另一项重点工作。此外，青奥选手从开幕式到闭幕式期间参加体育竞赛和文化教育活动应该有明确的要求和限定，如“结交一名青奥伙伴、认识一位国外朋友、了解一国地域文化”等。

推广卓越、尊重与友谊的奥林匹克价值观实际上是推崇体育运动的社会教育价值。我们应该重新认识“竞技运动”的内涵与价值，厘清“精英运动”和“竞技运动”的本质区别。“培育人格，首在体育”，文教活动归根到底，只是一种手段和平台，而最终目的是通过这种身心体验、亲力亲为的特殊方式来教育青少年，培育身心和谐统一的人，过一种富有生命力的生活，这是青奥会发起者和组织者的理想愿景，也是每一名青奥选手应该追求的目标。这种教育活动应该长期规划，不能只在十几天的赛事中搞集中突击。当然，我们也应该秉承传统，发扬创新，进一步优化设计出好玩、有趣、有吸引力且兼具教育功能的文教活动，以保证通过参与这些项目，选手们能够学到一些无论是对他们参与竞技体育，还是立足社会，都能有所帮助的东西。

二、舆论导向与民众关注

青奥会自创立以来，国内媒体对这一奥林匹克的新创举和新盛会只做了轻描淡写的报道，即便在新加坡青奥会举办期间，与铺天盖地的媒体信息相比，青奥会报道也仅是冰山一角，最后仅将话语的描述习惯地总结为我国的金牌和总分第一。国际奥委会一再坚持青奥价值和品牌的纯洁性，一再强调文教活动的重要性，而从已有的国内报道看，仍是沿用以往奥运报道模式，凸显竞技比赛过程与结果，诸如“某某获得了金牌，谁谁又战胜了对手登上领奖台”的话语比比皆是（电视新闻节目居多）。除电视媒体以外，以搜狐体育、华奥星空、新浪体育为代表的网络媒体在青奥会的报道中，关于赛况速递、文教活动的比例亦严重失调，相关网站的首页赫然可见国人已经非常熟悉的“奖牌榜”。新加坡青奥会闭幕后，相关报道亦宣告终结，不见后文。此外，有关南京青奥会情况亦可举例如下：南京申办 2014 年青奥会前后，相关媒体不惜大手笔进行青奥会宣传，如“青奥会虽然不及奥运会那样规模宏大、影响空前，但作为国际奥委会的一项顶级赛事，它无疑将从城市建设、组织水平、经济运营等各个方面给南京一次升级的好时机。从房地产，到旅游服务业、流通零售业，再到环保低碳产业，甚至装饰行业，南京和江苏的上市公司，都将迎来一轮青奥会行情，这就是南京的青奥会财富机遇[①]”，“青奥会品牌价值提升，为南京带来更大机遇”[②]，以及在南京申办成功之际出现的“我相信等到南京青奥会，我们的金牌肯定是一把一把的，金牌总数肯定是第一名[③]”，等等。所有这些，不仅有违青奥会的推广宗旨和发展目标，而且引导普通民众偏离了理应关注的重点。

诚然，这是两难博弈。现代体育诞生以来，竞技体育就以比赛过程的紧张性和比赛结果的不确定性等显著特征，牢牢地抓住了媒体和大众的目光，也正是由于这些独特的激烈过程和紧张气氛，才使得体育比赛越来越

① 石成．青奥会给南京带来财富机遇［N］．现代快报，2010-02-12.

② 朱永超．青奥会品牌价值提升，为南京带来更大机遇［N］．南京日报，2010-08-23.

③ 庄伟．南京青奥会金牌数定第一，选苗子从现在开始［N］．东方卫报，2010-02-12.

吸引人们的目光和关注。世界大型综合型赛事亦是如此，全世界顶尖运动员汇聚一堂，如果媒体不报道和转播这些，何以引起观众兴趣？目前的社会发展和民众认知尚没能达到“体育为人的全面发展服务”“分享世界各地文化”“以独特而有力的方式推广奥林匹克精神”的高度，相比对青少年的教育意义，我们更愿意去关注体育比赛的动感、美感和快感。青奥会不设奖牌榜，没有代表团排名，然而众多媒体中都不约而同地出现“金牌榜”和“奖牌榜”（毫无疑问，中国代表团位列第一）。然而问题是混合参赛项目（如跨国跨地区组队）成绩如何统计？既然不便统计，于是按照传统分类方法，将个人项目和团体项目中易于核算的奖牌拉至帐下。由此种种，不仅违背混合项目的设置意愿，亦混淆体育竞争的真实意图。此类“奖牌榜”的出现意义着实值得商榷。

当然，在延续“排名”的同时，扬子晚报、南京日报等一批媒体开始注重对青奥会比赛之外的宣传与推广，挖掘青奥会背后的故事和新闻。新加坡青奥会期间，扬子晚报整版开辟“青奥教育”“青奥 young 起来”和“青奥赛场”专栏，并以大幅标题相继报道诸如“南京小记者环球采访首抵狮城”“青奥会运动员房间不设网线”“看新加坡青奥，想南京咋办”“体育设施都能玩，也都玩得起”“泳池都没见过，照样‘游’进青奥”[①]“要让南京百姓分享青奥遗产”[②]等新闻，挖掘和交流除竞技比赛之外的青奥会信息，而对于比赛的战况播报则以小标题、小篇幅的

① 汤敏. 南京小记者环球采访首抵狮城［N］. 扬子晚报，2010-08-19；汤敏. 青奥会运动员房间不设网线［N］. 扬子晚报，2010-08-20；汤敏. 看新加坡青奥，想南京咋办［N］. 扬子晚报，2010-08-21；汤敏. 体育设施都能玩，也都玩得起［N］. 扬子晚报，2010-08-22；汤敏. 泳池都没见过，照样“游”进青奥［N］. 扬子晚报，2010-08-24.

② 张磊. 要让南京百姓分享青奥遗产［N］. 扬子晚报，2010-08-26.

形式出现，宣传报道的侧重点较之以往发生了一定转变，这些积极的尝试已经悄然出现。

青奥会为世界青年提供了一个同场竞技、展现自我的平台。这不是一项普通运动会，它基于比赛，却超越比赛，尽管为奥林匹克培养优秀后备人才是青奥会的 7 个目标之一，但更多的是将体育竞赛和文化教育相结合，培养运动员的综合素质，承担起教育青少年的历史重任。奥林匹克秉承教育理想，同样也具备实践能力。这需要奥林匹克组织者把好青奥会发展的方向之舵，也需要参与者能够真正理解奥林匹克的核心要义，同时也需要关注者抱着一种正确的理念和平和的心态去欣赏，而不是刻意“嫁接”，任意“融合”。青奥会与城市发展应适当“切割”，青奥会与商业运作也应适当“分离”，传媒要以正确的方向和先进的理念引导和影响民众。希冀南京青奥会之时，国人关注与期待会有新的提升。

三、赛前谋划与遗存重点

大型综合性体育赛事投入巨大，且作为事件性活动，赛事持续时间短，赛期一过，往往时过境迁，如何更好地发挥长久效益，一直是学术界极力研究的热点和难题。2005 年，南京成功举办十运会，为我们留下了众多宝贵遗产（如奥体中心的建成使用、河西板块的跨越发展、办赛经验的总结丰富以及城市环境的改善提高等）。然而，在民众生活环境得到改善，体育成绩取获丰收的同时，人们对体育融入生活理念的态度，对十运会除竞技比赛以外的认知明显不足，部分场馆设施后续利用问题凸显，对十运会在精神层面的遗存问题没有给予应有重视。奥林匹克运动以其卓越、友谊、尊重的核心价值观被全世界所认同，北京奥运遗产的研究引起了学界对大型赛事精神遗产的重视，而对于其他大型综合性体育赛会的遗产研究则明显滞后，国内对此尚没有引起足够的重视。然而，这些精神层面的遗产往往影响更加深远，在促进城市文化发展以及经济社会建设中发挥着不可忽视的隐性作用。

青奥会不同于一般的大型综合性体育赛事，从国际奥委会对青奥会定位的7个目标中可见，竞技比赛是其中一项，更多体现的是诸如“应对社会挑战”“体育运动意识”“创新平台”“奥林匹克精神”“分享世界文化”等思想。比赛是作为一种手段、一项内容、一个平台，更重要的是通过承办，对青年教育、对体育参与意识培养、对城市发展等方面产生影响，进而为奥林匹克运动留下宝贵遗产。因此，重视青奥会精神文化遗产（如淡化金牌、健身意识、青年与未来、奥林匹克价值观的影响等）的研究，就显得尤为重要。新加坡青奥会没有新建场馆，而是着重在参与性和文化理念层面留下遗产。在申办和举办青奥会期间，新加坡人民参与其中，观看比赛、参与活动、为来宾提供服务。更重要的是，青奥会引导年轻人参与到体育运动中，并加强他们对体育文化的理解，这些都将沉淀下来，成为青奥会的文化遗产。[①] 当然，新加坡在闭幕的当天下午，绝大多数文化教育设施被拆除，没有留存物质载体，为青奥博物馆建立增添很多困难，难免留下遗憾。南京应引以为鉴。

南京青奥会精神遗产是以奥林匹克价值观（卓越、友谊、尊重）为核心，以文化为载体，以体育为表现形式，通过2014年南京青奥会这一特定的大型赛会而得以呈现和传承。具体体现在：（1）弘扬团结、友谊、公平的奥林匹克精神；（2）实践绿色青奥、活力青奥、人文青奥的办会理念；（3）身心和谐、体育健康的生活意识；公平竞争、顽强进取的拼搏精神；

① 孙嘉晖. 新加坡青奥会主席：广州亚运将独具特色［N］. 广州日报，2010-08-24.

交流开放、民主平等的思想观念；乐观自信、求同存异的生活态度以及学习榜样、提升自我的优良传统。[①]这些内涵，将推动更多青少年参加到体育运动和锻炼中来，进而培养一种健康的生活方式，在把南京建设成为"充满经济活力、富有文化特色、人居环境优良"的现代化城市进程中，发挥应有的作用。正如罗格所言："南京青奥会不仅仅属于南京这个城市，还属于中国，青奥会所产生的精神遗产将被更多的人分享，产生更大的影响。[②]"

南京青奥会应凸显核心理念：淡化金牌、非商业化以及教育青少年，通过对青奥品牌的维护利用、青年志愿服务的常态化、物质与非物质文化载体的利用等方式，以增强青奥精神持久性。在青奥会文教活动中，注意留存相关软、硬件设施，在承办实践中，将奥林匹克价值观的教育贯穿于整个青奥会运作之中，青奥会，是一种"盛会"，而非一场多项目的"竞技赛事"，既不能办成"小型奥运会"，也不能搞成"大型全运会"。

对此，我们应该注重以下几点：（1）在国际奥委会规定范围内增加项目（以集体混合参赛项目和表演项目为主）；（2）利用青奥村及相关设施，建立青少年体育活动营地，定期举办多样的青少年论坛、文化交流活动（不局限于体育活动），也可以民间活动为主；（3）青奥会组委会设立文化遗产研究部门，在青奥会筹办阶段就做好相关遗产的整理和保护工作；（4）建立青奥历史博物馆、主题公园、青奥文化交流中心，作为开展青少年奥林匹克教育以及青少年交流的基地，注重相关档案、设施的留存；（5）

① 王成，吴明，陈刚．南京成功申办2014年青奥会策略分析[J]．体育文化导刊，2010(11)：103-106.

② 刘沛．罗格参观视察后表示：青奥会选择南京是正确的[EB/OL]．[2010-08-29]．http://www.js.xinhuanet.com/xin_wen_zhong_xin/2010-08/29/content_20750317.htm.

将文教规划与其他筹备工作有机融合，避免造成一方面极力推崇教育活动实施，另一方面大兴土木、铺张浪费、锦标精神盛行。

四、评价标准与筹办理念

以奥运会为例，国内有学者对北京奥运会提出12项评价标准，并按问卷支持率进行排序，依次为：在政治上提高我国的国际威望、促进我国体育产业的发展、增强全国人民的凝聚力、促进北京的城市建设、增强国民的体育意识、促进全民健身运动的开展、不出现重大安全事故、不出现兴奋剂事件、奖牌数略有增长、在经济上有盈余、金牌数略有增长、金牌数继续保持前3名，但某些项目有重大突破。[①]中国奥委会前秘书长魏纪中先生认为评价奥运会标准为能否最终做到“皆大欢喜”，多方满意：所有的参与者、主办国的人民群众和各级政府以及国际奥委会和国际体育组织。[②]青奥会和奥运会一脉相承，其评价标准在相应调整和补充的基础上同样可以参考上述指标体系，除此之外，是否还有其他特殊之处？罗格主席认为青奥会的成败标准在于运动员是否在赛会期间感到快乐，他说：“基本上说，运动员的满意就标志着青奥会的成功。我会去了解运动员们是否感到很愉快，如果他们十分开心，那么这届青奥会就是成功的。[③]”同时，他认为：“教育是青奥会跟奥运会、世锦赛等赛事最大的不同，淡化功利色彩、强调文化交流、强调教育是青奥会最大的特

---

① 赵丙军，等. 衡量2008年北京奥运会成功的主要标准探析［J］. 上海体育学院学报，2005（1）：1-5.

② 魏纪中. 我看中国体育［M］. 上海：三联书店，2005：44-45.

③ 罗格. 祝选手玩得开心［EB/OL］. ［2010-09-02］. http://www.yangtse.com/news/ty/201008/t20100812_754886.htm.

质。[①]" 基于此，不难看出，青奥会特质——文化与教育计划（Culture and Education Program）能否推陈出新，并发挥应有魅力和效用，就成为评价的重中之重。推广落实文教计划，使参赛青少年得到身心教育、文化共享的美好愿景能否在青奥中得到落实，尤其是在中国乃至当今世界的现实背景下得以真正实现，自然成为我们在筹办过程中需要重点考虑的问题。

以综合实力而论，南京乃至江苏的社会政治经济文化发展在全国属领先水平，赛事经验丰富，在青奥会竞赛组织、后勤保障等方面不会存在问题，圆满举办不会有太大困难，但要为奥林匹克留下精彩之笔，树立办赛新模式与标杆则尤为艰难，需要有更高要求和目标。

百年前，奥林匹克先驱顾拜旦伯爵希望通过举办奥运会这种形式的运动会来凝聚人心、呼唤和平、教育青年，让体育为人的和谐发展服务。《奥林匹克宪章》亦明确指出："通过没有任何歧视、具有奥林匹克精神——以友谊、团结和公平的精神互相了解——的体育运动来教育青年，从而为建立一个和平而美好的世界做出贡献。[②]" 但现实社会中，这不仅难以实现，而且随着时代发展，奥林匹克遭遇不同程度的理想偏移与价值迷失，人们对体育认知稍显片面，奥林匹克的普世理想举步维艰。

提高普通民众的体育参与热情，扩大体育运动在青少年中的影响力，增进青少年体质健康水平，进而促进健康生活方式的养成，这些目标和愿景是隐藏在显性因素背后的深层目标。对于青奥会承办地区和城市而

① 刘沛．罗格参观视察后表示：青奥会选择南京是正确的［EB/OL］．［2010-08-29］．http://www. js. xinhuanet. com/xin_wen_zhong_xin/2010-08/29/content_20750317. htm.

② 国际奥委会．奥林匹克宪章［M］．詹雷，译．北京：奥林匹克出版社，1993：6.

言，也是较之于显性指标更为难以量化评价的隐性指标，需要几年、几十年甚至更长时间去检验。因此，我们理应以一颗冷静平和的心去面对青奥承办的各种问题，抵得住各种功利主义和锦标主义乃至形象工程、政绩工程的影响。以科学、务实的精神筹办青奥，遵循体育发展规律，坚持体育为人类健康服务的目的，合理调控承办目的（如提高办会经济效益，加速城市现代化建设等），不可本末倒置；以重视道德的要求去办善事，大力提倡体育的伦理精神、体育的公平竞技、体育的参与比取胜更重要等思想，在赛前、赛中和赛后进一步宣扬奥林匹克主义，并适当延伸到生活和学习中，用奥运的理念来指导生活，不能有违奥运公道和精神；以关乎人文、心怀天下的精神去筹办青奥，重视美和美德，提倡美德教育，弘扬对人类发展问题的忧患和终极关怀，引导青少年树立正确的价值观、人生观和世界观。作为青奥推广者、承办者和关注者，当国际奥委会、承办国家和地区、普通民众的认知达成一致、融合，文化与教育计划真正落实，同日常教育有机对接，发挥应有效应，彰显体育运动的本真价值，方是成功的青奥之会。

筹办南京青奥会，不管在任何阶段，我们都应该继续深入研究青奥会的相关理论和实践，虚心借鉴和吸收奥运会、世博会、亚运会、大运会的成功经验，认真分析相通相异，结合实际设计创新。精心筹划办赛模式，创新完善文教活动，恪守青奥筹办理念，合理调控办会目的，遵循“办青奥、为青年；促发展、留遗产”的指导思想，为奥林匹克运动留下一届具有中国特色、江苏风采、南京特点的青年盛会。

第二节　青奥会承办中的“南京模式”[①]

青奥会“南京模式”提出由来已久，如何理解这一概念性词语，对青奥会筹办是否具有理论阐述性与实践指导性，则成为我们应该积极探讨和研究的重要问题。是应景口号，还是抽象概念？是标新立异，还是传承发展？“南京模式”指向何处？如何认识？赛事承办有无模式可循？办赛模式能否转型？理想丰满，现实骨感，青奥会筹办如何达成“度”的平衡与掌控？兑现申办承诺，履行筹办义务，理应对这些问题做出回应，更须清醒面对与冷静思考。基于此，有必要从“南京模式”的话语表述入手，考察其提出背景，提出对模式问题的辩证认识，并结合实践，提出筹办应对建议，希冀筹办工作紧锣密鼓之际，亦能认真思考青奥筹办的规划目标和价值追求，期待能够推动办会模式转型，启发筹办实践进程。

一、提出背景

“南京模式”的提法具体出自何处，目前已无从考察。然而，早在2009年申办之初，怎样把青奥会办好、办出特色、办出水平，进而为申办造声势，为承办树目标，为现代奥林匹克运动留下宝贵遗产，就成为南京青奥办申办工作的重中之重，时任江苏省委常委、南京市委书记、南京青奥办主任朱善璐同志指出：“要以高标准、严要求、‘第一才能赢’的理念投入申办工作，要以能够为青奥会承办树立标杆的‘南京模式’为最高

① 王成．青奥会承办“南京模式”之研究［J］．南京体育学院学报（社会科学版），2012，26（6）：55-59.

目标。[①]”此后，“南京模式”被屡次提及。

2010年10月国际奥委会副主席黄思绵在北京出席第三届世界奥林匹克城市联盟峰会期间接受新华社记者专访时说：“与奥运会不同，青奥会刚刚起步，因此南京举办2014年青奥会完全可以大胆创新，不必照搬首届新加坡模式。[②]”言下之意，即对“南京模式”充满期待。国际奥委会青奥会主任艾萨·加布里埃尔亦坦言：“希望‘南京模式’成为未来青奥会的基准。[③]”

由此可见，“南京模式”基于申办而提，已成为国际奥委会对南京的最大期待。作为国际奥委会的“创新产品”，青奥会的承办若能在其发展中树立一个标杆，以“南京模式”来引领青奥会发展，无疑是南京留给奥林匹克运动和世界的一笔宝贵财富。

国际奥委会和学术界对“南京模式”给予高度关注（亦存在批评之声）的同时，也为南京承办带来了巨大压力。尤其是学术界对“南京模式”的提法争议很大，有学者撰文发表观点，认为在青奥会的筹办中不能刻意彰显所谓的模式，不能以留下什么彪炳后世的承办模式为目标，更不能用这种模式来给实际筹办增添压力和困扰，而应该基于奥林匹克宗旨和目标等理念，用心办实事，尽量淡化甚至不提“南京模式”。[④]

笔者以为，应辩证而理性地看待“南京模式”问题。“南京模式”是在特殊时间（申办之初）、特殊事件（为申办造势）中产生的词语，不宜大肆提倡。因为过多提及，不仅易产生审美疲劳，更易造成盲目权威和空

① 李冀．朱善璐调研青奥会申办工作［N］．南京日报，2009-11-26.

② 新华社．青奥会不必照搬新加坡模式［N］．现代快报，2010-10-17.

③ 朱永超．共同探索青奥会的“南京模式”［N］．南京日报，2010-11-23.

④ 卫京伟．对青奥会的冷思考［J］．天津体育学院学报，2010（5）：456-458.

洞口号，且难以经受时间考验和实践检验。但是，实践筹办可以作为目标，学理分析可以加以研讨。模式，是经验总结和理念凝练，对南京青奥会而言，尚未举办，只能展望，指导。因此，本书理解的“南京模式”，是结合青奥会的相关理念分析，以及办会框架结构，从实践层面对如何办一届“有特色、高水平”的青奥盛会做出筹办性讨论。

二、辩证认识

模式（Pattern），就其本意而言是解决某一类问题的方法论。把解决某类问题的方法总结归纳到理论高度，即可称之为模式。不同的领域，有不同的模式，如商业经济中的店铺模式、直营模式等，城市发展中的大连模式、北京模式等，以及总结改革开放历史经验的中国模式，等等。就内涵而言，模式是一种指导，能够帮助完成既定任务，有助于做出一个优良的设计方案，以达到预期目标，取得事半功倍的效果，得到解决问题的最佳办法。

对奥运会承办而言，有无模式可循？举办奥运会是一项复杂的系统工程，综观历届奥运会，承办模式可以归纳为三种：国家政府型、企业型和国家与企业联办型；[①] 这对奥运会事业的发展产生深远影响；若是将承办的宏观模式进一步细分，在不同领域又会产生若干种其他模式，如北京奥运会的组织模式是以政府主导、市场运作为特点，政府和市场是奥运会组织模式的两翼，[②] 而在奥林匹克教育中则出现了“系统计划模

① 韩丹．论奥运会承办的三种模式［J］．山东体育学院学报，1997（2）：6-11.

② 韩雯．政府与市场：奥运会组织模式的两翼——兼论 2008 年北京奥运会组织模式［J］．天津体育学院学报，2003（4）：27-29.

式”——蒙特利尔奥运会、“知识普及模式”——卡尔加里冬奥会、“一校一国模式”——长野冬奥会、“主题活动模式”——悉尼奥运会，以及奥林匹克教育的“北京模式”——北京奥运会（政府承担主责，建立管理体系，组织专家团队，典型项目推进，融入教育秩序，以姊妹校交流为核心的国际理解教育）。[①]

青奥会脱胎于奥林匹克运动的改革和发展需要，目前只举办过两届（新加坡和茵斯布鲁克，夏季和冬季各一届），尚无成熟的样板借鉴，因此，“青奥模式”未有定论，“南京模式”更未形成，只能在实践中摸索、创新，贡献筹办智慧，履行申办承诺。

如何理解这一“模式”？

首先，从认识论角度，青奥会是国际奥委会主办的一项国际大型综合性运动会，相比奥运会有自身的鲜明特点，如凸显青年特色、倡导文教活动、赛制变动较大、倡导节俭办赛、缩小规模等。青奥会是年轻人相聚、相识、沟通以及追逐梦想、展示自我的大舞台，它既不是各代表团展示竞技实力、磨炼竞技队伍、检验奥运备战成果的锦标场，更不应是主办地和政府吸引投资、拉动消费、展示政绩的功利舞台。目前我们对青奥会的关注和研究更多地集中在青奥会给南京带来的变化，青奥会对城市发展的影响，相关地产、宣传、媒介、文化、传播、形象等因素混淆其中，成为各自领域大力宣传的热点。这其中，缺少对如何能办一届出色青奥会的思考，亦鲜有分析青奥会和其他运动赛会的本质区别，更少有对如何调整功利心态、降低赛会盲目渲染的独到见解。因此，青奥模式必须从奥林匹克运动改革与发展的现实走向加以考察，必须从奥林匹克思想脉络的延续

① 耿申．北京奥林匹克教育的国际贡献［J］．教育研究，2009（7）：52-86.

发展加以考察。

其次，模式也指某类事物的标准形式。青奥会尚未形成，也不能形成固定模式。因为，奥林匹克运动发展至今，除国际奥委会掌好方向之舵外，各届奥运会承办城市、国家乃至组委会同样功不可没。历届奥运会，都是在之前各届的基础上传承、发展，改革、创新，不断丰富，这样才使奥林匹克运动发展壮大，它兼容并包，海纳百川，形成了超越地域、国家、民族、语言等限制的，具有独特魅力的一种文化，具备跨文化性与拓展性。一旦模式化，实则限定了继续更新、发展的空间。

最后，青奥模式不能照搬奥运模式，青奥会必须具备自身个性。从实践来看，目前的青奥会筹办，包括新加坡和茵斯布鲁克尽管堪称成功，但仍沿用奥运会的举办方式，仅在文教活动上进行补充和设计，诚然，这与青奥会作为运动会的本质属性有必然关系。但是，既然青奥模式可以更加灵活、多样，在奥运会中难以触碰的改革底线就可以在青奥会中进行尝试与演练。因此，所谓“南京模式”，理应具备此种改革的勇气与胸襟。

笔者以为，尽管南京在申办及承办青奥会的过程中，正稳步推进，申办战略与发展模式也已积累相当经验，但青奥会毕竟是新生事物，从历史长时段来看，但凡某种模式大都经过了相当频次的实践验证，就“模式”本身而言尚不能形成一个稳定的框架、概念，其中更具有很大程度上的不确定性，其内涵和体系结构仍在调整之中，没有一个完整而统一的认识和界定。“模式”，同“遗产”问题相类似，属“未来学”领域中的概念，可以展望，但不能界定；可以从学理上讨论，进而指导筹办实践；也可以从实践中提炼，形成理论概括。本书所理解的“南京模式”是作为一个指向性的概念，是对南京申办、承办和举办青奥会经验的高度概括，确切而言，处在形成并不断完善之中。诞生于申办之际的概念性口号，做出该项承诺，希冀能够为申办加分，实在情理之中。但筹办进程中，建议将诸如“南京模式”问题尽可能淡化，转变为为青奥会承办“树立标杆”，甚至再次弱化为“贡献智慧”，以一种谦虚的态度来对待青奥会的筹办问题。同时，将模式问题进一步细化、分解，从“概念”走向“操作”。

三、分析思路

基于此，本书尝试以青奥会的举办要素为依据，分别从理念模式、商业模式、仪式模式、竞赛模式、文教模式、场馆模式以及传播模式七个方面进行分解考察，以此将总体目标细化，从而对实践筹办的各进程工作做出基于赛事筹办的政策性提议（见图 4–1）。按照开放、创新、节俭、廉洁办青奥的方针，期待推动办赛模式转型。

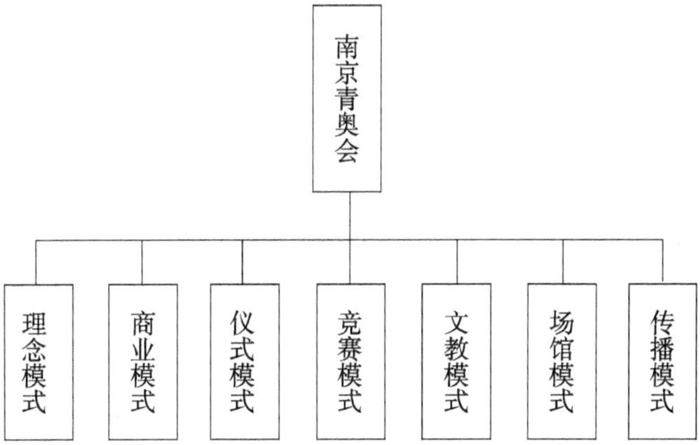

图 4–1 南京模式的分解框架

四、基于分解模式的筹办性思路

（一）办会理念：庆典狂欢节日语境，办会目标层次梯度

南京青奥会总的指导思想应该是以“教育、引导”为核心，办成一届“平民化、可持续”的运动盛会。通过改革已有的赛制模式，应能够成为以后国内运动会的典范。苏联学者巴赫金提出的“狂欢性”学术话语，实则对青奥会理论与实践极具指导意义。能否体现出“欢娱、沟通、交流、融洽”的狂欢意义，能否还原“Games”的本体论内核，能否再现“无阶级性、宣泄性、大众性、颠覆性”的节日庆典，是筹办青奥会必须深刻反思的理论性议题。

此外，在抽象凝练的理念基础上，还可细分若干体现出层次梯度的办会目标，这是筹办工作中必须时刻把握的方向性问题。建议从以下六个方面考虑：第一，为奥林匹克运动传承文化理念。奥林匹克运动发展至今，除国际奥委会把握好方向之舵外，历届奥运会主办城市和组委会的努力同样功不可没。同时，承办者亦成为奥林匹克文化传承和知识贡献的中坚力量。第二，为青奥会的赛事承办贡献智慧。第三，为青年教育实施寻找新的途径。青奥会旨在“倡导健康生活方式”“重提竞技运动的社会教育价值”“不要身心割裂的人”的理念理应在青年教育上给当代人留下深刻的反思。第四，为世界青年文化交流搭建平台。第五，提升南京城市发展国际化视野。“一旦成为青奥城市，永远都是青奥城市。”通过筹办，使城市更具现代化、国际化的城市保障能力，提升城市的生态环境、居住环境、安全程度，带动城市硬实力发展，促进软实力提升，进一步提升国际知名

度。[①] 第六，增强南京青少年体育参与意识。培养健康生活方式，使更多的人在“好奇”“尝试”中走向“坚持”“习惯”，提高健康意识，重塑体育价值观。

（二）商业开发：业务开销从严控制，收入细节整体努力

相比奥运会，青奥会市场认可程度低，辐射范围有限，加之缺乏经验，收入要低于奥运会。但是，我们也应看到，青奥会规模小，提倡节俭，且有国际奥委会的后盾支持和完善的商业化运作模式支撑，因此，青奥会商业开发并不是青奥会的发展重点。尽管如此，青奥会通过努力仍可有所作为。

大型赛事支出主要有三点：一是承办城市的基础设施改造或增容费，因这项支出额极大，并且赛后可以通过收费而逐步收回，因此该项开支由市政公用费承担，并不纳入比赛预算。二是体育场馆建设大修费。由于承办地已有多数场馆可供使用，故赛事要从严掌握经费，增设临时性设施是奥运会的惯例传统。三是赛事业务费，这笔开支关系比赛质量要予以保证。要从严掌握部分开支，如开闭幕式、酒会、工作人员数量等，应提倡节俭朴素。[②]

赛事收入类别较多，青奥会可注重以下五项：其一是电视转播费。可与奥运会的电视转播权谈判结合起来，形成一揽子计划，共同确定价格，以一个公司买断两个赛会电视权的方式提高价格。其二是发行纪念币。可经批准成组成套地出售不同质地的纪念币，因收藏者与日

① 高力翔，王凯．共生共赢：南京与青奥会共成长［J］．南京体育学院学报（社科版），2011（2）：21–25.

② 田雨普．奥运会的收支体系及经济效益分析［J］．体育学刊，2005（6）：11–14.

俱增，该笔收入极大。其三是销售彩票。作为常用的赛事集资手段，要推陈出新扩大范围。世界性比赛其彩票发行面较大。其四是吸收赞助费。对赞助者要分级："青奥会合作伙伴""青奥会赞助商""青奥会捐助者"等，要确定数量，从严掌握。其五是收纳广告费。奥运会不设广告，青奥会也应遵守"宪章"规定，但对宣传品中的器材、街区、标志产品等仍要收取广告费，同时应看到，广告几乎无孔不入，因此该征收的一律收纳。

（三）竞技比赛：创新项目竞赛形式，引领项目长远发展

首先，正确对待参赛竞争的观念，建议重提"友谊第一、比赛第二"的体育口号；或者"永争第一，尊重对手"结合青少年身心特点，在适度的情况下进行项目革新。如半程或四分之一程马拉松，设置非正式的比赛，以吸引更多的普通运动员参与等。其次，在混合组队参赛中，可以结合具体的特点进行改编。如跨国跨地区跨性别，政治上敌对的国家或地区运动员混合组队，如韩国与朝鲜、美国与伊朗联合组队参赛，最终成绩不计入总名次和得分。在个别比赛项目上，最后一名也要争机会，争分数。再次，根据项目特点进行合理的改编筹划，如编排出乒乓球拍舞蹈、篮球街舞、融合传统武术操舞等，进行学习和推广；一些兼具表演性的比赛项目可以进入学校、基层等进行演出和友谊赛，改变传统竞技比赛只争名次的观念，充分发挥青奥会比赛的示范和带动效应。最后，革新现有运动员选拔标准。克服"东道主"优势效应，从项目长远发展角度出发，强调比赛交流。

（四）文教活动：提升活动内涵吸引，注重教育持久延续

青奥重在教育，已是不争事实。要在"设计—检验—反馈—修改—推广"

的基础上，关注两个方面的问题：

其一，活动的吸引力问题。作为教育活动，首先应该针对 14 ～ 18 周岁这一年龄层次青少年的心理特点，适当降低参观和说教类的活动比例，提高体验和实践类的活动比例，并增加挑战性和趣味性。应当明确青年在青奥会相关活动中的主体性地位。因为在青奥教育中，青年不是被动地接受和观摩，而是主动参与和创造。行动胜于说教，围绕青少年的主动性进行开发和创意，其效果要比单纯接受和被动参与更为显著。

其二，教育的延续性问题。做好不同会期中奥林匹克的组织衔接。北京奥运会结束以后，人们对奥运的研究热情明显减退，后奥运的提法尽管屡见不鲜，但相关研究明显不足，上海世博会也面临同样问题。奥林匹克主义是一种生活哲学，适应于任何年龄层次的受众群体，且具有持续性和指导性。我们应该在筹办中认真谋划后青奥的布局规划，能够让南京青奥会的教育遗产得以有效保护，留存开发，最大限度地将举办青奥会带来的无形资源转化为推动经济社会发展的现实优势。应考虑将奥林匹克教育和日常教育有机地衔接起来，以形成持续的长久效应。①

（五）仪式活动：大型活动高效简约，聚焦青奥本源理念

围绕青奥会而举行的一系列大型活动如开闭幕式、火炬接力、宣传考察、纪念庆典等适当缩小规模，慎用“最多、最广”等字眼，不必总是追求“这个第一，那个第一”。传统的文体表演时间长，浪费大，且在表现意义和展出形式上，“政治大于经济”，理念意义大于实践意义。2006 年德国足球世界杯，开幕式 13 分钟；南非世界杯，开幕式 30 分钟，演出人员 1500

① 王成，田雨普．2014 年南京青奥会教育展望［J］．南京体育学院学报（社科版），2011（6）：13–16.

多人，同样取得不错效果。传统的运动员入场仪式耗时太久，必须改革，进行“时间压缩”。

“体育”是展示“参与”“激情”“分享”“拼搏”“力量”“团结”“合作”“欢娱”等理念，是分享不同文化，提倡健康生活方式，表达主题是体育项目的魅力展示，因此，对青奥会而言，相关仪式活动的主题是体育，而主办城市和国家的传统文化展示应当适度。避免将南京青奥会作为过度展示南京历史文化的舞台。切不可为了呈现“负责任”的城市（国家）形象，为了展现“精美绝伦”的开幕式而肆意铺张，不计成本。以“举国体制”的优势，大搞人海战术，不仅是浪费资源，而且违背“以人为本”，不应提倡。奥林匹克运动发展在精简和节俭的理念中前行，青奥会亦提倡“绿色低碳”“节俭办赛”“关注人本”，因此，仪式活动应当简约。新加坡青奥会筹备只有 2 年的时间，低成本和高效率的办会方式值得南京借鉴。

（六）场馆保障：场馆设施要灵活拓展，后勤接待要遵从国际惯例

南京青奥会将主要利用现有体育场馆，新建场馆只有小轮车和曲棍球的场地。小轮车和曲棍球这两个项目目前在国内的开展还很有限，建议场馆建造在主体构架的基础上，尽量减少固定设置如钢筋混凝土等结构灌注，能搭帐篷，绝不砌砖头，能拼接组装，绝不永久固定。不必过于追求高标准，应该把满足赛事需要作为第一前提，减少空间浪费，提升场馆使用功能性。如有可能，政府投资和社会投资相结合，扩展投资渠道，分散运营风险，此外，还可积极拓宽思路，不能固守“以体为用”“以体为本”的传统观念而排斥其他非体育性活动，如演艺、休闲、娱乐、旅游甚至餐饮、影视等，把场馆功能和城市功能结合在一起，提倡综合服务，以便于赛后经过适当改造，服务于城市的日常生活需要，尽最大可能避免闲置甚至重建。

中国的传统观念中以“热情好客”为特色，然而“太豪华”“太奢侈”，反而适得其反，青奥会的比赛质量和文教活动才是主体和关键。国际惯例、国外接待标准值得我们学习。紧密围绕“提倡节俭办赛、推崇价值回归以及行动胜于说教”的理念展开思路。在出行、餐饮上宣扬环保低碳的生活理念，宴会不提供酒，不喝酒，不吸烟，以提倡健康的生活方式等。

（七）青奥传播：警惕传播审美疲劳，挖掘内在价值诉求

现代媒体对奥林匹克运动起着不可替代的推广与宣传作用，也将成为青奥会不可或缺的重要组成部分。同时，青奥会的理念、原则、目标及其青少年主体性特点，决定了青奥会这一“媒体事件”必须有一个与“奥运传播”不一样的传媒呈现。①

那么，我国传媒应担负起怎样的职责，以何种模式应对青奥会传播中的种种挑战？首先，要求尽可能提高全世界青少年的参与度，对南京而言就是提升青奥关注度和参与性，但是要避免超负荷教条式报道造成的“审美疲劳”。青奥传播与普通的商业热点必须实行有效切割。值得注意的是，传媒应主动关心青少年群体，承载起宣传奥林匹克精神和教育青年的历史社会责任。其次，南京青奥会是我国继北京奥运会之后，再一次承办奥林匹克盛会，是南京乃至江苏首次承办如此高规格的体育盛会。在把握机遇，更好地传播南京历史文化、城市形象，进一步提升南京文化软实力和城市美誉度的同时，怎样把青奥会与生活、与经济、与文化、与社会有机结合，

---

① 王庆军，王汝英．青奥传播：我国传媒面临的内在矛盾与对策［J］．南京体育学院学报（社会科学版），2010（6）：29–33.

是传媒必须面对的另一挑战。现今社会，文化与经济相互交织，杰姆逊“文化就是经济，经济就是文化”的论点提醒我们要时刻警惕消费社会中的文化霸权以及文化资本，因为只有将蕴含教育、人文、文化、传统等要素的青奥盛会展示给世界青年，才能真正体现青奥传播的内在价值诉求。

青奥会，这项试图期待奥林匹克精神本源回归的全新赛会，尽管从创办之初就饱受争议，但随着首届夏季、冬季青奥会的圆满落幕，奥林匹克新的一页业已翻开。本书所探讨的“南京模式”，实则是从对青奥会的理性认识出发，对筹办各环节提出思路性建言，而真正的模式问题，唯有在青奥盛会圆满落幕之后，方能提炼、升华。在这个过程中，作为承办方，必须明确办会初衷，认清青奥本质，全心全力投入细节筹办，这是机遇，更是挑战。南京青奥会通过自身努力，不仅可以为青奥会的发展贡献智慧，为赛事承办树立标杆，更能为国内大型赛事的改革树立楷模。

青奥会的承办模式脱胎于奥运会，从“理念”走向“实践”的过程中，新加坡和茵斯布鲁克做了积极的先导，南京意欲完成青奥会，任重而道远。

第三节　青奥会节俭办赛的理论梳理与本土实践①

节俭办赛，是国际奥委会倡导奥林匹克赛事承办的重要理念，也是我

---

① 该部分内容最早为参加南京青奥会节俭办赛研讨会而作。2012年3月25日，南京青奥会节俭办赛研讨会在南京青奥组委会议室召开。南京青奥会专家咨询室主任、原北京奥组委官员、中共北京市委党校副校长徐达主持会议，江苏省体育局颜争鸣副局长，《体育与科学》编辑部程志理编审，南京体育学院王正伦副院长、史国生副院长，南京师范大学王庆军博士以及笔者参加本次研讨会。笔者以《青奥会节俭办赛的理论梳理与本土实践》为题做口头发言和交流，发言稿后经修改，发表在《南京体育学院学报（社会科学版）》2013年第1期。

国大型综合性运动会赛事发展的必然诉求。从国际环境看，以青奥会为代表的新型赛事形象，希冀通过改革传统赛会体制，办赛简约理性，引导奥林匹克回归体育本源；从国内环境看，2011 年国办下发通知明确提出已申办成功的运动会必须节俭办赛。节俭办赛，既符合国际奥林匹克发展潮流，也符合新时期我国运动会办赛改革趋势。然理想丰满，现实骨感，节俭办赛如何在理念中充分运用，如何在实践中贯彻落实，是赛事组织者和筹备者必须认真研究的难题。

如何冷静思考节俭办赛的理念和认识问题，如何正确处理节俭理想与现实环境的冲突问题，如何更好地理解和解决有关方针和效益的问题，是指导筹办工作的直接性问题。基于此，本书以节俭青奥为研究对象，分析考察节俭办赛的理念与实践，为南京节俭青奥提供思路，也为国内其他赛会改革提供借鉴。

一、节俭办赛的思想由来

（一）体育回归本源——奥林匹克发展的理想愿景

百余年的发展演变，奥林匹克运动不仅以特有的体育文化景观装点人类社会，更以独特的文化魅力和人文精神愉悦着人们的身心，成为一项影响巨大的国际社会运动，对当地社会的政治、经济、文化、艺术等领域产生了一系列不容忽视的影响。但是，“盛大形象”的背后，不可避免出现奥林匹克理想宗旨偏离、技术手段无限膨胀、工具主义无限入侵、人本取向的遮蔽、育人价值的迷失、公平原则的背弃、诚信意识的缺失等，竞技比赛成了“功利场”，人们对奥林匹克的关注随之转移到竞技之外，转移到各种特殊的附加价值中。青奥会虽不能解决奥林匹克的一切难题，但是却有自己独特的运营思路。

一方面，青奥会承继奥林匹克的光荣与梦想，无法在奥运会上进行的改革选择以青奥会为突破口径。青奥的“另类”表现则可以弥补奥运的不足和短板。“启迪心灵”（罗格语）的新加坡青奥会和“超乎想象”（罗格语）的茵斯布鲁克冬青奥皆以“简约”“细节”之美赢得了国际奥委会一致赞同与认可。罗格认为青奥会就该如此，这是体育回归本源的表现。

另一方面，“小型”“灵活”“简约”的青奥会，更容易将目光和关注点集中在体育本身。真正的青奥会，应当是简约不简单，精炼而不失精彩。相比奥运会，青奥会在理念上淡化成绩，重视交流，为青年运动员提供独特的学习与交流经历，强调将体育运动与文化教育融为一体；规模小，项目精简，参与人员相对较少，其筹办相比奥运会较易掌控。成功办会未必大兴土木、铺张浪费。顾拜旦倡导体育的广泛性、参与性和业余性，就是奥林匹克的本质体现。青奥会定位试图让体育盛会回归体育本源。

国际奥委会推出青奥会，除了希望减少现代奥运会的商业化对青少年的负面影响外，还希望减轻主办城市压力，不用像奥运会主办城市那样，为大规模的体育场馆和城市建设付出高昂代价。因此，节俭可看作是青奥会的一项突破性原则。①让关注聚焦体育，让奥林匹克重回人本主义的价值取向，重回对人的发展的关注，这是奥林匹克发展的愿景。简约办会，节俭办赛，符合这一愿景。

（二）可持续发展——奥林匹克运动的现实诉求

从奥运会的发展规模来看，奥运史就是一部比赛项目和参与人员不断

① 史国生．青奥会的发轫动机、原则与展望［J］．南京体育学院学报（社科版），2011（5）：7-10.

增加、赛事规模和运营体系不断扩大的“膨胀史”，不仅承办城市赛会运营举步维艰，而且按此态势，奥运会势必将局限于少数发达国家，承办奥运会需要具备的巨大经济实力使得广大发展中国家和中小城市只能望而却步。2000 年悉尼奥运会前后，尤其是以 1998 年盐湖城冬奥会申办丑闻的爆发为重要节点事件，国际奥委会启动了有史以来最为深刻的一次变革，展开全面调查、反思与革新，运动会规模问题成为关乎奥林匹克运动可持续发展的重要屏障。如果说前任主席萨马兰奇先生在任时面临的是奥林匹克运动的生存问题，那么摆在现任罗格主席面前的难题就是奥林匹克运动可持续发展问题。

2001 年 7 月，刚刚当选国际奥委会主席的雅克·罗格就提出奥运会的规模应当得到控制。他认为：“现在的奥运会规模越来越大，主办城市不得不建造庞大的配套设施，而当比赛结束运动员们拿着奖牌各自回国之后，人去楼空的奥运设施往往被闲置浪费。我们不喜欢‘人去楼空’。[①]”同样，2002 年 2 月，罗格说：“悉尼奥运会成功举办的同时，也使我们认识到奥运会的规模和费用现在已达到了仅有有限的城市才能承办起。”国际奥委会专门成立了一个研究如何削减未来奥运会的规模和费用的特别委员会。这样做，是要试图达到：将来有一天所有的大洲，在没有有损奥运会质量或者成功的情况下，都有能力来举办奥运会。[②]

罗格指出，在一个国家普及体育运动“没有比让其举办奥运会更好的方式了”，因此，国际奥委会努力降低举办奥运会的负担，设法使奥运会

---

① 文心．绿色奥运，彰显节约［J］．中国高新技术企业，2005（4）：57.

② 罗格．奥运会正面临着成为自身成功牺牲品的危险［EB/OL］．［2002-02-05］. http://olympic. people. com. cn/GB/22183/22205/1603965. html.

的举办更为容易，“以便使一些小的、缺少现代科技的城市也能够举办奥运会”。[①] 尽管国际奥委会的职责范围很广，但能否成功举办高质量、高水平的奥运盛会是关乎一切的大事，是一切工作的重中之重，也是国际奥委会的首要工作任务。因为“奥运会的成功举办对奥林匹克运动具有决定性的意义。这不仅仅因为运动员为之付出了巨大的努力，而且因为它是国际奥委会唯一的经济来源[②]”。

为了能够使奥林匹克运动持续发展，能够让更多国家和城市来承办奥运会，能够让奥林匹克价值观在全球更广范围内传播，必须控制赛事规模，降低举办成本，“节俭奥运”由此而生。

因此，强调“奥运瘦身”，强调“规模控制”，实则是为奥林匹克运动可持续发展寻找途径与支撑。“节俭办赛”与“奥运瘦身”“规模控制”本质相通。

二、对节俭办赛的辩证认识

节俭办赛基于奥林匹克本质回归的发展愿景，基于奥运会超大规模控制的现实诉求。但是，国际奥委会在相关文件中，并未明确提出节俭办赛的奥运理念，也未将节俭作为奥运理念而加以宣扬。对此，我们在理论与实践的双重层面应该有理性、务实的辩证认识。

首先，节俭是基于筹办实践，从承办方角度而提的指导性方针。此前，国际奥委会认为南京青奥会编制的预算过高，希望能够“从简”举办 2014 年青奥会，能够将青奥会的发展可持续化，以免庞大奢华的盛会让后续者

① 任海. 论国际奥委会的改革［J］. 体育科学，2008（7）：3-25.

② 任海. 论国际奥委会的改革［J］. 体育科学，2008（7）：3-25.

难以为继。国际奥委会奥运会执行主任吉尔伯特·费利说：“南京举办青奥运会的策略应该是从简而且不铺张。在这点上，应该多听取国际奥委会的建议，多听取国际奥运伙伴城市的建议。[①]”因此，节俭是从赛会可持续发展的角度，基于筹办提出的实践理念。

其次，作为筹办指导思想、方针，节俭不能作为口号、理念而大力宣传。节俭不是奥林匹克发展的价值取向。2004 年 11 月 1 日，正在北京访问的国际奥委会主席罗格谈到了他对“节俭办奥运”的理解。罗格的理解可以作为我们对节俭办赛认识的一个注脚和补充。针对雅典奥运会给希腊政府带来了较重财政负担的问题，罗格说：“这是个有趣的问题，我想就‘节俭的奥运会’的问题进行一下澄清，节俭不是奥运会的目标，成功才是奥运会的目标。在我们谈到‘节俭的奥运会’的时候，要避免误解……某些媒体关于‘节俭的奥运会’的报道让我感到有点吃惊，因为我们将拥有一届杰出的、高质量的奥运会，也是按照我们和中国签署的合同规定执行的奥运会。[②]”

最后，节俭不是目标，赛会质量、成功办会才是目标。节俭不能以牺牲赛会质量为代价。国际奥委会官员反复强调“质量”对奥运会的重要性，集中关注奥运会和青奥会的办赛质量和赛会是否成功，并明确表示他们对“节俭”没有概念。是否节俭，是出自奥林匹克运动可持续发展的需要，希望各承办方能够将关注点和重心转移或回归到运动会本身来，而不是其他，能够真正让体育回归本源。国际奥委会对“节俭”的意图和态度对我们非常重要，深刻理解这一背景和内涵，将有助于我们在筹办、宣传以及

① 张丹. 国际奥委会：希望南京“从简”办 2014 年青奥会［EB/OL］.［2012-01-19］. 腾讯体育 . http://sports. qq. com/a/20120119/000088. htm.

② 罗格访问北京谈自己对“节俭办奥运”的理解［EB/OL］.［2004-11-01］. 新华网 . http://news. xinhuanet. com/sports/2004-11/01/content_2166257. htm.

实践操作中做出正确选择。

三、理论贡献：南京的青奥节俭观

南京，历史文化名城之一，古都特色与现代风格并存，凸显兼容性与开放性，如今正积极打造亚洲体育中心城市。南京青奥会的节俭理念能够做出何种贡献？笔者以为，南京青奥会至少应当在以下四个维度对节俭青奥做出理论贡献。同时，从未来学的角度看，这也应当成为南京青奥会在2014年之后“留下遗产”的重要体现。

（一）文化节俭：对青奥会文化品牌的深层次理解

节俭，是一种文化理念。中国的传统文化中有节俭的道德观，提倡节俭美德，这种文化基因的存在和延续使得我们在筹办青奥会的过程中能够自觉地以节俭的精神来指导相关工作。奥林匹克已成为世人瞩目的文化品牌，青奥会尽管创办时间不长，但是继承了奥林匹克的文化脉络。因此，提出文化节俭，是源自对青奥会文化品牌的深层次表达。

对此，南京青奥会要深入挖掘青奥会的文化品牌，不要办成青年比赛的简单运动集会。一方面，相关命名和建设，都要有意识地做文化，如青奥地名、青奥街区、青奥建筑等，既要有特色，又要考虑持久性，不能因为讲求“节俭青奥”，就在任何地方都进行节俭。节俭不是简化，更不是无所作为，应抓住机遇，树立青奥文化的大品牌意识，促发展留遗产，为未来人民留下宝贵财富。另一方面，注重留存实物载体，以传承青奥文化。南京青奥会的标识形象和城市记忆不见得一定要有耗资巨大的主题项目或新建场馆，但是以青奥命名的文化品牌通过一定的实物载体而留给后人，这不仅在未来是南京城市的历史印象，也是参与奥林匹克的鲜活记忆。

（二）务实节俭：青奥会简约风格的内涵性表达

节俭是一种态度，也是一种习惯。节俭是对筹办工作理念的无形升华，也是对办赛细节之处的深刻掌握。青奥会简约，不简单，面向青少年，激励一代人。因此，提出务实节俭，是源自对青奥会简约风格的一种内涵型表达。

有些事可以做，可以说；有些事可以做，不能说。做好“自己”的事情，避免“多余的热心”，尤其要注意慎用“举全省之力”“举全国之力”等词语。我们应该在筹办进程的工作细节之中，体现出节俭办赛的思想和态度，而不是将节俭作为口号或相关理念而大肆宣传。新闻宣传要把握好度，可以采用对内和对外不同的方针政策，部分工作必须低调行事。

节俭是避免铺张浪费，是提高赛会综合效益。因此，务实的节俭观不是简化，而是力求少花钱办大事。重点领域仍要重点投入，但前提必须征求意见，充分论证，并且建立完善严格的审核、监督、管理制度，以确保各环节“公平公正公开”。2011 年中国城市规划年会在南京举行，与会代表 3000 多人出行坐地铁，午餐吃盒饭，没有出现任何交通和接待问题，这便是务实节俭的鲜活体现。

（三）效益节俭：青奥会节俭办赛的多样化路径

效益，作为经济学术语，原本是指项目对国民经济所做的贡献。但是效益节俭，则将节俭的内涵与方式进行了多方位的扩张和提升。节俭是一种制度的设计，也是一种思路的体现。节俭有多种途径、多种层次、多种渠道：减少投入是节俭，开源节流，可以更好地扩展融资，减少办会投入成本；提高效率是节俭，人力资源效率的提升，将有限的资源利用在更广阔的空间，从而产生更大的利益，提升长远效益。因此，提出效益节俭，是青奥会节俭办赛多样化途径的鲜明表达，同时也为节俭带来了多样化的实践视野。

效益节俭关注的是“值不值”，而不是“花不花”。将有限的资源利用在最为需要的地方，发挥具有决定性的作用，就是效益体现。“硬件的档次可以降，但软件水平和服务标准不能降。”青奥文化是追求普适性的文化，也是建构参与性的文化，[①]因此，可考虑“民间智囊”，民众广泛参与便是最大的节俭。筹办的进程和路径可适当向民众开放，吸纳民间智慧。越开放，越透明；越透明，越公开；越公开，越广泛；越广泛，越节俭。

聚焦效益节俭，目标成功办会。赛会成功的标准有很多，因评价主体的不同而差异很大。罗格说：“运动员的满意就标志着青奥会的成功。我会去了解运动员们是否感到很愉快，如果他们十分开心，那么这届青奥会就是成功的。[②]”同时，他认为“教育是青奥会跟奥运会、世锦赛等赛事最大的不同，淡化功利色彩、强调文化交流、强调教育是青奥会最大的特质[③]”。罗格主席对青奥会的这番言论可以成为我们办会参考的重要标准，同时，我们也能做出推断，最好的奥运会不一定是花钱最多的奥运会，而最好的青奥会一定不是花钱最多的青奥会。

（四）适度节俭：青奥会本源回归的辩证性思维

从“节俭”走向“适度”，是青奥会办赛方针的理念性转变。“适度节俭”

---

① 张兆斌．青奥文化梳理与解读［J］．南京体育学院学报（社科版），2011（3）：17-20.

② 罗格．祝选手玩得开心［EB/OL］．［2010-09-02］. http://www. yangtse. com/news/ty/201008/t20100812_754886. htm.

③ 罗格参观视察后表示：青奥会选择南京是正确的［EB/OL］．［2010-08-29］. http://www. js. xinhuanet. com/xin_wen_zhong_xin/2010-08/29/content_20750317. htm.

主张的节俭，是富裕下的节俭，是成功办会前提下的节俭。不是因为无法筹办而节俭，而是为了理性和可持续理念而节俭。一味浪费，只能使奥林匹克回到20世纪80年代以前那种难以为继的局面，而过于现实，则会使奥林匹克远离理想，陷入异化危机。青奥会既要五彩缤纷，又要摒弃过度奢华。简言之，就是理性办会、简约体现。因此，提出适度节俭，体现的是青奥会本源回归的辩证性思维。

当前语境下，对运动会的追风和热衷问题一定要冷静、反思。越理性，越节俭；越适度，越节俭。“适度节俭”倡导理性筹办，是根据自身的文化背景、所处国际环境、奥林匹克运动发展以及青奥会本源等问题所交织成的“度”。有“度”则安，无“度”则乱；有“度”则成，无“度”则败。“度”是一种约束，也是一种保障。什么样的“度”能够既成功，又节俭；什么样的“度”能让传统文化背景下的国人满意，也让国际社会满意，都是南京在节俭青奥上需要做出的掌控与平衡。国际奥委会的《青奥会赛事手册》，是指导办赛的核心文件，是国际奥委会对青奥会期望的理想值。实际筹办中，我们不能把它作为最低值去无限超越。

毋庸置疑，2014年青奥会在很多方面取得了成功。但也应认识到，“完美”是一种境界，应该提倡节俭，追求完美。南京青奥会也会有“遗憾”，这在某种程度上也是“度”的平衡与掌控。适度节俭，最终目标是追求发展，走向和谐。

四、节俭青奥的几点筹办性思考

节俭办赛，不仅在理论上可行，在实践中亦可大有作为。对南京而言，节俭青奥不仅仅是思考如何花更少的人力物力财力来筹办一届青奥会，更应该是在如今国内外赛会日益繁多的现实境况下，如何通过青奥会的范例，来对国内办赛起到示范和启示作用。希冀南京的节俭青奥能够在理论与实践上双重创新，给国内的运动会带来更多改革范例与理性启示。

（一）承办盛会营造热烈气氛，须保持冷静和清醒

办会的目的是什么？目标是什么？要办一届怎样的青奥会？在营造热烈气氛的同时，必须保持冷静和清醒。对青奥会不能过于拔高它的意义和价值。省内、市内这一阶段有没有比青奥会更重要的事情？树立各种大型的标志牌和倒计时牌是否一定有必要？各类活动、广告与青奥相接，反而会使人产生审美疲劳和厌倦感，甚至反感，建议进行必要的分离和切割，宣传工作不可过热。

（二）大型活动适度，冗长的运动会传统应当突破

开闭幕式、火炬接力、宣传考察、纪念庆典等活动适当缩小规模，慎用“最多”“最广”等字眼，不必总是追求这个第一，那个第一。大型活动环保、低碳、节俭的概念，首先应在时间长度上做控制，时间节约就是成本节约。传统的文体表演、入场式等，时间长，浪费大，且在表现意义和展出形式上，“政治大于经济”，必须改革。建议所有仪式和节目控制在 1 小时以内。2006 年德国足球世界杯，开幕式 13 分钟；南非世界杯，开幕式半小时，演出人员 1500 多人，同样取得了不错效果，值得借鉴。

开幕式文艺表演和团体操以青少年为主体，少用或者不用社会专业演出团体和演职人员。降低全体人员排练次数，提高小团体练习效率。尽可能避免为青奥会的开闭幕式单独制作表演服装、道具，可选用环保型材料，能回收利用，能二次创造；可让参与的青少年进行相关创意设计，集思广益。开幕式主题是体育，是“参与”“激情”“分享”“拼搏”等理念的融合，

是文化分享，是激情欢娱，主办城市和国家的传统文化展示应当适度，应聚焦运动，回归体育，这点对南京青奥会而言尤其值得注意。

（三）赛会进程应遵循国际惯例，履行标准化接待

中国历来提倡“热情好客”的传统文化，然而“太豪华”“太奢侈”，反而适得其反。国际惯例、国外的接待值得学习。赛前明确规定各类接待标准，一旦运行，就是法律，无须请示，按章行事。各类临时性、一次性的用工皆以志愿者为主。市内高校体育专业大学生可适当培训，参与安保工作。注重细节，如取消瓶装纯净水的使用，而变为设立固定饮水点，并且取消一次性纸杯，鼓励自带水杯等。正常情况下，赛会人员出行以多人客车为交通方式，不提倡小轿车，宴请和接待不提供烟酒，拒绝一次性餐具，以提倡健康生活方式，宣扬低碳生活理念。2008 年奥林匹克科学大会期间，由于瓶装水不被允许带入参会代表驻地酒店，造成大批量的浪费，值得反思。

（四）多角度拓宽场馆功能，提前谋划后续利用

从建筑学和美学的角度上来欣赏，适当的装饰性花费是应当的，但是斥巨资来满足感官和设计者的虚荣心是不可取的。因此不必过于追求高标准，而应该把满足赛事需要作为第一前提，减少空间浪费，提升场馆的使用功能性。如有可能，政府投资和社会投资相结合，扩展投资渠道，分散运营风险。此外，可积极拓宽思路，不能固守“以体为用”“以体为本”的传统观念而排斥其他非体育性活动，如演艺、休闲、娱乐、旅游甚至餐饮、影视等，把场馆功能和城市功能结合在一起，提倡综合服务，以便于赛后经过适当改造，服务和满足于城市的日常生活需要，尽最大可能避免闲置甚至重建。

实践证明，唯有缩小规模、降低成本、节俭办赛，才能将奥林匹克的光荣与梦想在全球范围内进一步普及。青奥会承办脱胎于奥运模式，更加注重赛会简约、体育本源，更加倡导理性回归。新加坡和茵斯布鲁克的积极探索，为南京提供了有益借鉴。然南京青奥会唯有通过自身努力，冷静、务实、革新，才能将节俭办赛落到实处，才能为赛事承办树立标杆，为国内大型赛事的改革树立楷模。南京意欲完成青奥会的成人礼，任重而道远。

第四节 “让理念照进现实”：探究青奥会成功之道①

历经四载精心筹备，随着南京亚青会的圆满落幕，2014年南京青奥会已近在咫尺。在筹办的最后阶段，有哪些工作仍需注意，节俭理念如何落实，文化与教育活动如何发挥出持续性和长久性，青奥项目比赛如何布局，赛后遗产如何规划实施等问题，日益引起人们的关注和思考。为此，笔者受《体育与科学》杂志编辑部委托，对南京青奥组委会总体策划部朱华林部长进行专访，就现阶段南京青奥会的筹办进程与重点、南京青奥会的办会理念与特色、文化与教育活动的设计与实施、比赛项目布局、志愿精神提炼、体育名城建设、赛后规划评估以及青奥遗产理念等问题展开访谈，展望青奥筹办愿景，探讨青奥办会之道。

① 2013年年底，《体育与科学》编辑部委托笔者对时任南京青奥组委会总体策划部朱华林部长做一次学术访谈，考虑到总体策划部这个部门在整个组委会中的独特职能，因此本次访谈提纲重点围绕“如何筹办”这一话题展开，从筹办前、筹办中、筹办后三个时间维度对南京青奥会进行解读。见王成．“让理念照进现实”：探究青奥会成功之道——专访2014年南京青奥组委会总体策划部朱华林部长［J］. 体育与科学，2014（1）：59-63，76.

王成（以下简称“王”）：朱部长，您好！青奥会目前已进入赛事筹办的攻坚阶段，大体的筹办和运营模式已基本成型，那么在后期，组委会的工作重点有哪些？

朱华林（以下简称“朱”）：从 2010 年 2 月 11 日南京得到承办权后，青奥组委历经 4 年的筹办过程，先后经历了基础规划阶段、战略规划阶段和运行规划阶段，目前南京青奥会已经进入运行准备就绪阶段，随着场馆化的全面展开，组委会的工作即将转入场馆运行、测试联调和正式运行阶段，在这最后的冲刺阶段，我们将高效推进以下六个方面的工作：

一是完善青奥会赛时运行指挥体系。根据“以竞赛为核心，以场馆为基础，以属地为保障”的原则，积极将国际赛会的基本要求与南京当地的实际相结合，认真处理好赛事运行与城市运行的关系，努力构建起决策层、指挥层和执行层三级运行指挥体系，从而实现“高度统一、扁平管理、属地负责、高效运转”的目标，为南京青奥会的圆满成功提供强有力的组织保障。

二是全面加快场馆化进程。按计划完成职能运行计划、场馆运行计划最终版。开展工作人员通用知识、专项业务、场馆运行和岗位培训，加强团队建设。推进物资、场馆团队人员到位，开始试运行。

三是组织召开青奥会团长大会。根据国家大型综合性体育赛事的要求，2014 年 3 月，组织召开青奥会团长大会。向各国家 / 地区奥委会介绍青奥会的筹备进展情况，全面发布组委会的相关政策，并做好各代表团的咨询问答。团长大会的召开将标志着青奥会的整体筹备工作进入完善提高的关键阶段。

四是认真抓好竞赛组织。全力推进场馆的改造工程，认真编制竞赛日程，积极推进器材供应商、采购等工作；组织好体育报名工作。组织赛时指挥体系各机构、各场馆团队开展体育项目测试和综合保障演练，将竞赛运行和城市保障的所有难题解决在赛前。

五是进一步实施文化教育活动，积极营造浓厚的赛会氛围。精心组织第4届青年奥林匹克文化节、倒计时100天等活动。

六是强化城市保障服务。开展城市综合环境整治，以青奥会场馆周边、主干道沿线为重点，改善市容市貌，确保南京水质、空气质量达到国际赛事标准。加大交通、食品、水电气、安全等领域的保障力度，以最佳状态保障青奥会顺畅运行。

总而言之，我们在赛事筹备的最后阶段所有的工作一切围绕赛事，一切为了赛事，当所有的工作全部就绪之后，就迎来了南京青奥会的赛事运行阶段，也是检验我们四年筹备工作成果的时刻，检验我们成败与否的时刻。

王：此前，我们成功举办了2013年南京亚青会，各方反应都不错。很大程度上，我们把亚青会看成是青奥会的测试赛，那么，通过这次亚青会的举办，是否为我们提供了必要的经验？有什么不足和教训？

朱：亚青会结束之后，我们从8月底，一直到不久前，组委会花了3个月左右的时间，在按计划推进青奥会筹办工作的同时，对亚青会进行了全面的回顾与总结。各个部门、各个条口，针对各自工作都进行了反思，特别是对亚青会出现的具体问题还特意制作和梳理了典型的案例，在每一个具体的点上面，进行分析总结，也就是边回顾边总结，找出每一个问题存在的原因，也分析了每一个案例后面，能够对青奥会产生什么样的经验和启示，以避免亚青会出现的问题在青奥会中出现。

王：南京办青奥会的能力毋庸置疑，但是从另一方面来说，当初的"南京模式"的提法也给我们带来了很大的挑战，您认为，南京青奥会究竟能够在哪些方面做得更加出色，或更具有独特性？

朱：南京青奥会在“活力青奥、人文青奥、绿色青奥”的基础上，明确了以勤俭节约办赛、回归体育本源、青年人为主体，注重体育与文化教育相融合的办会方向，确定了“青春活力、参与共享，文化融合、智慧创意，绿色低碳、平安勤廉”的办会理念，体现时代特征、青奥特点和南京特色。

相比较而言，我们不追求北京奥运会的“无与伦比”，也不追求伦敦奥运会的金牌荣耀，而求“健康的生活方式”在青少年中的普及和养成，以及“卓越、友谊、尊重”的奥林匹克价值观在青少年中的传播和影响，致力于办一届体育盛会、文化盛会和青春盛会。

至于南京青奥会究竟能在哪些方面做得更加出色，我以为可以体现在以下几个部分：

一是突出青年人主体。南京青奥会在赛会筹办的各环节你都会看到青年人的身影，例如筹备队伍以青年人为主体，各项创意活动由青年人策划、组织、参与，比如会徽、口号、吉祥物的评选与确定，都邀请了青年人参与设计。南京青奥会坚持以“青少年满意不满意，高兴不高兴，惊喜不惊喜”作为衡量工作成功与否的标准。青奥组委还吸引五大洲青少年组建青奥小顾问团，进一步提高南京广大青少年迎青奥办青奥的主体意识，充分发挥青少年积极参与、主动融入、协力办会的主人翁作用。二是注重创意策划。为体现“智慧创意、绿色低碳”的办赛理念，火炬传递采用实体传递和网络传递相结合，以网络传递为主的方式。通过网络火炬虚拟传递的方式，邀请全世界的青少年共同参与到火炬传递中来。三是在办赛模式上，着重打造节约办赛的品牌。

前面我们也说到，青奥会是国际奥林匹克的年轻赛事，新加坡是诞生地，举办了第一届，我们是第二届，基于此，南京青奥会也成为国际奥委会创新赛事管理办法的试验田，在一些领域改变以往奥林匹克赛事的常规做法，进而推陈出新，比如客户登记程序，南京青奥会是第一次。

王：这个客户登记程序，此前并不为大家所熟悉，您能否简要介绍一下？

朱：客户登记程序是一个专用术语，以往奥运会在开幕之前，都要开注册会议或预注册会议，这次在南京青奥会中用客户登记程序，也是一个创新。所谓客户登记程序，就是组委会根据不同客户进行分类，把组委会针对不同客户指定的各项政策，在客户来参加青奥会之前按照时间节点分别进行介绍与告知，有两个作用：一是可以避免集中来开会，节省资源，二是可以使参赛人员、注册人员提前知晓赛会期间，能够享受到什么样的服务，就是我们通常说的加强客户期待值的管理。通常很多国家代表团的领队和教练，参与了很多次国际大赛，不同的组委会提供的服务水平是不同的，特别是参加奥运会和青奥会，服务水平更不一样。通过这样一个客户程序，使他们预先有一个合理的期望值，就不会因实际服务不同而产生一定的失望或高兴。简言之，就是一方面减少专门会议的召开，节约成本，另一方面提前对客户期望值进行管理。南京青奥会首次采用这种做法，这不仅是节俭，也是国际奥委会期待办赛模式的一个创新。

王："南京模式"的提出，当初有为申办加分的因素在，也无可厚非。但是后来有不少人对此争议很大，认为是应景性口号，也给自己带来了苦恼。那么，这种模式提出的背后究竟蕴含了南京青奥会的何种办会理念呢？

朱：青奥会在新加坡是诞生地，在南京要完成成人礼，也就是说通过一届两届的办赛探索，无论从理念还是组织方式抑或其他方面，都能形成一种相对比较稳定、有规律可循的办会方式，这也是国际奥委会的看法。当然，这种稳定或成人礼，并不是延续不变的办会模式，但是基本的框架应该能够供今后各届来借鉴。正如你刚才所说的，这个提法当时对我们自己也施加了很大的压力，要谈模式，不是那么简单的，你搞了一届，下届不能用了，那肯定不叫模式，本来青奥会也是个全新的概念，在大的理念方面，实际上国际奥委会讲得很清楚：要有别于奥运会，至于特色，也就是我刚才谈的那几点，如青年、节俭等，实际上节俭本来就是青奥会的一个总的要求，要缩小规模，利用现有设施，吸引青年人参与，这都是国际奥委会明确提出的。我们南京呢，在这一方面进行了固化和强化。

王：从国际奥委会的角度出发，还是想要把青奥会和奥运会区别开。那么，这两者从组织方式或管理模式方面看，究竟有哪些不同呢？根据我个人体会，从新加坡的情况来看，其成功之处在于将青奥会从理念到实践，其不足就在于没能走出奥运会承办模式的阴影。

朱：这个问题呢，我想国际奥委会一定也经过了认真思考，当然，也会有纠结，就是如何来办这样体现不同层次，有着不同参会主体的运动盛会。从这几年筹办中我们和国际奥委会的接触情况来看，国际奥委会在确定青奥会大的、总体的办赛要求方面，从奥运会中是有迹可寻的，其整体框架是没有本质区别的。这毕竟是国际奥委会主办下的大赛，参赛国家都是一样的。其实我们后来总结了一句话：青奥会和奥运会规模不同，但规格相同。所谓规格相同，都是国际奥委会主办，参赛主体都是各国家和地区奥委会，而规模不一样主要表现在两个方面：参赛人数和参赛运动员年龄皆有不同；比赛项目的小项也不一样。其特点一个是体育与文化的融合，更加注重文化与教育活动，运动员从开幕到闭幕，一直要住在青奥村，这和奥运会明显不同，奥运会参赛运动员是根据项目时间而定，你比赛之前两三天来就行，比赛结束你就可以回去，而青奥会所有的参赛运动员在开幕前必须到，中间不可以离开。再一个特点就是对文化和教育活动的要求非常高，也很复杂，并不是承办方随意安排，还有就是不同性别、不同地区的混合组队问题，这也是青奥会项目的一大特色。

王：国际奥委会对青奥会的设项问题只是确定基本原则，每届的筹办可以融入主办城市的设想与改革，对南京青奥会而言，有哪些比赛项目是经过后期改造的？在跨洲跨国组队、男女混合组队中，我们是怎么做的？您是怎么看这种区别于以往的比赛模式的？

朱：针对南京青奥会的项目设置，国际奥委会对项目设置进行了创新，主要有跳水的男女混合团体、游泳 4×100 米男女混合接力、射箭男女混合团体，3 人制篮球、篮球的技巧挑战赛、8×100 米混合团体接力赛、自行车男女混合团体接力赛、马术大洲混编团体赛、击剑大洲混编男女混合团体赛、铁人三项大洲混编团体赛、柔道大洲混编男女混合团体、现代五项男女混合团体，射击中 10 米气手枪和 10 气步枪都设置了男女混合团体，高尔夫的男女混合团体，等等。

当然，这些混编项目并不是根据组委会的想法随意设计，必须提前由各世界单项协会酝酿制定规则，经国际奥委会同意后，可在青奥会中进行设置。比较典型的是田径的 8×100 米混合团体接力赛，所有的田径运动员都来参加，它有独特的计分规则，根据赛场成绩，由国际田联来现场组织这样的活动，其目标就是考虑到让运动员能够充分参与进来，充分交流，对成绩的表现和评价是次要的，以参与为主。

国际奥委会和国际单项体育联合会对项目进行这样的设置，一方面是考虑到这是青年人的赛事，通过设置大洲混编、男女混合这种形式，可以平衡各个项目不同国家运动员之间的水平差距，增加赛事的观赏性，同时也通过这种混编，加强了各国 / 地区运动员之间的交流与合作，淡化了“我们从哪里来”，强调的是“我们现在是队友”。这与青奥会赛事所倡导的“参与共享、文化融合”的理念是相一致的。例如大洲混编赛，获奖运动员在颁奖时，升的是国际奥委会会旗，奏国际奥委会会歌，让青少年运动员淡化功利，淡化金牌，更多地强调团结与合作。

混编组合，我觉得更多体现的是一种跨文化的交流。不同国家、不同地区的文化各异，文化交流途径虽然多样，但跨洲、跨国组合的形成，是跨文化交流的特别形式。从体育项目本身来说，是体育文化的交流。不同大洲、不同国家、不同地区的体育项目设置不同、强弱不同，通过跨洲、跨国组合，微观上说是运动员之间的水平交流，宏观上说是国家之间的体育水平互融。从跨文化交流来说，虽然是单体运动员在竞技比赛中的交流与合作，但运动员的影响力很大，可以将个体的影响无限扩大化。每个运动员都吸引着这个国家的人民去关注，背后都代表着一个国家的文化，跨洲、跨国组合，则是相互引起对另一方国家的关注，去进一步探讨对方国家的语言、文化、风俗，为双方的文化交流搭建了一个良好的沟通渠道和平台。

王：目前在大型赛事筹办上，节俭办会已经得到了各界的认同，南京青奥组委亦曾表态要办一场节俭的世界顶级赛事。就节俭而言，不仅是投入减少，更是一次理念的更新。我关注到南京青奥组委在硬件设施上的做法是“能改不建、能修不换、能租不买、能借不租”。有没有理念方面的革新与突破?

朱：通过控制办赛规模，压缩办赛成本，提高运行效率，在场馆维修改造上，就是刚才你说的“能改不建、能修不换、能租不买、能借不租”的做法，尽可能实现“达标可用”与“永续利用”目标的统一，把国际惯例、赛会规律与中国实际有机结合。

在实践中，我们第一是建立健全了各项规章制度，规范财务支出行为，强化预算刚性约束。第二是确定合理的服务水平，严格按照国际奥委会确定的服务标准编制预算，不随意提高服务水平和标准。第三是提高资源利用效率，亚青、青奥两个赛会资源共享，避免重复投入、铺张浪费。除青奥村外，只新建一座竞赛场馆——青奥体育公园，而且赛后还将成为江北新城区的文化体育配套设施。青奥村未来也将成为国际人才公寓社区。第四是控制人力成本，通过向社会公开招聘第三方派遣人员，从政府部门借调优秀干部，从广州亚运会、深圳大运会招聘骨干员工，招募大量高素质的专业志愿者。第五是重视绩效考核，对大额支出项目实行严格管理，部分项目实行市场化运作模式，优化项目实施方案。

王：关于赛会开支问题，我们知道，近年来奥运会承办费用日益飙升，其中安保费用支出占有相当大的比重，同时这也是一个与现实国情极为相关的领域，您能否谈谈南京的情况呢？

朱：安保工作是每一个大型赛事都十分关注的。不同的国家其安保政策也大不一样，2012 年伦敦奥运会的安保，开幕之前雇用了大量的社会安保力量，这在我们国家不一定可行，中国有中国的国情，现在国际奥委会也比较尊重各个承办国的实际情况，对南京青奥会，我们的出发点是确保赛会的安全与顺利举办，同时结合中国国情，采取适当和必要的安保措施。我们有一句话，“万无一失，一失万无”，如果安保出现问题，不但影响到运动员比赛和赛事的正常运行，也影响到城市乃至国家的形象，不管从哪个方面，其后果是不可想象的。当初做预算时，我们根据惯例在安保和大型活动方面投入比较大，现在我们也根据中央的要求，进行压缩与控制，前段时间出台规定，不准请明星、大腕，南京青奥会正好赶上这样一个大的背景和环境，而中央的这个要求也契合国际奥委会的节俭理念。目前我们主要是从这个角度来考虑的，那就是通过南京青少年自身的形象来展示南京的风采。

王：理想丰满，现实骨感。青奥会发展中，有很多辩证关系需要处理。

例如，古奥运追求荣誉，现代体育追求技巧和技术进步；“体育是游戏，快乐是目的”，但是追求这种单纯的快乐，又会削弱体育比赛的竞技魅力；青奥会规模有限，参与的青少年运动员毕竟是少数，如何以此为示范带动更多青少年？南京青奥会如何通过比赛对青少年的身心发展起促进作用？凡此种种。南京青奥会是如何处理这种关系的？有没有事先的考虑？

朱：青奥会更加注重青少年成长，更加注重文化交流。这种影响不仅激励青少年自身，也会影响到他们的父母，更会传承到下一代，“激励三代人”将是我们举办青奥会追求的真谛，也是把青奥盛事转化为城市发展“第一推动力”的美好愿望。

因此，我们尽可能扩大文化教育活动中青少年的参与面和影响力。青少年乐于参与青奥会、融入青奥会的关键是参与的兴趣与途径。如何提高青少年参与活动的兴趣、如何让青年以青少年喜闻乐见的形式参与文化教育活动是南京青奥会文化教育工作者深入思考的核心问题。南京着重坚持“一个中心”“一条标准”“一条路径”“一个创新”。“一个主体”即青少年是唯一主体，所有活动设计需以青少年的智慧、站在青少年的角度、用青少年的思维，让青少年满意；“一条标准”指以青少年对文化教育活动满意不满意、高兴不高兴、快乐不快乐、惊喜不惊喜来作为文化教育活动成功与否的衡量标准；“一条路径”是指让青少年成为文化教育活动的策划、参与、受益及延续主体的路径；“一个创新”是指以青少年接受讯息的渠道和习惯为基础，充分利用网络和新媒体工具把现实和虚拟结合起来，把有形与无形结合起来，把线上和线下结合起来。

目前，南京青奥会已先后举办三届“奥林匹克文化节”，累计参与超过两百万人次，借鉴南京亚青会的成功经验，我们积极探索和尝试青奥会网络火炬传递的有关工作并研究、探索网络火炬手的选拔与参与方式，希望让更多的青少年能够成为南京青奥会的火炬手，参与火炬传递的过程。

为了更加体现全世界青少年作为演出主体参与开闭幕式，我们已正式启动“我要上青奥、我要去南京”文化教育活动，目前此活动也受到青少年的极大关注。

王：这些青少年文化与教育活动，在设计和推广的过程中有经过测试、反馈与调整吗?

朱：文化与教育活动的设计和安排，比青奥会比赛项目的安排更难。体育项目，大家都有通用的规则，而文化教育活动则没有现成模板，不同大洲和国家，其文化背景差异很大，对文化与教育的理解也不同，因此我们在设计的时候要考虑到特殊性。前期我们通过南京的中小学和五大洲结对的“同心结”活动来提前了解各个参赛国家的不同要求与背景，具体设计的时候也请南京的外国留学生共同参与。另外，2014 年 3 月在南京将召开青奥会青年大使会议，100 多个国家各派一个青少年代表到南京共同研讨相关文教活动的安排，特别是对将要在青奥会中进行的活动提前进行测试，听取他们的意见，再做进一步的修改和完善。

王：南京青奥会的文化教育活动是如何与青奥会项目比赛进行衔接或搭配的? 以往我们也会在比赛期间安排相关的交流、联欢等活动，但大都赛间热闹，赛后冷落，那么有没有考虑到文化教育活动的长远性和持久性的问题?

朱：依据南京青奥会办会理念，以及《赛事手册》中有关青奥会文化教育计划中 4 个支柱、5 个主题的规定，开展文化教育活动。我们在设计文化教育活动项目时，将根据不同受众群体的年龄特点、兴趣需求等，有针对性地设计和开展系列文化教育活动。特别是针对青少年运动员这一群体，他们是青奥会文化教育项目最重要的受众，其特征是：心理方面接受新事物的能力较强，对体育、文化、教育活动有着高度的热情，正处在人生价值观的形成期。身体方面，有着体育运动的训练基础，对强度大的激烈性竞赛活动有着良好的适应性，对文字或者说教形式的活动兴趣不大。兴趣方面，受职业的影响，对体育、竞赛、营养和医疗卫生等话题更熟悉。需求方面，将面对职业生涯转型，对自身的未来规划有着一定思虑。因此我们遵从这一群体的生理和心理特点，根据其对明星冠军、新媒体网络、体育游戏等方面的兴趣，以及其对未来职业、体育生涯、生活营养等方面的需求，设计强调参与性、动手性的文化教育活动。

除扩大青年人的参与面之外，南京青奥会致力于通过比赛促进青少年的身心发展，也就是着力处理好竞技体育与文化教育的关系。南京青奥组委会一是充分研究运动员空闲时间分析，针对运动员竞赛和训练日程，排除作息、交通、参加仪式等活动，对 28 个大项进行逐一分析，有针对性地推荐运动员参与文化教育活动；二是广泛吸取青年的智慧创意，开展丰富多彩的赛前和赛时文化教育活动；三是重点推进体育启蒙活动，青奥会赛前和赛时，将在学校、广场、比赛场馆、青奥村内开展"体育启蒙"活动，推广青奥会比赛项目、趣味体育游戏等，为运动员、学生、青年人以及其他社会人群提供了解体育运动、参与体育运动的机会，倡导幸福与健康的生活方式。

青奥会之后，所建立的青奥体育公园、奥林匹克博物馆、奥林匹克教育基地、奥林匹克教育示范学校等有形遗产将以青年奥林匹克主题公园为中心向外延展，形成覆盖南京周边 30 多个城市、1 亿多名青年的"青年奥林匹克文化圈"。

就文化教育活动的持久性和长远性而言，青奥会是南京迄今为止举办的最高规格的国际体育赛事，同时又是一项千载难逢的重要文化教育活动。如何抓住青奥会契机，给南京留下丰厚的文化教育"遗产"，是青奥会一项重要的工作内容。青奥会赛前赛时将广泛开展同心结、阳光体育运动、成长的历程、世界文化村等多项文化教育活动。赛后将采取措施，传承“卓越、友谊、尊重”的奥林匹克价值观。

王：南京青奥会赛后是如何整合利用的，有没有明确的规划，有没有实施？赛后的评估如何？

朱：举办大型运动会对一个国家、地区的影响力不言而喻。对于南京青奥会的赛后整合利用，实际上也是通过南京青奥会的举办，如何为南京的经济社会发展带来积极而又深远的影响，而这种影响是多方面的，且贯穿于整个青奥会筹办、举办的全过程，直至影响到赛后很长一段时间。

对于经济发展而言，举办青奥会期间，南京为青奥会提供服务的宾馆有 40 家，可提供 4000 多间客房，旅游相关服务业如酒店业、餐饮业都将从中受益。对于城市建设而言，青奥会比赛场馆广泛运用节能技术，如遮阳技术、自然采光、自然通风、空调节能技术、太阳能利用、绿色照明技术和自动控制技术等。这种理念将会产生深远影响，对于整个城市的建设发展都有引导作用。对于社会效应而言，一是提高城市形象力；二是提高民众凝聚力；三是体现先进的体育精神；四是提升城市文明程度。作为中国历史文化名城，南京将通过青奥会提升其文化影响力。

青奥会之后，我们将举行城市总结会，这既是南京青奥会赛事本身的终点，更是后青奥时代南京发展新篇章的起点。

王：南京提出建设“亚洲体育中心城市”“国际体育名城”。在国内，相继有北京、上海、广州等一线城市也曾利用办大赛之机，喊出类似口号，但目前进展并不尽如人意。办大赛容易，将体育内化成生活方式困难。南京在建设体育城市的进程中，其特色是什么，换言之南京建设“青奥之城”的亮点是什么？南京这座城市与体育的契合点在哪里？对体育名城建设的问题您怎么看？

朱：体育名城建设，我认为它的主线应当是指科学发展、人民幸福。以体育为重要抓手，推动城市体育生活化、城市影响国际化、城市转型科学化，让体育成为市民生活的重要组成部分，提高市民生活品质，促进人的全面发展，这是很重要的。再一个就是体育文化繁荣昌盛、体育健身蔚然成风、体育资源集聚辐射、体育影响传播全球，当然，这样的目标和愿景要走的路还很远，也很艰巨，必须系统规划，长远考虑。

体育名城建设中有三个要素要重点考虑：民生、特色、市场。亚洲体育中心城市和世界体育名城实施计划通篇贯穿了民生主题，有很多具体指标。同时在规划设计和确定指标的过程中充分结合和彰显南京城市特色、南京体育特色。南京体育是有特色的，如南京的武术，从明清出了一批武状元到民国的中央国术馆体育传习所，都有案可查，载入史册。中华人民共和国成立以后，特别是改革开放以来，南京在竞技体育方面颇有影响，培育了28位世界冠军，特别是羽毛球项目，为国家培养了8位世界冠军。目前南京的竞技体育在全国省会城市中稳居前三位。群众体育方面也形成了自己的品牌，如百万市民健身工程，农民体育幸福工程，每年1000多项次的群众体育活动。

此外，还有“122”目标定位、实施“五大工程”等，具体就不详谈了。总之，作为历史文化名城，南京在建设体育城市的进程中是大有可为的。

王：体育运动与城市发展目前也是学术研究的一个热点问题，从理论到实践，可以研究的话题有很多。南京在体育名城的建设进程中，究竟是出于何种考虑提出这样的思路？

朱：我想这诚如目前大家都能看得到的，为什么现在奥运会申办越来越热，越来越积极？通过亮点赛事来推动城市发展，提升城市知名度，这是不言而喻的。南京在申办成功之后，也按照这样的目标，提出要“办赛会、建城市、惠民生”，最重要的一条就是要为市民留下遗产。当然，办大赛对城市有发展，而对体育本身的发展可能会更加明显，那么建设体育名城，主要是出于体育的三大催化剂功能，即：体育作为城市建设的催化剂、作为经济增长的催化剂、作为塑造城市精神的催化剂，我想呢，体育名城的建设过程中，实际上也是促进南京的经济、文化、交流等方面多方位综合发展。

王：国际上的一些知名体育城市，往往都是和有规律的年度赛事结合在一起，对南京而言，我们办完青奥会以后，很难在十几甚至几十年内再办青奥会乃至奥运会，那么，如何在这样的赛事活动中促进体育城市的培育和发展呢?

朱：你说的这个其实非常有道理，因为建设体育名城不是一句口号，有很多实实在在的指标来支撑，其中很重要的一点，就是要能举办有国际影响力的大赛。南京从2013年开始，也注重有意识地培育大赛以及知名赛事，希望这些赛事能够逐渐成长起来。这些大赛并非一日就能办成的，上海的网球大师赛、北京的马拉松等，都有很久的历史，世界上的大赛也是如此，都要经过长时间的积淀而形成。南京在2013年积极培育了三项赛事：自行车、体育舞蹈和网球，希望通过这样的摸索，找出适合市民且市民喜欢的赛事，能够坚持长久地办下去。青奥会以后，这对我们的考验就更大了，我们借青奥会的契机，充分利用和国际各单项联合会之前的关系以及积累起来的经验，充分利用青奥会留下来的硬件资源和人才资源来继续办亮点赛事。至于究竟能办什么样的赛事，目前我们也在积极地探索之中。

王：国际奥委会非常重视奥运遗产问题。南京青奥会当初也曾提出“留下遗产、普惠于民”的办赛理念，南京曾举办过十运会、城运会等大型赛事，在一般器物层面的遗产问题上应该不会有什么问题。然而对青奥遗产，南京对此有何设想，有没有相关规划，具体的做法有哪些？

朱：南京在申办报告中就提出，将秉承可持续发展的理念，给主办城市和中国乃至亚太地区的青年人留下宝贵的体育、文化和教育遗产。按照这一承诺，南京把遗产项目自始至终地贯穿于青奥会申办和筹办工作的全过程，致力于通过青奥会的举办，一方面为今后的青奥会提供一种模式，另一方面促进青年人和主办城市的发展。

从落实遗产项目角度考虑，我们将南京青奥会遗产分为 4 大类，分别是场馆设施遗产、文化教育遗产、人才知识遗产和城市环境遗产，集中谋划 8 个重点项目：第一个是南京青奥体育公园。南京青奥公园是南京青奥会唯一新建场馆，将开展橄榄球、曲棍球、小轮车和沙滩排球四个项目的体育竞赛和训练。赛时作为比赛、训练场地，赛后将作为青奥公园，用作青少年体育训练比赛，以及全民健身场馆使用。南京奥林匹克博物馆将作为重要的青年奥林匹克运动的文化教育设施向全社会宣传和推广奥林匹克精神与价值，让更多的人了解奥运会和青奥会，弘扬奥运精神，传承奥运文化。同时，展示南京青奥会申办、筹办和举办的主要成就，传承和发扬南京青奥会的精神，开展国内外的青年奥林匹克文化交流与合作。该博物馆将于青奥会开幕前部分开馆。第二个是南京青年奥林匹克示范学校。第三个是南京青奥会知识管理。在赛后，青奥组委会将与政府有关部门一起对青奥会的知识遗产进行整理与研究。第四个是南京青奥人才队伍。通过南京青奥会，青奥组委会将在各个方面都会拥有一批从事国际综合性运动会工作、具备相关经验的优秀团队。第五个是南京青奥会志愿者。青奥会志愿者将在赛后转化为城市志愿者的一部分。通过赛后转化的过程，青奥会志愿者和志愿服务的精神将成为南京青奥会的重要遗产予以保留。还有两个分别是南京青奥会环境体系和城市影响力研究。

王：以青奥会、奥运会为代表的国际奥委会大型赛会，和其他世界单项锦标赛最大的不同，就是强调奥林匹克精神和价值理念的影响。南京在筹办过程中乃至青奥会之后，针对这些精神层面的影响或遗留，我们是如何考虑的呢?

朱：每届奥运会，大家都在考虑遗产的问题，这无外乎硬件和软件两个方面。在软件方面，由于看不见、摸不着，很难衡量，就更需要我们进一步去探讨。南京对此也进行了思考，尤其是在结合青奥会特色方面，青奥会本身就强调文化与体育的融合，青奥之后，我们除了关注体育遗产之外，更应关注文化的遗产，就像我刚才谈到的那样，重点有两个方面。其一在志愿者队伍上，通过青奥会，提炼出一种更为广泛和普适的志愿者精神。2013 年亚青会，给亚洲乃至全世界留下最深刻印象的，就是志愿者了，亚奥理事会的主席曾对我们组委会说过，南京亚青会的志愿者可以打 100 分。这是对我们志愿者的高度肯定。我们会在亚青会志愿者的基础上，针对青奥会做进一步的升华，希望在青奥会之后，对青奥精神方面有一个总的归纳和提炼。其二是对文化和教育方面的传承，这里也有两个方面，一是奥林匹克师范学校的效应是长久的，以后每年都要开展与青奥会相关的活动，二是对于国外的同心结学校，青奥会之后仍然会加强联络，我想整体的文化教育活动在后期我们要做的事情还有很多，与学校的日常活动结合起来，尽可能地使之常态化。将这些活动置身于学校，还是可以的。总之，希望能将这些遗产一代代传下去。

王：南京青奥会“激励三代人”，这绝对是一个宏大的目标，我们每个人都尽可能去努力。当初青奥会诞生不久，有人认为青奥会只不过是小孩子在玩一玩，这着实低估了体育运动在人的发展中所起的重要作用。

朱：小孩子玩一玩？可不是这么简单，这对他们的一生都可能会产生影响。我们每个人都是从小孩子走过来的，特别是在 15 ～ 18 岁之间，也许这是他第一次出国，更有可能是第一次到南京，那么这个经历对他一生将留下不可磨灭的印象，有了这个体验以后，我想他会对体育、对南京，留下终生难忘的记忆，这对他一生的成长都会起到重要作用。

王：好的，朱部长，今天的访谈您谈了很多青奥会筹办的细节、努力、愿景和展望，相信南京青奥会必定会取得圆满成功！

第五章　“旨在教育”——奥林匹克教育本位与价值观

“国际奥委会也正在努力谋求发展。我们通过讨论2020年奥运会议程，规划以诚信、可持续和青年为3个关键性因素的奥林匹克发展蓝图，议程的重点之一则是讨论如何提高教育、文化在奥林匹克运动中的地位。在很多国家，体育在教育体系中应该扮演的角色没有受到重视，体育的作用被很多教师和家长所低估，这其中就包括中国，甚至可以说，这种状况在中国更为严重。”①

托马斯·巴赫，2014年

“体育运动应当有助于教育它的实践者或组织者去培养运动员的品质。通过教育他们为克服困难去斗争，而不是遇到挫折、困难或不称心就畏缩，去培养他们的勇敢；通过教育他们懂得自我控制和秩序感的重要，去培养他们的节制；通过要求他们具有集体责任感，待人磊落坦诚，去培养他们的正义感；通过教育他们客观地、现实地与他人比较来评价自己的优点和品质，去培养他们的谦虚。离开了教育，奥林匹克主义就不可能达到其崇高的目标。”②

胡安·安东尼奥·萨马兰奇，1992年

① 见巴赫在南京体育学院接受“名誉教授”头衔时所发表的一段约20分钟演讲，2014年8月19日。

② 萨马兰奇为《奥林匹克运动》教材所作的序之一。见谢亚龙．奥林匹克研究［M］．北京：北京体育大学出版社，1994：14.

第一节 南京青奥会教育展望——世博与奥运的比较视角①

全球有两大盛会，一是以竞技比赛为核心的现代奥运会，一是以展览为形式的世界博览会。奥运会是检验体育竞技水平和综合实力的运动会，而世博会则是凸显文化交流与科技创新发展的博览会。然而奥运异化趋势加剧，世博科技之风盛行，其真正的创办初衷和价值要义往往被人们忽视。就奥运而言，每一届举办前后，都伴随着丰富的文化和教育活动，以推广和实施奥林匹克教育理念；对世博而论，展示高新技术、文化成果的同时，亦凝聚着人类卓越的智慧，以丰富的教育素材和巨大的教育价值而被推崇。可见，这两项全球范围内的顶级盛会，尽管各自的展示形式和交流内容有所不同，但在教育层面却达成一致（为表述方便，本书所涉及的奥运教育与奥林匹克教育实为同一概念）。青奥会虽然是一项新生事物，但与奥运会一脉相承，同属奥林匹克运动的活动体系范围之内，认真分析研究世博会和奥运会在青年教育上的相通相异，对我们开阔视野，办好南京青奥会，尤其在教育模式上的继承发展，以及青奥会“南京模式”的构思与完善，都具有重要意义。

基于此，本书探析世博与奥运在教育模式上的理论与实践，将南京青奥会放置于国际奥委会规定的相关原则和框架体系中，在奥林匹克教育理念的指导下，在世博和奥运教育模式的借鉴下，本着继承和发展、借鉴和创新的原则，为南京的青奥教育做出新的展望。

① 该部分内容已发表，见王成，田雨普．南京青奥会教育展望——世博与奥运的比较视角[J]．南京体育学院学报（社会科学版），2011（6）：13-16.

一、教育大众：世博会与奥运会的创办初衷和共同期待

世博会是展示各国科技、经济、文化等多领域成果的舞台，它的发展轨迹，也是各国走向现代化和国际化的一个缩影。尽管世博会在今日已日益成为体现各参展国综合实力以及主办城市和国家经济发展水平的世界窗口，但它的真正价值或核心理念，并非拉动多少GDP的增长，也非新技术、新发明，甚至各种创新独特，令人赞不绝口的展会设计，而是通过举办，达到某种理念或价值观的转变，从而促进人类发展，推动社会进步。而这个核心价值或举办宗旨，就要从历届世博会的共性中寻找，这个共性应当是教育。正如国际展览公约第一章第一条的第一句话："展览会是一种展示，无论名称如何，其宗旨均在于教育大众。[①]"国际展览局对于使用"展览会"这样的字眼持特别谨慎的态度，因为国际展览局只举办那些有益于人类或本质上具有教育意义的博览会。[②]1873年维也纳世博会的分类体系中，"教育"作为26类中的最后一大类而令人瞩目，1876年费城世博会则把"教育与科学"作为七个大类之一。到了1900年，巴黎世博会则首次将教育列为第一组。难怪上海世博会主题演绎顾问吴建中先生认为这种把教育置于突出地位的展示体系深刻反映出世博会独特的性格和价值观。[③]著名世博研究专家米勒曾说："世博会最迷人之处就在于为人类提供了精神的粮食。"世博会的价值理念决定了世博会不是一种纯粹商业性质的博览会，而是汇集全球智慧，注重多元价值交流的一场文化盛典。

---

① 季路德. 世博应该成为国民教育新契机［N］. 人民日报，2010-05-27.

② ［美］阿尔弗雷德·海勒. 文明的进程世博会的发展与思考［M］. 吴惠族，译. 上海：上海科学技术文献出版社，2003：17-18.

③ 吴建中. 世博文化解读［M］. 上海：上海大学出版社，2009：6.

发轫于古希腊竞技赛会的现代奥林匹克运动，同样以教育的神圣目标指引着自身发展。围绕每一届奥运会前后的相关周期，亦会伴随着奥林匹克教育的推广和实施。奥林匹克运动的纲领文件《奥林匹克宪章》中明确表述：“通过没有任何歧视、具有奥林匹克精神——以友谊、团结和公平的精神互相了解——的体育运动来教育青年，从而为建立一个和平而美好的世界做出贡献。”其基本原则第 2 条：“奥林匹克主义谋求体育运动与文化和教育的相结合，创造一种以奋斗为主，发挥良好榜样的教育作用，并尊重基本公德原则为基础的生活方式。①”因此，可以这么认为：奥林匹克运动肩负着世界青少年的教育使命。

世博会倡导的是“理解、沟通、欢聚、合作”的理念，所展示的各民族异彩纷呈的文化，告诉世人：和而不同、求同存异、合作共赢，是人类文明进步的不竭动力，也是和谐世界建设的坚实基础。世博会是最好的国际理解教育课堂，为青少年学生打开了一扇了解和体验世界多元文化的窗口。世博会提倡感受多元文化融合的和谐与绚丽，培养宽广的视野和开放的心胸，增强对人类未来发展命运的关注，具有国际交流、理解、合作和竞争的能力。

由此不难看出，这两项世界上的顶级盛会，其创立都是以教育为初衷，以教育青年为己任。在其百余年的发展中，世博会与奥运会时而紧密联系，时而分道扬镳，尽管现代奥运会的发展更多地走向竞技比赛和商业运作，被商业化过度笼罩的世博会与奥运会已经有所偏离教育的轨道，但教育青年的核心内涵一直没有改变，教育青年的理想要义一直没有舍弃。每一届

① 见《奥林匹克宪章》（Olympic Charter），国际奥委会官方网站给出了历年来的各个版本详情，目前最新版 2019 年 6 月 26 日生成。

奥运会和世博会的成功举办，都留下了丰富的教育遗产，成为青年教育以及东西方文化沟通与交流的舞台，让他们在各种活动中获得启迪、熏陶和受益。

二、和而不同：世博与奥运的教育比较

世博会，是一种集会，以展会的形式，展现人类的先进科学技术、先进文化和先进理念，重在激发人类的想象力和创造力，激励人们进行理念创新和技术创新，世博会的教育独特之处就在于世博本身蕴含着丰富的教育素材和巨大的教育价值；奥运会，是一种赛会，以参与竞技的方式促进青少年的身心和谐发展和对健康生活方式的关注，促进人的全面发展，进而为建立和谐社会做出贡献。两者的教育活动在具体内涵、实施路径、内容方向以及面向对象等方面仍存在区别和侧重，认真分析其异同，有助于更好地借鉴与吸收。

（一）价值内涵

160年的演变发展，世博会形成了以进步、创新和交流为主题的核心价值体系。每届世博会的主题各异，但世博会所引发的文化理念和价值观的重大创新与教育发展紧密相连，为人类的卓越智慧和无尽想象力带来了巨大的发展空间。2000年德国汉诺威世博会，虽然巨额亏损，但肇始于此的“可持续发展”原则，成为以后世界各国发展所依循的重要原则。[①] 世博专家克劳德·赛尔旺和竹田一平曾这样认为：“无论以何种方式，知识传播概念似乎都成为衡量博览会价值和举办成功与否的核心。[②]”

---

① 李云鹏. 世博会的教育期待［N］. 中国教育报，2010-05-10.

② 克劳德·赛尔旺，竹田一平. 国际级博览会影响研究［M］. 上海：上海科技文献出版社，2003：95.

奥林匹克教育源远流长，顾拜旦伯爵复兴奥林匹克运动的原因之一，就是看中了其蕴含的巨大教育价值。截止到目前，它形成了以人的全面发展和和谐相处为核心的教育原则，近年来又把人的自身发展置于非常重要的地位，重视参与体育是人的一项基本权利，体现了奥林匹克对于人本身的关注。至2008年北京奥运会，奥林匹克教育经过本土化改造，形成了旨在普及以奥运传统为核心的奥林匹克知识，传播以尊重、公平、卓越为核心的奥林匹克精神，推广以健康生活方式为核心的奥林匹克主义的激情创造活动。

因此，世博教育的核心价值可以理解为向公民传达一种科学的生活理念，以提升国民的科学素养，培养积极进取的人生态度和进步创新的价值观念；而奥林匹克教育则通过对青少年进行身体、精神等意志品质教育，以培养身心和谐发展的人，进而建立一个更加美好的社会。从这一点来说，两“会”教育通过人的发展，进而建立美好社会的理想，殊途同归。

（二）内容体系

世博会和奥运会都是以“人”为核心，旨在通过教育培养科学的生活理念和健康的生活态度，从而为建立美好世界做出贡献。从这一点来说，世博会与奥运会的教育实质精神是殊途同归，走向一致的，但是在具体的教育体系或者教育内容上却有所区别，这是由世博会和奥运会的独特性以及自身发展的特点所决定的。

世博会的精神内涵十分丰富，堪称人类科技和文化的顶级盛宴，它以展会的形式，将种种有助于人类社会发展的新理念、新技术展现出来，其实质是一个独具特色的全球性国民大讲堂，世博会强调把人类的科学理性与生活感情结合起来，这从每届世博会的主题可以得到鲜明呈现。如1958

年布鲁塞尔世博会的主题是“科学、文明和人性”，1962年西雅图世博会的主题是“太空时代的人类”，1975年冲绳世博会是“海洋——充满希望的未来”，1988年布里斯班世博会是“科技时代的休闲生活”，2000年汉诺威世博会的主题是“人类—自然—科技—发展”，2010年上海世博会则是“城市，让生活更美好”，由世博会主题演绎出的教育内涵从最早科学和技术的推崇逐渐过渡到重视生态和环境等领域，近年来又转向对人类自身发展问题的关注，体现了世博会意欲向公众传达的教育观念，即以科普教育和生态环境教育为主体内容，同时，注重人类生存环境，希冀以人本化、生态化、国际化和知识化的现代化城市发展之路来为人类的未来发展提供强有力的支撑。

早年的奥林匹克教育体系化不强，至1976年蒙特利尔奥运会以后，随着《学校系统推进奥林匹克主义计划》的实施，奥林匹克教育开始系统化。①奥林匹克教育主要由三大部分组成：关于青少年的身体和道德教育；关于国际奥林匹克运动的教育以及关于国际理解和地球环境的教育。②至于志愿者教育、环境教育、文化教育等内容则在诸如奥林匹克青年营、奥林匹克文化节等活动中得以展现和实施。

由此，尽管世博会与奥运会旨在追求人的和谐发展，从而与建立一个更加美好社会的理想不谋而合，但具体内容结构却略有不同，世博会重在传达科技文明，以提升国民科学素养和生态伦理认知，而奥运会更加注重人的自身发展（肉体和精神）以及奥林匹克运动自身的历史文化知识。

---

① 易建东. 百年奥运史［M］. 南昌：百花洲文艺出版社，2008：298.

② 耿申. 北京奥林匹克教育的国际贡献［J］. 教育研究，2009（7）：52－57.

（三）实施形式

世博会的核心是“人”，旨在培育出能接受进步思想的公民，以展会为交流平台，是商业博览会，是文化博览会。首先，注重城市精神与世博精神的互动契合。以2010年上海世博会为例，上海市积极寻找城市精神和世博精神在理念上的一致性和契合性，通过“以海纳百川而服务全国，在艰苦奋斗中追求卓越”的城市精神与“欢聚、沟通、展览、合作”的世博精神相互融会，共同支撑起“城市，让生活更美好”的上海世博会主题。其次，重视世博会主题和各项理念的演绎活动。把每届世博会主题这样一个抽象的概念，通过一系列具体而生动的实践形式，变为各种可见、可闻、可感的种种具体过程，通过多种做法来不遗余力地促进知识交流，广泛吸引观众参与，有论坛（国际大会、研讨会、讲座等），以及娱乐活动（展馆展示、音乐、各种文化体育娱乐）等。

奥运会历来以体育为主题表达形式，以相关的青年营、文教活动为辅助，共同构成奥林匹克教育的综合体系。其特点是凸显体育的文化特色，重视仪式和情境教育。1960年罗马奥运会，许多比赛被安排在举世闻名的古罗马建筑中举行，充分利用了渊源丰富的罗马历史文化遗产，参赛运动员和现场观众在这些有着悠久历史的古迹中，通过置身其中的这种无意识状态，最直接地接受了古希腊、古罗马文明的熏陶和浸染。以及赛场内外的各种颁奖仪式、火炬接力、开闭幕式等，都是通过奥林匹克运动自身独特的教化环境，将道德规范和价值观念作用于奥林匹克的直接和间接参与者，在仪式的行进过程中，潜移默化地将教育内化于受众。现实世界中，简单的说教对青少年的教育作用微乎其微，通过相关的情境教育来开眼界、长见识、讲文明、学礼仪，往往收获多，负担少。国际社会一致给予较高评价的奥林匹克教育“北京模式”包含政府承担主责、建立管理体系、组织专家团队、典型项目推进、融入教育秩序、以姊妹校交流为核心的国际理解教育（Education for International Understanding）等内容，就鲜明地体现了当今奥林匹克教育的推进方式和实践要领。

总之，世博会与奥运会在教育方式上各具特色，每一届都会诞生出独具创新意识且实效显著的新活动和新形式。世博会教育的实施形式重在各种主题演绎，涵盖内容更为宽广，以普及和传播为主，而奥运会则重在感召和渲染，强调精神洗礼。世博会通过各种主题演绎和互动契合，将其教育理念演变成一系列促进知识交流、参与性强的论坛和娱乐活动；而奥运会则开创性地发展出许多收效明显的教育活动体系，如众多已成为奥林匹克教育样板工程的教育活动模式等。

（四）受众对象

世博会的举办时间较长，上海世博会的展览时间长达半年，可以方便不同工作阶层的人群利用不同时机来参观学习，其直接参与的民众数量众多，较之奥运会则广泛得多。世博会高度注重科技和文化含量，亦是每个参展单位在文化、教育、经济、科技等综合实力的集中体现，对其教育的对象亦是以直接参与观摩、旅游的形式进行，在举办时间和游客数量上，都远远高于奥运会。如 2005 年日本爱知世博会，游客总数达到 2200 万人，而 2010 年的上海世博会，游客总数则超过 7000 万人。世博会的受众对象主要是现场观摩，而奥运会的对象则以间接参与的电视观众为主体，悉尼奥运会电视观众为 36 亿人次，雅典奥运会的电视观众接近 40 亿人次，北京奥运会现场观众约 750 人次。根据 CMS 媒介研究全国测量仪收视调查，北京奥运会期间中国电视观众收看奥运转播及相关体育报道的累计观众人数达 11.2 亿。在这一点上，奥运会或青奥会，尽管观众人次多，但直接参与的对象和辐射的范围都非常有限，如何让非直接参与的人群接受相关感召和教育，应成为今后重点思考的问题。

此外，世博会与奥运会都有一类特殊的参与人群，这类人群既是两会的直接受众对象，又为教育实施发挥一定的传承和枢纽功能，这部分人群就是志愿者。从参与人数来看，上海世博会约有 7.7 万名园区志愿者、13 万名城市志愿者，而北京奥运会则有 10 万名赛会志愿者、40 万名城市志愿者、100 万名社会志愿者以及 20 万名啦啦队志愿者，志愿者总数接近 170 万人，无论是直接服务的赛会志愿者，还是总人数，都大大超过世博会，可以看出奥运会受众无论在参与面还是覆盖范围较之世博会都要广泛得多。对志愿者而言，乐观、坚强、奉献等优秀品质将得到潜移默化的影响和体现。当然，世博会的娱乐大众、轻松愉快的本质可以使其更好地被各年龄层次的大众所接受，而奥运会则只能以观赛的形式间接参与，至于更为精细的划分，如年龄、职业等标准，本书不做继续讨论。

世博会的教育对象以直接参与观摩、旅游的形式进行，而奥运会更多的以观赛（现场和转播）、学习等间接形式参与，人数差别较大，但在志愿者人数上，奥运会要远超世博会。

三、2014 年南京青奥会的教育探讨

青奥会，首先是一场青年人的交流盛会，它的教育因素所占比例更大，而且参与者和关注者的年龄层次更低，主要面向可塑性和创造性更强的青少年人群，因此，其教育的实施也更为独特，值得进一步深入研究。

（一）明确办会目标，重视青奥主题和城市文化的契合演绎

办世博，重成果交流；办奥运，促竞技提升，那么办青奥，目标何在？在承办过程中如何才能办出特色？办出水平？既不能办成一届大型的“十运会”，也不能办成一届小型的“奥运会”，在新加坡首届青奥会的基础上继承和发展，其关键在于两点：其一，明确办会目标。能在办会中集中体现交流、教育、创新、发展等主题，要用办会目标来指导具体实践。南京青奥会的办会目标可以从以下两个层次来理解：首先传承奥运精神，促进青年教育，其次展现中国特点、南京特色，带动城市发展。要办一届世界青年体育文化盛会，同时，展现人文绿都和智慧南京，在此基础上，带动南京实现新的发展跨越，两者关系不可本末倒置。其二，多样化的办会方式。在国际奥委会许可的范围内，融入南京的创意和设计。“开明开放、诚朴诚信、博爱博雅、创业创新”的南京城市精神与“尊重、卓越、友谊”的奥林匹克价值观，在寻找契合点的基础上，重点做好“与青奥共成长”的主题演绎活动，可借鉴世博的相关经验，在各种论坛、对话、研讨、聚会以及展览上进行活动的整合与调整，这些活动不是一场短暂的秀，而是一切与青少年日常生活紧密相关的主题教育和主题体验活动。

青奥会是一场推广奥林匹克核心价值观（尊重、卓越与友谊）的体育盛会。由于是以青奥比赛为主体，理应辩证地考虑和处理相关问题，如项目竞赛和文教活动的地位问题，创造成绩和赛场氛围的环境问题，以及媒体报道和舆论导向的引导问题等。

（二）提升主体意识，围绕参与体验和互动交流的理念设计

南京青奥会的口号是“与青奥共成长”，英文翻译为“Olympic for youth，Olympic by youth”，for 表示目的，by 表示手段和主体，青奥会的

主体是青年，而它的主办者和承办者都是以参与者的身份来为青年服务，青年才是青奥会的核心主题，他们用自己的亲身行动进一步丰富和发展青奥会的各种内涵、要义。因此，在各种青奥教育中，青年并不是被动地接受和观摩，而是主动地参与和创造，如能提高青少年在青奥会活动的主人翁意识，让其积极主动地投入相关文教活动，甚至进行开发和创意，则效果要比单纯接受和被动参与要显著得多，因此提升相关青少年群体的主体意识就成为青奥教育中一个重点研究和思考的方向。

南京青奥会在筹办和举办的每一个重要瞬间，包括重大节点事件等，都是精彩的德育教材，我们应当抓住这样的机会，适当加以设计，开发出融知识学习和情感体验为一体的文化和教育活动内容。学会理解、沟通、合作，是青少年健全人格的基础，也是未来合格公民不可或缺的素养。世博会和奥运会都强调亲身参与，互动体验，青奥会也不例外。文化与教育活动应主要围绕参与赛事、互动交流、分享经验和体验文化这四条主线展开。其中，参与赛事和互动交流是行动平台，而分享经验和体验文化则是更高层次的目标愿景。在实施的过程中，要注意活动的反馈，加强项目的评估研究，以掌控参与效果，及时调整改进。此外，还应注意新媒体利用问题，新媒体的过度渲染和使用会导致传统文化载体的漠然和消退，也会滋生一些网络上瘾等不良习惯，应做好“度”的把握。

（三）开阔教育视野，发挥情境教育和创意教育的独特作用

国际奥委会确定的青奥会“文化与教育计划”有五大主题：奥林匹克主义、技能发展、幸福与健康的生活方式、社会责任、表达。这些相关主题的演绎活动不仅需要组织者具备丰富的实践操作经验和国际化视野，亦需在活动项目上与国内外积极合作，寻找契机，进一步开阔视野，不能局

限于书本和简单说教，世博会与奥运会的情境教育和创意教育为我们提供了诸多思路，从中应能得到更多的启发和借鉴。

首先，文本书籍上自己编写与国外引进相结合。希望引进更多国际奥委会已有的奥林匹克教育书籍，纳入中国中小学教育知识读本或者日常课程中，以拓展中国青少年的奥林匹克视野，增加青少年对奥林匹克知识的了解，提高他们对奥林匹克事业的关注度和热情。

其次，项目推广上自己筹办和跨界合作相结合。希望能够承办国际奥委会文化和奥林匹克教育委员会的文化项目，开展更多的国内外合作，跨领域合作，借此来传播奥林匹克精神，加强中国青少年与国际同龄人的文化联络，推动国际青少年奥林匹克事业的发展。“同心结”“一校一国”“国际理解教育”等成熟的样板模式可以进一步借鉴、发展，相关的体育文化庆典，教育界也应当尽可能地开放，吸纳相关民间教育机构，合力以一种更加开放的姿态融入青奥会的筹办中。

（四）重视教育延续，做好不同会期和奥林匹克的组织衔接

北京奥运会结束以后，人们对奥运的研究热情明显减退，后奥运的提法尽管屡见不鲜，但相关研究明显不足，上海世博会也面临同样问题。奥林匹克主义是一种生活哲学，适应于任何年龄层次的受众群体，且具有持续性和指导性。我们应该在筹办中认真谋划后青奥的布局规划，能够让南京青奥会的教育遗产得以有效保护，留存开发，最大限度地将举办青奥会带来的无形资源转化为推动经济社会发展的现实优势。应考虑将奥林匹克教育和日常教育有机地衔接起来，以形成持续的长久效应。

青年教育的主题是当今世界的一个潮流，“文化与教育计划”是一项长期而艰巨的任务。南京青奥会应在会前、会中和会后的不同阶段，实施不同的活动内容，共同为青年教育服务。会前的准备是奠定基础，营造氛围。继

续推广和实施各种和各国奥委会间的互动活动，部分全民健身系列应固定下来，形成传统。会中的定位是青年集聚，盛会联欢。可参考我国民运会的范例，在报呈国际奥委会许可的条件下，赛中休赛一天，举办青年狂欢节（世界大联欢），集中展示各国传统文化。会后的目标是延续推广，持续影响。青年奥林匹克主题公园、青奥博物馆等可作为各大中小学的奥林匹克教育基地（永久体育遗产）；通过改组青奥会官方网站等形式延续和推广青奥文化。

此外，我们还应该以更为长远的目光来看待教育实施潜移默化的影响和改变，不能只看形式，流于短期效果。在志愿者招募和培训上及早行动，认真思考如何通过志愿者活动，来弘扬奥林匹克精神，推广奥林匹克价值观，以让更多的青年体验青奥的文化感召。

聚焦“体育发展”和“青年发展”的青奥会比世博会和奥运会更为重视教育理念的推广和实施，因此，南京青奥会的教育拓展空间更大，任务更为艰巨。我们应该继续深入研究青奥会的相关理论和实践，根据具有样板作用的各届奥运会与世博会的教育经典案例，认真分析青奥会和奥运会、世博会乃至大运会等赛会间的通异之处，在精心谋划办赛模式和文教活动的同时，本着“办青奥、为青年；促发展、留遗产”的理念，把出发点和落脚点回归到青年教育上来。北京奥运会和上海世博会已定格为人们记忆中的“辉煌”，南京青奥会的教育遗产如何发挥长久影响，我们拭目以待。青奥教育绝非局限于12天的赛会举办，奥林匹克主义的灵魂和实质是人的发展，只有围绕“人”而展开筹办实践，才能办一届“留下遗产、普惠于民”的青年盛会。

第二节　奥林匹克价值观的本土贡献及其认知纠偏[①]

传播并推广奥林匹克价值观，是国际奥委会的一项重要历史使命，也是当代奥林匹克运动发展追求普适性的重要体现。中国社会先后经历了2008年北京奥运会、2014年南京青奥会等一系列国际奥委会主办活动的赛会实践，也即将面临并接受2022年冬奥会的洗礼与检验，从赛事承办的角度看可谓积累了丰富的奥林匹克运动实践经验，更是赢得了北京奥运会“无与伦比（truly exceptional）”（罗格语）和南京青奥会“完美无缺（perfectly flawless）”（巴赫语）的承办评语。但是，我们也必须冷静地意识到，好评如潮的背后一定有艰辛和不易，再完美的赛事组织也存在不足和有待提升之处。运动员学训矛盾突出、社会对体育的认知落后以及体育的教育价值和教育作用被低估等问题一直未能得到有效解决，势必会在相当程度上影响并制约中国加快推进体育强国建设的进程。在广泛参与当代奥林匹克运动的现实背景下，是否真正理解并认同国际奥委会推广的奥林匹克核心价值观，本土实践对奥林匹克价值观做出何种创新与贡献，是否存在奥林匹克价值理念的误读与曲解，在中国体育健康可持续发展的历史新时期有必要对这些问题做出回应和思考。

对此，本书基于文献资料调研，以中国知网（CNKI）全文数据库为源，通过“奥林匹克运动”“奥林匹克价值观”“价值观教育”“奥运遗产”“奥运会”“北京奥运会”等关键词，检索近二十年来发表或出版的相关核心期刊论文和硕博学位论文；通过国际奥委会官方网站数据库（https:

---

① 该部分内容已发表，见尤传豹、王成．奥林匹克价值观的本土贡献及其认知纠偏［J］．北京体育大学学报，2019（9）：73-80.

//www.olympic.org/）， 以“Olympic values”“Olympic Charter”“Olympic Agenda 2020”为关键词检索相关电子公告和报告记录等。在研读和分析上述文献资料和政策文本的基础上，对奥林匹克价值观的概念生成和体系演变进行历时性梳理，结合中国体育参与奥林匹克实践的经验性资料，对奥林匹克价值观的本土改造与贡献进行互动式提炼，进而辨析奥林匹克价值观的概念认知和术语理解。

一、奥林匹克价值观：概念生成与体系演变

1894 年 6 月 16 日—24 日，来自 12 个国家的 79 名代表参加的国际体育运动代表大会在巴黎索邦神学院召开，被称为现代奥林匹克创始人的法国人皮埃尔·德·顾拜旦主持撰写了第一部《奥林匹克宪章》（Olympic Charter）。①《奥林匹克宪章》集中反映了顾拜旦本人和创立者们的奥林匹克思想，此后伴随着时代发展和社会进步，现代奥林匹克运动的价值观念逐步酝酿形成，奥林匹克运动的价值体系也逐渐形成。

一百多年来，奥林匹克运动经历争议与磨炼，在曲折中发展壮大。它以人类自我、社会和自然的和谐发展为价值追求，赢得了全人类的理解和支持。奥林匹克运动的价值理念也在不断发展与完善中影响着一代又一代青少年，在一定程度上影响了人类的共同价值取向。今天，奥林匹克的价值已经形成了系统的奥林匹克价值观体系，成为奥林匹克运动的品牌文化标识。奥林匹克价值观也在顾拜旦等人的影响下，吸收最新的社会文化思潮，在时

① The IOC. *Olympic Charter*［R/OL］.［2019-01-30］. https://stillmed.olympic.org/media/Document%20Library/OlympicOrg/Olympic-Studies-Centre/List-of-Resources/Official-Publications/Olympic-Charters/2015-Olympic-Charter.pdf#_ga=2.129149391.252323856.1549887055-103244758.1549614298.

代的进步中不断完善、发展。国际奥委会为了更好地推广奥林匹克运动，在奥林匹克精神、奥林匹克理想、奥林匹克宗旨等表述的基础上，进行凝练和提升，以奥林匹克价值观的形式予以了重新界定，以便于更好地记忆和传播。特别是在雅克·罗格（Jacques Rogge）就任国际奥委会主席之后，创造性地提出了简洁明了又不失深刻含蓄的当代奥林匹克核心价值观表述——卓越（Excellence）、友谊（Friendship）、尊重（Respect）。这种简明深刻的表述方式在一定程度上将原有的诸如奥林匹克价值、奥林匹克宗旨、奥林匹克精神等术语和概念进行整合，为奥林匹克运动价值观的有效传播提供了便利。

同时，国际奥委会分别在《奥林匹克价值观教育方案》①（*Olympic Values Education Programme*）、《奥林匹克价值观教育原理》②（*The Fundamentals of Olympic Values Education*）等官方文本中以及《青奥会DNA》（*YOG' s DNA*）等推介视频中对奥林匹克核心价值观的内容构成进行介绍，以期进一步阐释并推广奥林匹克价值观。奥林匹克核心价值观的提出与阐释，是对传统奥林匹克价值观念的集成、对奥林匹克运动现实困境的反思，也是对奥林匹克价值体系非难的回应。③从上述阐释文本可以看出，基于整合传统价值观念基础上而提出的奥林匹克核心价值观，不仅在伦理意义上保留经典的阐述，而且注重与奥林匹克主义、奥林匹克原

---

① The IOC. *Olympic Values Education Programme* [R/OL]. [2019-01-30] .https：//stillmed.olympic.org/media/Document%20Library/2015/08/12/19/07/20/Olympic-Values-Education-Programme.pdf#_ga=2.58240233.252323856.1549887055-103244758.1549614298.

② The IOC. *The Fundamentals of Olympic Values Education* [R/OL]. [2019-01-30]. https：//stillmed.olympic.org/media/Document%20Library/OlympicOrg/Documents/OVEP/Fundamentals-Olympic-Values-Education/English/1539_OVEP_Fundamentals_ENG_3a_AW.pdf#_ga=2.137511411.252323856.1549887055-103244758.1549614298.

③ 王润斌. 当代奥林匹克核心价值观的多维审视[J]. 武汉体育学院学报，2015（2）：5-11.

则等原有哲学体系的融洽，从多个层次和维度进行集中阐释，亦体现出奥林匹克运动不断演变、与时代共发展的趋势。从国际奥委会官方制作的"最新的奥林匹克品牌平台架构图（见图 5–1）"可见，国际奥委会在传播奥林匹克价值理念、基本原则以及思想体系过程中，特别强调对奥林匹克主义、奥林匹克愿景、奥林匹克使命、奥林匹克价值观和奥林匹克工作原则的相互衔接以及层次演进。

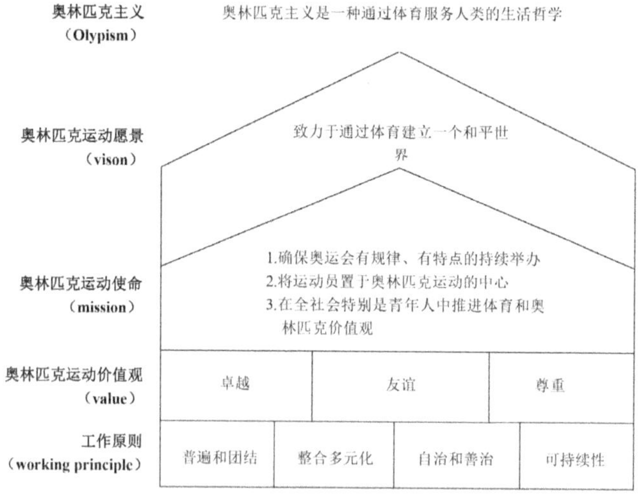

图 5–1 奥林匹克理念和品牌传播框架

注：该图转译自易剑东教授《冬奥会背景下中国奥林匹克认知偏误及其辨析》文中图，原图系 2015 年国际奥委会向参会报道的记者分发的内部资料。

托马斯·巴赫（Thomas Bach）就任国际奥委会主席之后，在国际奥委会第 127 次全会上，通过出台《奥林匹克 2020 议程》[①]（*Olympic Agenda* 2020）。该议程文本进一步发展了奥林匹克价值体系。巴赫说："我

① The IOC. *Olympic Agenda 2020* [R/OL]. [2019–01–30] https：//stillmed.olympic.org/media/Document%20Library/OlympicOrg/Documents/Olympic–Agenda–2020/Olympic–Agenda–2020–127th–IOC–Session–Presentation.pdf.

们需要改革，因为今天的体育在社会中太重要，使得我们不能忽略社会的其他领域。我们不是生活在一个孤岛上，我们生活在一个现代的、多元的、数字化的社会。假如我们要继续使体育服务于社会，这也是我们奥林匹克原则的一部分，我们就必须融入社会。如果我们想让奥林匹克主义的价值观——卓越（Excellence）、友谊（Friendship）、尊重（Respect）、对话（Dialogue）、多元（Diversity）、非歧视（Non-Discrimination）、宽容（Tolerance）、公平竞争（Fair-play）、团结（Solidarity）、发展（Development）与和平（Peace）的价值观对社会发挥作用，现在就是改革的时机。[①]”议程中不少条款指向树立“干净的运动员”和“干净的奥林匹克运动”形象，以期重拾社会对奥林匹克运动的信心和勇气，推进奥林匹克运动长久、可持续发展。因此“以运动员为中心、可持续发展”也成为奥林匹克运动所遵循的重要原则之一。

二、中国实践：奥林匹克价值观的本土改造与贡献

东西方体育运行机制和生成背景有着巨大的文化差异，东西方体育无论组织架构还是活动形式都呈现出明显的不同。这种不同和差异，与其看成是工业文明和农业文明之间的比较，不如将之视为东西方体育文化交融互通的转折契机和沟通平台。从 2008 年北京奥运会到 2014 年南京青奥会，奥林匹克运动的中国实践业已证明，有着悠久历史和文化传统的中华文明正在为新时期奥林匹克运动可持续发展贡献力量，而奥林匹克运动也可从

---

① The IOC. *Speech on the occasion of the Opening Ceremony 127th IOC Session* [R/OL]. [2014-11-7].http://www.olympic.org/Documents/IOC_Executive_Boards_and_Sessions/IOC_Sessions/127_Session_Monaco_2014/127th_IOC_Session_Speech_Opening_Ceremony_President_Bach-English.pdf.

东方文明中汲取智慧，正所谓“流水不腐，户枢不蠹；凡益之道，与时皆行；千举万变，其道一也；坚守变通，奥运长青[①]”。中国体育在吸收奥林匹克运动文化精髓的过程中与之产生了良性互动，形成了某种程度上的契合并产生了新质。这种新质既有助于加深对中国体育传统价值观的理解认知，也有助于对西方体育拼搏进取、彰显个性等理念的正向学习和有效继承。更为重要的是，这种契合和新质在某种程度上又进一步诠释、丰富并完善了奥林匹克价值体系。

（一）身心一统、均衡发展的“教育观”和“人文观”

不同于一般的体育比赛和运动竞技，奥林匹克主义赋予奥林匹克运动极强的教育价值和文化价值，从而使这一运动有了坚实的思想基础和长期的奋斗目标。《奥林匹克宪章》明确指出：“奥林匹克主义是将身、心和精神方面的各种品质均衡地结合起来，并使之得到提高的一种人生哲学。它将体育运动与文化和教育融为一体。奥林匹克主义所要建立的生活方式是以奋斗中所体验到的乐趣、优秀榜样的教育价值和对一般伦理基本原则的推崇为基础的。[②]”身心一统、均衡发展的理念作为奥林匹克主义最核心的哲学表述，强调通过体育实现身体、精神、意志等素质均衡发展的人生目标，是奥林匹克运动教育思想的核心呈现，体现了对人的尊重。

“教育是一种养育、培养的过程。说到底，教育是关于人的科学，必须深刻地体现人文精神。[③]”从这个意义上而言，教育观亦是一种人文观。

---

① 孙葆丽．东方智慧与奥林匹克运动改革［J］．体育文化导刊，2010（3）：127-130.

② International Olympic Committee. *WHAT IS OLYMPISM?*［EB/OL］.［2016-03-06］.http：//www.olympic.org/olympism-in-action.

③ 王凤云．后现代的渗透与人文教育观［J］．国际关系学院学报，2004（1）：61-64.

奥林匹克运动的中国实践创造性地贡献出中国智慧，在奥林匹克教育活动中拓展了发展中国家办赛的教育实践。2008 年北京奥运会组织并实施了“同心结”姊妹校交流活动，北京羊坊店中心小学的“模拟奥运会”改变了中小学运动的传统模式，奥林匹克教育的“北京模式”得到国际奥委会的认可与肯定。2014 年南京青奥会通过四个篇章、五大主题、六大系列、二十类项目，开展近 5000 场奥林匹克文化与教育活动，204 个国家与地区的 3700 多名运动员们参与其中，120 万左右人次参与。[①] 从赛场内拓展至赛场外，中国的办赛实践生动地诠释了“将运动员置于奥林匹克运动的中心”这一奥林匹克运动的重要使命。注重人的身、心、精神的均衡发展，培养完整的人。虽然教育学在中国作为一门独立学科的时间并不长，但中国的教育实践丰富，教育哲学思想源远流长。今天，一些广为人知的教育理念如“最优化教学”“自然主义教育观”“人本教育”“素质教育”“通识教育”等，大都可以从中国古代先秦诸子百家中找到理论与实践的雏形。这些历时久远却影响至今的教育思想，仍在给当代的教育教学带来诸多的深刻启示，仍在影响着一代又一代教育学人的理论和实践。

（二）追求卓越、恪守理性的“进取观”与“胜负观”

青少年是社会群体中行动最敏捷、思想最活跃、可塑性和模仿性极强的人群。他们羡慕英雄、崇拜英雄、模仿英雄并且渴望成为英雄。奥林匹克运动适时地抓住这一点，聚焦青少年，在该群体中开展优秀榜样的示范作用，通过优秀运动员的鲜活案例试图给全世界的青少年提供奥林匹克选手的榜样价值。赛场内，这些同龄人中的佼佼者，不断努力、顽强拼搏，

---

① 姚东明．青奥会被赞成功诠释文化教育与体育并重理念．中国网体育频道［EB/OL］．［2019-01-30］. http://www. china. com. cn/sports/nanjing2014/2014-08/28/content_33363374. htm.

通过敏捷的身手和睿智的大脑，在比赛中获取胜利；赛场外，他们关怀社会，正义发声，同样也是广大青少年模仿的偶像。拼搏进取、追求卓越是对人本质的弘扬和价值的升华。但是，拼搏进取、追求卓越绝不等于追名逐利，而是提倡在智慧和奋斗的基础上，端正积极的生活态度。中国传统文化中提倡“和合”与“不争”，有人认为这是淡化“竞争意识”，实际上这是一种误读和曲解。“天行健，君子以自强不息；地势坤，君子以厚德载物”“驽马十驾，功在不舍”等名言警句都体现出中国人一贯强调的进取精神。一百多年来，奥运赛场上英雄辈出，涌现出无数的优秀运动员，他们通过自身的经历，诠释了追求卓越、恪守理性的体育价值观，不仅在赛场内，更是在赛场外和人生场中谱写了一篇又一篇振兴中华的雄伟篇章。

当前，中国特色社会主义进入新时代，如果我们以发展的眼光审视并汲取奥林匹克价值观精华之处，其反映的恰恰是市场经济发展进程中个体理性向集体理性的演进，如“和平共处、求同存异、公平竞争、和谐发展、超越自我[①]”。追求卓越，强调尊重对手和伙伴，彰显优秀榜样的教育价值，在“更快、更高、更强”的状态下弘扬“参与比取胜更重要”的价值诉求。中国传统俗语中有“不以成败论英雄”“胜不骄、败不馁”的名言名句，正是对“更快、更高、更强”的有益补充，也是对“参与比取胜更重要”的另一种诠释和补充。强调集体至上，为国争光，激励运动员不断超越自己，争取优异成绩的同时，更提倡的是一种成不骄败不馁、赢得起更输得起的精神。总之，追求卓越、恪守理性的“进取观”和“胜负观”更加符合奥林匹克运动的价值追求，秉持个人利益和集体利益相兼顾的价值取向，

① 王晓林. 奥林匹克价值观的经济伦理学解读：在公平竞争中和谐发展［J］. 经济问题探索，2008（8）：13-16，27.

注重人本，在新的历史时期必将进一步增强民族凝聚力和向心力。

（三）绿色人文、可持续发展的“环境观”和“生态观”

20 世纪 60 年代前后，受当时国际环境影响和城市现状制约，各届奥运会承办方都追求大型化和现代化的体育场馆建设，相当程度上忽视环境和生态。环境破坏严重，承办开支飙升，也直接影响了奥林匹克运动的自身发展。80 年代后，国际奥委会和承办城市开始重视环境保护和生态问题。1999 年，奥林匹克环境保护方面的纲领性文件——《奥林匹克运动 21 世纪议程》[①]（*Olympic Movement's Agenda* 21）出台，促进可持续发展成为奥林匹克运动的根本目标之一。此后，各届奥运会都在绿色和生态方面力争有所作为，以谋求奥林匹克运动的可持续发展。2000 年悉尼奥运会、2008 年北京奥运会都是以绿色奥运为特色。第八任国际奥委会主席雅克·罗格以求新、求变、求发展的精神，针对奥林匹克运动的现存问题，在“更快、更高、更强”的基础上提出了“更干净、更人性、更团结”的新格言（口号），从而使奥林匹克运动在传统生物观发展的基础上更具人文色彩，更加突出“以人为本”的价值理念，也更契合奥林匹克运动的发展。

事实上，从《奥林匹克运动 21 世纪议程》到《奥林匹克 2020 议程》，追求可持续发展一直是奥林匹克运动的重要主题。2008 年北京奥运会提出的“人文奥运”“绿色奥运”和“科技奥运”的理念，正是对当代奥林匹克价值观的贡献与创新。绿色生态、和谐发展、以人为本，将可持续发展的理念贯穿于整个筹办、举办及赛后利用的过程中，也更加契合当代奥林

---

① The IOC. *Olympic Movement's Agenda 21* [R/OL]. [2019-01-30]. https://stillmed.olympic.org/Documents/Reports/EN/en_report_300.pdf.

匹克运动发展的新理念和新趋势。2014 年南京青奥会在“分享青春，共筑未来”的口号指导下，秉持“绿色、节俭、可持续”的办赛理念，将青奥会筹办与绿色、低碳、智慧城市建设相结合。例如，在 2016 年和 2017 年分别作为世界速度轮滑锦标赛和世界全项目轮滑锦标赛的比赛场地的“南京青奥会体育实验室”，现已被升级改造成国家滑板训练基地，并于 2018 年 10 月成功举办首届世界滑板（碗池）锦标赛，受到世界轮联及国家体育总局等各方面高度评价。作为国家滑板集训队的室外训练场，该场地将为中国代表队备战 2020 年东京奥运会继续发挥重要作用；南京青奥体育公园已成为青少年体育培训基地和承办国际大赛及国内职业联赛的主赛场；南京奥林匹克博物馆长年开放，已累计接待 41 万人次。[①] 场馆设施可持续利用，奥林匹克精神传承得到国际奥委会肯定。通过体育服务人类，通过体育建立一个和平世界，通过体育实现人与自然、社会的和谐发展，提倡绿色生态，注重以人为本，追求可持续发展，中国的承办实践以独有的生态伦理和环境思想与奥林匹克价值观产生了共鸣。

（四）取用于民、全民共享的“遗产观”和“发展观”

作为全人类共享的节日庆典和文化赛事，以奥运会等赛事活动体系为重要内容的奥林匹克运动日益关注赛会的长久发展和后续影响问题。而奥运遗产问题历来受到国际奥委会的关注和重视。2003 年，遗产问题被正式列入《奥林匹克宪章》，国际奥委会对奥运遗产的重视与关注可谓被提到列一个前所未有的高度。从国际奥委会在 2013 年颁布的《奥运遗

---

① 朱彦．受邀赴阿根廷参加奥林匹克运动论坛“南京经验”获国际奥委会充分肯定［N］．南京日报，2018-11-15.

产》[①]（*Olympic Legacy*）到2015年的《奥运会：遗产和影响》[②]（*Olympic Games: Legacies and impacts 2015*）再到2018年的《遗产战略方针》[③]（*Legacy Strategic Approach*），可以看出国际奥委会对奥运遗产概念体系和属性特征的认知也经历了一个逐步深入的过程。奥林匹克运动的中国实践体现出发展中国家依靠政府与社会的有效联合，确保奥运会赛事能够有规律、有特色地持久举办，从而使奥林匹克运动和奥运会承办城市与地区在全球范围内形成良性互动、有机循环。事实上，这样的努力亦符合奥林匹克运动在推广其核心价值观过程中的三大使命之一。

2008年北京奥运会前后，学术界对其遗产问题展开了多维度的探讨和研究，从有形到无形，从物质到非物质，从总体影响到遗产类型，形成了一系列丰富的成果，拓展了遗产研究的广度和类别。从另一角度看，北京奥运会成功举办后，其持久的后续影响正潜移默化地影响着民众的体育认知和态度，进而为一个“负责任、有担当”的体育大国和强国形象建构可能的实现路径。奥林匹克运动主要利益相关者通过建构奥运遗产的“灵活性”“广泛性”“持久性”属性，拓展了奥运遗产愿景的时空维度，丰富

---

① The IOC. *Olympic Legacy* [R/OL]. [2019-01-30]. https://www.stillmed.olympic.org/media/Document% 20Libary/OlympicOrg/Documents/Olympic-Legacy/Olympic-Legacy-Brochure.pdf.

② The IOC. *Olympic Games: Legacies and impacts 2015* [EB/OL]. [2019-01-30]. https://stillmed.olympic.org/media/Document%20Library/OlympicOrg/Documents/Olympic-Legacy/Olympic-Games-Legacy-and-Impacts-Bibliography.pdf#_ga=2.233007581.252323856.1549887055-103244758.1549614298.

③ The IOC. *Legacy strategic approach moving forward* [R/OL]. [2019-01-30]. https://www.olympic.org/-/media/Document%20Library/OlympicOrg/Documents/Olympic-Legacy/IOC_Legacy_Strategy_Full_version.pdf?la=en&hash=0BCD9D4723539CDC8495FE1AE6AC562BCBDAF316.

了奥运遗产愿景在内容和对象等层面的多样性。[①]2014 年南京青奥会更是明确提出了“留下遗产，普惠于民”的遗产理念，在场馆利用、设施改造、办赛模式、文教活动、市政建设以及遗产规划等方面进行了创造性努力，得到了国际奥委会和相关人士的认可。取用于民，全民共享，奥林匹克运动属于全人类，而人类社会中的每一个个体也在为奥林匹克运动的发展贡献独特的力量和智慧。

三、对奥林匹克价值观的误读及其认知纠偏

从奥林匹克的核心价值观阐述中可以看出，奥林匹克运动充满了辩证的哲学思想。强调竞争，但同样鼓励参与；强调运动员只代表个人参加比赛，但弘扬集体主义的荣誉感；强调竞技成绩的最大化，但同样注重提倡优秀榜样的教育价值，通过运动员榜样进行价值观的传播和普及；等等。在参与奥林匹克运动的历史进程中，通过中国实践和中国体验在一定程度上丰富并完善了奥林匹克价值观体系，但是一定时期内和某种程度上对奥林匹克主义等概念和要素缺乏深入细致的甄别与研究，在赛事的申办、承办等环节，亦没有真正理解国际奥委会和奥林匹克运动的初衷。这些经验和教训在筹办 2022 年北京冬奥会时更应引起注意和反思。

其一，奥林匹克运动既有广为熟知的“更快、更高、更强”的奥林匹克格言，也有“参与比取胜更重要”这句奥林匹克运动广为流传的名言。这两句格言口号看似矛盾，实则内在统一，拼搏者，追求极限，永无止境，挑战之，超越之；奋斗者，彰显品质，态度真诚，甘于奉献，一路向前。

---

① 胡孝乾. 国际奥委会《遗产战略方针》框架下的奥运遗产愿景与治理［J］. 上海体育学院学报，2019（1）：36–42.

对理想的追求，远胜于金牌和名次。究竟是“重在参与”还是“获取胜利”，对此顾拜旦有言：“为了吸引100个人参加体育锻炼，必须有50个人从事体育运动；为吸引50个人从事体育运动，必须有20个人接受专门训练；为吸引20个人接受专门训练，必须有5个人具备创造非凡成绩的能力。[①]”这段话诠释了大众和精英的辩证关系。中国体育在一段时期内通过“非对称性”的项目竞争，依靠“举国体制”的优势，在奥运会奖牌榜和金牌榜上一路高歌猛进，但是缺乏群众运动基础，不能适应未来市场生存的“冷门”和“偏门”运动项目，如何有效发展，是我们必须认真对待的问题。

有一种体育现象值得注意，因为这种现象具有很强的迷惑性，人们习以为常却很少思考其话语背后的运行逻辑。这就是面对竞争对手和伙伴，我们创造性地提出了“友谊第一，比赛第二”的方针和口号。中国是礼仪之邦，在相当长一段时期内，这句口号成为中国运动员参赛竞争的指挥棒和心理调适剂。不可否认，“友谊第一，比赛第二”的方针和口号有其政治上的地位和意义，在特殊的历史时期甚至发挥了巨大的政治作用。但是，如果认为“友谊第一，比赛第二”是奥运精神的中国特色版本，则是对奥林匹克价值观的想当然转换。奥林匹克价值观里提及的“友谊”是建立在追求卓越和尊重比赛的基础上，没有全力以赴，何谈尊重对手和比赛？光明正大获胜远比虚情假意表演更能获得友谊和尊重。因此，参与国际体育事务，在奥林匹克运动的平台上寻求合作与发展，务必真正理解奥林匹克价值观的真实意涵。

其二，对奥林匹克理念和精神的误读与曲解。与上文论及的“只知（或重视）‘更快、更高、更强’而不知（或漠视）‘参与比取胜更重要’”的认知相对应，近年来，随着中国社会对体育产业不断重视和国内赛事申

---

① 任海. 奥林匹克“重在参与”［EB/OL］. http://2008. qq. com/a/20071229/000135. htm.

办热空前高涨，国内不少城市对综合型赛事的申办、承办、引进表现出极大热情。在此过程中，将“更快、更高、更强”的理念强行对标于城市建设的“摧枯拉朽”，盲目引进体育赛事以期实现城市转型和发展。但是，这种理念和做法不仅危险，而且极有可能给体育和城市发展带来灾难性后果。毕竟，“过度强调体育这种刚性化的文化事项，仍有可能伤害到城市优雅性柔性品质的内涵，影响到优雅型文化基因的发育和成长[①]”。近乎狂热的赛事申办和筹办除带来业绩赶超、除带来一闪而过的热闹和关注以及大量维护成本高、赛后利用率低的大型场馆设施外，对民众的体育态度与认知、市民健身与休闲空间等方面并没有产生预期深刻的影响，城市的文化软实力和竞争力在一定程度上也并没有因为这些刚性的体育文化事项而实现预期提升。换言之，注重刚性体育禀赋并非借体育实现城市提升的唯一路径。上海、香港和纽约这三座迄今并没有举办过奥运会的世界级大都市，谁都不会否认其城市文化多元，城市元素丰富，城市机理健康，上海的 F1 方程式、网球大师杯，香港渣打国际马拉松赛、女排超霸杯，纽约的帝国大厦登梯赛、美网公开赛等，较之于其他大型赛会同样拥有较高知名度。申办赛事是否继续集中在大型综合性运动会上？如何审慎对待大型运动赛会的潜在（负面）影响？这些议题都值得深思。

其三，狭隘的竞争观。奥林匹克运动提倡的竞争精神至少包含以下几种要素：广泛参与、追求卓越、树立榜样、公平竞争。我们在参与奥林匹克运动会的过程中，是否将目标仅仅局限在“争金夺银”上？是否为了达到这样的目的而刻意做出一些有违奥林匹克价值观的举动？基于个别项目既定规则而出现的消极比赛是否应当提倡？奥林匹克价值理念中处处充满

---

① 路云亭. 重估中国体育文化传播的文化价值［M］. 上海：复旦大学出版社，2013：139.

辩证的哲学思想，对抗与协作，竞争与合作，取胜与参与，等等。只见“竞争”而罔顾其他，视获胜为唯一和最终目的，这种偏执、狭隘的竞争观有违当代奥林匹克发展的价值取向。何振梁曾谈到对尊重的理解和阐释，“尊重意味着在赛场中遵守规则、纪律、道德，尊重竞争对手和尊重观众。它也意味着在本国和国际社会活动中尊重所有人和所有国家的平等权利[①]”。奥林匹克的核心价值观中“尊重”被赋予重要意义，在加快推进体育强国建设的进程中，要在秉持奥林匹克价值观的基础上有所作为，才能真正赢得国际社会和体育界的认可。

其四，在部分奥林匹克术语的使用上，我们应该积极对标奥林匹克官方文本，力求规范、准确。国际奥委会的官方语言为法文和英文，对应到中文，我们可以有中国智慧，但不能凭空臆造和任意想象。例如，“Olympism”翻译成汉语“奥林匹克主义”，虽然在学术中已经有大量探讨和研究，但是在官方文件中，始终避而不谈。取而代之的是创造性地提出具有“中国特色”的术语表达，如“奥运精神”“奥林匹克精神”等。上文论及的“友谊第一，比赛第二”亦是这种转换性思维的表现之一。但是，从《奥林匹克宪章》有关“奥林匹克主义”一词的话语表述中可以看出，奥林匹克主义依旧是奥林匹克运动的最高统领性概念，诚如易剑东教授所言：“我们的官方中文文本不用‘奥林匹克主义’这个词，但毕竟奥运精神、奥林匹克精神的多种提法，几乎任何一种提法都与国际奥委会的原典文本不一致。[②]”我们不能因为看到“主义”二字就将之等同于政

① 何振梁．奥林匹克价值观与奥林匹克普世性［J］．体育文化导刊，2010（4）：1-2.

② 易剑东．冬奥背景下中国奥林匹克认知偏误及其辨析［J］．成都体育学院学报，2016（5）：1-9.

治术语，国际奥委会及其官方文件中对“Olympism”的重视程度非同一般，那么我们在申办、承办奥运会，传播奥林匹克运动的过程中，是否还应该固守原有的认知局限而不加以克服并改进呢？奥林匹克运动不仅仅有奥运会，奥运会不仅仅有竞技比赛，从这个角度看，奥林匹克文化传播实则任重而道远。

随着2022年北京冬奥会的日益临近，奥林匹克运动在中国的传播近乎完成一个涵盖夏奥会、残奥会、青奥会和冬奥会的实践体系。但是事实上，我们对当代奥林匹克运动的价值认知依然存在盲点甚至误区。奥林匹克价值观不是学者们的逻辑推演，也不是政治力量自上而下地单方推动，而是在奥林匹克运动和当代社会的互动实践中得以发展、完善的。我们要借承办北京冬奥会的历史契机汲取奥林匹克运动之精华，真正理解奥林匹克运动和奥林匹克价值观，以“互动生成”[①]的视角分析奥林匹克价值观的生成维度，在本土实情的基础上进行互动式提炼、传播和践行，用国际通用和惯用的标准与规则来发展本土体育实践，才能以更加开放和包容的姿态融入奥林匹克，融入国际社会，真正让奥林匹克在中国扎根。同时，这也是中国体育与时俱进，真正彰显文化自信、自强乃至自觉的重要表现。

第三节 南京青奥会教育价值的理论体系分析[②]

青少年奥林匹克运动会（以下简称青奥会）2007年创立至今，已经在

---

① 胡宝平，万书玉．社会主义核心价值观互动生成研究［J］．学术论坛，2013（11）：48-54.

② 该部分内容已发表，见王成，周丽萍．南京青奥会教育价值第理论体系分析［J］．南京体育学院学报（社会科学版），2011（2）：26-29.

实践和发展中接受检验，丰富并进一步完善相关的理念。这项试图期待奥林匹克精神回归青年教育的全新赛事，尽管从创办之初就饱受争议，但奥林匹克新的一页已经翻开，随着全球对青少年教育问题的日益关注，青奥会也将从“初生”走向“丰满”，逐步发展，成熟稳定。国际奥委会亦坚持青奥会的初创愿景，力排万难，为世界青年教育和奥林匹克运动新的发展寻求光明之路。青奥会首在教育，研究青奥会的教育价值体系，借青奥会契机，开展青少年教育，激励青少年在奥林匹克精神的感召下奋力前行，引导和帮助青少年个体树立正确的价值观，使青少年成为未来城市建设的积极力量，是青奥会参与者和教育工作者以及奥林匹克主义推广者共同思考和努力完成的课题。

一、“青年”和“教育”之于青奥会的价值要义

（一）青年，是现代奥林匹克运动的主体和核心

青年是未来，青年是希望，在社会进步、经济发展的今天，青年人无疑扮演着尤为重要的角色。中国近代著名启蒙思想家梁启超先生曾这样说过：“故今日之责任，不在他人，而全在我少年。少年智则国智，少年富则国富，少年强则国强。[①]”被誉为现代奥林匹克运动之父的顾拜旦先生同样对青年寄予了厚望：“因为是青年，而不是儿童，掌握和引领着人类的命运。[②]”

作为现代奥林匹克运动的领导机构，国际奥委会一直都把青少年问题

---

① 梁启超．少年中国说［EB/OL］．［2011-01-10］. http://baike. baidu. com/view/78855. htm.

② 顾拜旦．致奥林匹亚——柏林的火炬传递手［M］// 奥林匹克主义——顾拜旦文选．北京：人民体育出版社，2008：245.

作为奥林匹克运动发展的重中之重，也始终把青少年身心健康发展作为奥林匹克运动追求的宗旨。1999 年，国际奥委会通过的《奥林匹克运动 21 世纪议程》中明确提出：“青年人是环境、发展和体育活动最关联的人群。”奥林匹克运动认识到这一群体在可持续发展行动中具有特别重要的作用，要提高对人本身发展的重视。2009 年，第 13 届奥林匹克代表大会在哥本哈根召开，“OLYMPIC AND YOUTH（奥林匹克与青年）”这个议题被罗格主席认为是本次大会最为重要的主题。该议题旨在鼓励青年人参加体育运动，培养一种健康的生活方式，回归体育的原初目标，走向教育和文化，而非争夺奖牌。

2010 年在南非德班举行的第七届世界体育、教育和文化大会，由国际奥委会文化和奥林匹克教育委员会与联合国教科文组织联合主办，大会主题是“GIVING A VOICE TO YOUTH（倾听年轻人的声音）”，同样将青年置于大会议题的中心位置。不仅每场全会和分会都会安排一位参加过新加坡青奥会的青年运动员代表、工作人员、志愿者或者是来自联合国的青年使者演讲，就连大会闭幕式的发言也全部由这些青年完成。①

南京申办青奥会的理念是“让奥运走进青年，让青年拥抱奥运”，对应的英文为“OLYMPIC FOR YOUTH，OLYMPIC BY YOUTH”，for，表示目的，青奥会是为青年，by，表示手段，青奥会主体是青年。该口号翻译符合国际奥委会推广青奥会的理念，淋漓尽致地体现出青年之于青奥会的价值要义，得到了中国奥委会前秘书长魏纪中老先生的肯定和认可。

---

① 奥促会赴南非参加第七届世界体育、教育和文化大会，北京奥运城市发展促进会官方网站［EB/OL］. http：//www.beijing2008.cn/boda-news/s214609305/n214616836.shtml.

（二）教育，是青奥会创立发展的初衷和要旨

奥林匹克运动是一种培养青少年学会尊重和宽容的教育运动，是一种鼓励青少年树立自信和信仰的教育运动，激发青少年勇于奋斗，敢于创新，追求卓越。对于奥林匹克运动的宗旨，《奥林匹克宪章》中有明确表述：奥林匹克运动旨在通过没有任何歧视、具有奥林匹克精神——以友谊、团结和公平的精神互相了解——的体育运动来教育青年，从而为建立一个和平而美好的世界做出贡献。

现代奥林匹克运动会在百余年的发展历程中取得巨大成就的同时，也呈现出一系列不和谐现象，衍生出诸如诚信缺失、健康下降、暴力冲突、行贿受贿等与体育本身的宗旨相悖谬的不文明行为，严重制约奥林匹克运动的发展。过度商业化操作、兴奋剂屡禁不止以及众多在青少年中萌发的不良现象诸如网络电视成瘾、肥胖症多发、过度训练等，一度使奥林匹克的生命力遭遇严重威胁，发展宗旨面临偏离。国际奥委会审时度势，积极酝酿并促成这项新的教育赛事，希望为世界青少年教育找到一条有力途径，并以此为平台，期待奥林匹克精神本质回归。如果说奥林匹克教育以往是由奥运会的举行来展开实施，那么现在，青奥会则应该承担奥林匹克教育更加神圣而重要的责任。早在青奥会创立之初，国际奥委会主席罗格就明确指出："青年奥运会绝非一个小型的奥运会，主要目的是帮助青年人能够接受到奥林匹克价值观的教育——友谊、公平竞赛和反对任何兴奋剂行为。"为便于被人们接受和牢记，近年来国际奥委会又把奥林匹克价值观归纳为"Friendship、Excellence、Respect"（友谊、卓越、尊重），其目的就是希望通过体育与教育结合的方式，在青少年群体中弘扬奥林匹克的普世价值观，以达到教育青年的目的。

2009年第13届奥林匹克代表大会在OLYMPIC AND YOUTH议题中就曾指出,要教育青少年远离毒品,培养他们健康的生活方式,不要过度训练。新加坡青奥会秉承青奥发展目标,围绕教育核心理念,设计了很多富有创新性的文教活动,取得了良好效果,也赢得了肯定。罗格主席对青奥会的未来发展充满信心,他表示新加坡青奥会的成功举办,将为青奥会未来发展和继续实现办赛理念打下基础。

二、南京青奥会对青年教育理念的契合与贡献

(一)南京与奥林匹克运动在青年教育上高度契合

风雨钟山,虎踞龙盘,作为江南的省会都市,南京是中国历史上的四大古都之一,有着“六朝古都”“十朝都会”的美誉,历史文化悠久,经济实力雄厚,社会政治稳定,比赛场馆齐全,办赛经验丰富。不仅如此,南京在青年和教育这两个关键词上也有非常突出的特质,并在一定程度上达成契合。

早在2005年,南京就提出建设“历史积淀深厚,质量水平一流,名校名师众多,风格特色鲜明”的教育名城。如今,南京不仅两度摘得“中国最具教育幸福感城市”桂冠,还荣膺“中国大陆最具教育发展力城市”殊荣。同时,南京还是国家唯一的科技体制综合改革试点城市和长三角规划中唯一被定位于“科技创新中心”的城市,坐拥50多所高校、600多个省级以上科研机构、70多万科研人才、80多位两院院士。2009年,南京科技进步对经济增长贡献率在50%以上,全社会研发经费占GDP比重为

3%。[①] 南京不仅是一座教育之城，还是一座青春之城、青年之城，南京的大中小学非常多，在中国位于前 5 名。学生非常多，青年也非常多。在南京工作生活的有 265 万中外青年、147 万学生、70 万大学生，在南京举办青奥会，也正符合国际奥委会创立青奥会，让世界青年接受奥林匹克价值观教育的原初理想。[②]

（二）南京青奥会对教育理念的影响和贡献——价值观教育

价值观是一个人对周围的客观事物（包括人、事、物）的意义、重要性的总评价和总看法，是人们在处理关系时所持的根本立场、观点和态度的综合，是一个人思想意识的核心。[③] 价值观决定着人们用什么样的心态和旨意去开创自己的新生活，对于人类的生活具有根本性的导引意义。青少年时期是青少年价值观形成的关键时期，在该时期进行健康的价值观教育无疑具有重要作用。

正如前文所述，诚信缺失、健康下降、暴力冲突、行贿受贿等不文明行为逐渐渗透到体育运动中来，不仅与体育本身的宗旨相悖谬，严重制约奥林匹克运动的发展，更严重危害青少年身心的健康发展。由于青少年的价值观念尚未正确地建构起来，很容易受到这些不良因素的影响而走向偏执、扭曲的价值层面。体育运动为我们提供了一种新的且有效的教化途径，并且通过这种亲身参与、亲自体验的互动式平台，重新建构和唤醒青少年的主体意识，为青少年价值观的塑造开辟了一条崭新的

---

① 郑晋鸣．江苏省南京市：教育叩响现代化之门［N］．光明日报，2010-12-29.

② 数据来源于《南京申办 2014 年青奥会温哥华陈述稿》。

③ 周丽萍，田雨普．新中国奥林匹克价值观的嬗变与构建［J］．南京体育学院学报（社会科学版），2010（2）：77-80.

通道。很明显，这种价值观体系与奥林匹克运动所要追求的目标宗旨高度一致。现代奥林匹克运动在创立之初，就以体育与教育结合为手段，通过奥林匹克主义的身心哲学来指导青年建立一种身心和谐发展的生活态度。

青奥会的参赛选手和面向对象大都处于 14 ～ 18 岁，正是接受价值观教育的理想年龄。在诸如追求卓越、分享友谊、相互尊重、保护环境等价值观之外，还应了解其他重要问题：健康生活方式的益处、兴奋剂的危险性以及作为体育大使和榜样教育等。青奥会的主题就在于学习和分享，能够作为一面镜子，发挥它强大的理性力量，通过亲力亲为的方式和平台警策、教育人们要继承和发扬奥林匹克精神，弘扬体育道德，塑造真善美的体育形象，创建体育文明。这有助于青少年价值观的形成和完善，而多元的价值观体系正是当代青少年需要认真思考和努力的方向。

近年来，国际奥委会在已有奥林匹克理想、奥林匹克精神等思想体系的基础上，又提出奥林匹克核心价值观的理念，把奥林匹克的核心要义归纳凝练为“尊重、卓越、友谊（Respect、Excellence、Friendship）”，以便于更好地记忆和传播，并在全球面向青少年推广奥林匹克价值观教育计划（The Olympic Values Education Programme），这也是国际奥委会青年战略的重要组成部分。对青少年而言，传统的价值观教育用一种人文主义的价值取向，引导青少年用正确的标准来看待社会、人生以及自己的生活、生命，教育他们正确看待社会的作用和认识人生的意义，正确理解生命的价值，懂得关注自己的灵魂，形成坚定信仰，具有健全的人文精神并养成自己的关爱情怀，学会过现代文明生活。这和推广奥林匹克价值观教育计划的宗旨是不谋而合的。

青奥教育为当代青少年价值观的建立注入了新的动力和内涵，也为青少年素质教育的实施开辟了新的思路和实施方式。南京作为一座教育之城、青春之城，借青奥会契机在青少年价值观教育上理应有所作为。

三、南京青奥会促进青少年价值观体系的分类探讨

（一）身心一统、和谐发展的生命观

其一，健康生活方式。生活方式对一个人的身心健康至关重要。健康的生活方式，包含众多内容，如合理安排膳食、保持适当运动、杜绝不良习惯、保持平和心态、倡导绿色生活、学习健康知识等等。在过去的一个世纪里，由于不健康的生活方式所导致的各种身心疾病，却严重危害着人们的生命和健康。身体健康、心理健康、社会适应良好的多元健康观已经得到了人们的认可，体育与教育相结合也成为促进青年教育的有力方式。有研究表明，年轻一代对于奥运会的热情正在减弱；相较参与体育运动，当今的年轻人对于电视、网络游戏的兴趣更浓。因此，青奥会对于青少年的意义正在于把他们从对网络和电视的关注重新转移到体育运动中来，以激发广大青少年参与运动、参与奥运的激情，青奥会提倡的文教活动丰富多彩，内容广泛，兴趣各异的青少年都可以在其中找到自己的爱好所在。这样，不仅扩大了青奥会在青少年群体中的感召力和影响力，更通过亲力亲为、广泛参与的活动形式，把青少年的兴趣从网络和电视上转移到体育运动中来，以期形成健康的生活方式。

其二，身心和谐发展。社会的和谐发展首先需要和谐发展的个人。青奥会的目标之一就是致力于培养身心和谐的青年，为奥林匹克运动可持续发展提供生力军，而身心和谐指的是个人作为自然人在生理和心理

方面均处于健康的一种状态。事实上，早在公元前城邦奴隶制处于鼎盛时期的古希腊，先哲们就用各种不同方式来倡导身体和心灵和谐发展的重要理念。现代奥运会初创时期，顾拜旦先生亦提议在奥运会上设置艺术比赛，其目的就是要使中世纪以来长期处于分裂状态的身、心重新结合起来。青奥会文化与教育活动所涵盖的各种论坛、体验等都是促进精神文明发展的重要手段，在培养兴趣、陶冶情操等方面具有非常重要的作用，使青少年的精神得到了升华，从而促进青少年在身、心两个方面协调发展。南京青奥会的教育价值应首要在身心一统、和谐发展的生命观上有所贡献和发展，这是青少年价值观教育的重心，也是最基础、最核心的生命状态。

（二）甘于奉献、追求卓越的人生观

其一，弘扬志愿精神。志愿精神可以用以下词语进行概括：奉献、友爱、互助、进步，其核心是服务、团结的理想和共同使这个世界变得更加美好的信念。从人类文明发展的历史来看，志愿服务几乎是每个文明社会不可缺少的一部分，是任何人自愿贡献个人时间和精力，在不为物质报酬的前提下，为推动人类发展、社会进步和社会福利事业而提供服务的活动。社会各行各业都需要志愿精神，这是一种人类美德，在精神文明的建设中发挥着不可估量的重要作用。而服务国际大型赛事，更能为志愿精神的弘扬提供一个有力平台和实施环境。而对于志愿者来说，一方面能提高语言的运用能力，另一方面参与比赛本身比当观众更有意义。南京青奥会的志愿者们能够在参与青奥会的过程中，身体力行地去推广奥林匹克精神，与各国志愿者共同努力服务比赛，是一份既难忘又珍贵的经历，也将为他们今后的人生之路增添难以磨灭的宝贵记忆。

其二，顽强拼搏进取。拼搏进取、追求卓越是对人本质的弘扬和价值的升华。青少年是社会中思想最活跃、行动最敏捷的社会群体，他们不保守，敢爱敢恨。这一特殊群体有着极强的可塑性和模仿力，他们羡慕英雄、崇拜英雄，并且渴望成为英雄。而现代奥林匹克运动正是紧紧地抓住了这一点，在青少年群体中开展优秀榜样的示范作用，奥运会也好，青奥会也好，都力图给全世界的青少年提供奥林匹克选手的榜样价值，这些同龄人中的佼佼者，是通过自己的不断拼搏、顽强进取，从而在比赛中取得优异成绩，同时，他们中的一些人在赛场之外同样也是广大青少年模仿的对象。青奥会通过与冠军面对面、与优秀运动员沟通、与青奥会大使交流等方式来教育青少年，使他们得到面对面的沟通和交流，优秀榜样不畏艰难、不怕挫折的顽强拼搏精神成为激励广大青少年的巨大精神力量。当然，拼搏进取、追求卓越绝不等于追求名利，青奥会提倡的教育理念是在智慧和勤奋的基石上，对生活态度的弘扬，是用辛勤的汗水和付出来焕发生命的光彩，从而折射出生命的璀璨。

（三）公平竞争、民主平等的道德观

其一，公平、公正、公开。公平、公开、公正是现实社会中一个最基本的原则，也是在许多方面很难做到的一个原则。奥运会的体育竞技在这个方面率先为人们做出了表率。竞技比赛有一个基本前提，那就是公平竞争。比赛规则面前人人平等，只有在公平的基础上竞争才有存在的意义，各国运动员才能保持和加强团结、友谊的关系，奥林匹克运动才能实现它的神圣目标；青奥会注重新媒体的运用，通过电视、广播、网络等一切现代化的媒体手段，向全世界数十亿观众直播，临场发挥、参赛情况、文教交流一目了然，这是公开；参赛运动员凭借自身的实力赢得比赛，夺取奖牌，

依靠自己的文化素养和教育基础参与交流活动，呈现出一种“绿色”的交流环境，这是公正。公平、公正、公开的伦理道德不仅是竞技运动赖以存在的基础，同样也是当今社会得以健康发展的重要前提。

其二，推崇榜样教育。青奥会面向的对象是 14 ～ 18 岁的青少年，这是社会中思想最活跃同时也是最不稳定的群体，可塑性极强。他们崇拜英雄，乐意去模仿英雄，当然，不正确的偶像崇拜观也会导致反面后果。青奥会在这方面做出了独特表率，由青奥会比赛项目所属的国际单项联合会与国际奥委会运动员委员会共同推选出优秀运动员榜样代表，如波波夫、邓亚萍、郭晶晶、菲尔普斯等，他们不仅是杰出运动员，而且也是具有感召力的人士。通过在赛会期间深入青少年群体中开展深层互动，分享如何面对失败、承受压力、解决问题，取得了教育效果。青少年从他们身上不仅能学到如何成为优秀运动员，更可以认识奥林匹克价值的深层次内涵，进而对自身价值观产生了积极影响。

（四）团结友爱、尊崇友谊的交往观

其一，加强相互交往。青奥会在击剑、铁人三项、柔道等项目中新设国家和地区混合组队参赛，体现了国际奥委会的良苦用心。游泳比赛设置了男女混合队，亦为比赛增添了不少乐趣，加强了运动员之间的相互交流。青奥会虽然在赛事程序、比赛气氛等许多方面与奥运会相似，但国际奥委会更期望青奥会能够成为全世界青少年相互交流与学习的平台，帮助他们感受奥林匹克精神与价值。奥林匹克教育“北京模式”的“同心结”结对交流活动，值得借鉴和研究。北京市 210 所学校与 204 个国家或地区奥委会（NOC）、160 个国家或地区残奥委会（NPC）结对联系。赛前开展与结对学校的交流活动；赛时师生代表参加为结对代表团举行的奥运村升旗

仪式，通过加油助威、邀请参观、开展联谊等方式，为运动员创造宾至如归的氛围。这项活动充分体现了奥林匹克精神，拓展了青少年学生的全球视野，增进了中国青少年学生与世界各地青少年的友谊，为奥运会营造了良好的人文氛围。南京青奥会的加强交往、结对交流应在已有基础上进一步丰富和凝练。

其二，友谊地久天长。现代奥林匹克运动发展到今天，规模和影响已不可同日而语，人们对奥运会的兴趣焦点往往集中在竞技比赛，而对比赛之外的活动关注不够，运动员之间的友谊正遭遇严重挑战。近年来，奥林匹克价值观以尊重、卓越与友谊的简洁词语进行归纳，将友谊再次提到非常重要的位置。赛场上，运动员奋力拼搏，为创造优异比赛成绩而全力以赴，赛场下，分享各自训练成果，交流生活体验。奥林匹克运动最高目标是要通过体育活动的手段，把世界上不同国度、不同种族、不同语言、不同宗教信仰的人凝聚在一起，使大家相互交往，增进了解、尊崇友谊，进而达到世界的团结、和平、进步的目的。顾拜旦在《体育颂》的结尾大声疾呼："啊！体育……你在各民族间建立愉快的联系，使全世界的青年会互相尊重和学习，使不同的民族特质成为高尚而和平的动力。"而青奥会在促进交往、分享友谊的教育价值层面无疑将起到更加突出和重要的作用。

（五）乐观自信、求同存异的生活观

其一，乐观的生活态度。奥林匹克是一种生活态度。奥林匹克精神强调人通过自我锻炼、自我参与而拥有健康的体魄、乐观的精神和对美好生活的热爱与追求。这种乐观积极的生活态度是我们拥有完全自信和战胜一切挑战的强大动力。奥林匹克也是一种人生哲学。它提倡将身、心

和精神方面的各种品质均衡地结合起来，并使之得到提高。奥林匹克将体育运动与文化和教育融为一体，使人们身体与心灵、精神与品质得到完满和谐，使人类的潜能与美德得到充分开发，它是迄今为止人类最优良、最完善的生活哲学。青奥会的创立为现代奥林匹克精神的本质回归树立了典范和样板。乐观、自信和开朗是一种个人的性格品质，也是青年应该具有的生活态度，不同肤色、不同地域、不同国家的青少年汇聚南京，交流各自的生活习惯、教育背景和习得知识，在与不同青年人的交往中逐渐形成一种乐观积极、自信开朗的生活观，这是每位青年应该追求和努力的方向。

其二，共享多元文化。奥林匹克运动是国际性的运动，青奥会作为世界青少年大聚会，首先遇到的问题就是各种社会背景的差异。来自世界各地的运动员、教练员、工作人员和观众，有不同的肤色、不同的生活方式、不同的宗教信仰，呈现出鲜明的文化差异。文化差异处理不当，就可能产生文化摩擦甚至冲突。而奥林匹克弘扬普世价值观，提倡分享多元文化，使差异成为青少年互相学习的动力，而不是互相轻视的诱因。奥林匹克精神强调相互了解、友谊和团结，由此而形成的青奥氛围中，参与者打破各自狭窄的眼界去认识和理解自己民族以外的事物，以比较客观和公正的态度去看待别人和自己，虚心地汲取其他文化的优秀成分，兼容并包，从而使奥林匹克运动所提倡的国际交流真正得以实现。奥林匹克运动历经百年沧桑之所以能成功，原因之一就是它能对多元文化兼容和尊重，南京青奥会的教育价值在这方面应有进一步的发展和完善。

就赛事的本质属性而言，青奥会比奥运会更加重视奥林匹克教育，因此，南京青奥会的奥林匹克教育应该有更大的发展空间，但同时任务也将比北京奥运会更为艰巨。我们应该继续深入研究青奥会的相关理论和实践，虚心借鉴和吸收已有奥林匹克教育的成功经验，在精心谋划办赛模式和文教活动的同时，本着“办青奥、为青年；促发展、留遗产”的理念，把出发点和落脚点回归到青少年教育上来。我们有理由相信，2014 年南京青奥会，对北京奥运会的奥林匹克教育形成一种强有力的促进态势，促进奥林匹克教育在中国更为广阔的空间内进一步发展。

第六章 “何以传播”——青奥文化传播及其目标实现

“完善体育教育，促进青少年运动发展。通过加强奥林匹克价值观教育、强化社团活动、评估‘体育希望工程’等措施，进一步加强体育与文化的融合。”①

《奥林匹克 2020 议程》，2015 年

“青奥会以‘竞争、学习和分享’方式，邀请世界上 15～18 岁的年轻运动员，是一种以目的为导向的体育节日形式。青少年运动员通过运动与教育及文化活动的结合，努力接触更多同龄人。对于青少年运动员而言，青奥会是他们学习的平台，帮助他们在赛场内外拓展长期从事体育事业发展的机会。鼓励当地年轻人运用青奥会去发现新的激情，理解关键性主题，发展新的技能，承担新的责任，最终成为体育和奥林匹克价值观的大使。”②

《青奥会：愿景、诞生与原则》，2019 年

① 见《奥林匹克 2020 议程》（*Olympic Agenda* 2020： 20+20 *recomendations*）文本。

② 见国际奥委会官方电子报告《青奥会：愿景、诞生与原则》（*The YOG—Vision*，*Birth and Principles*），2019 年 12 月更新。

第一节　青奥微传播的特征与策略[①]

新媒体时代，一场传播范式革命已然兴起。一个由“微博”“微信”“微电影”等媒介为典型代表的“微时代”全面来临，传统媒介“一统江山”“号令天下”的时代一去不复返，而这种转变亦给体育文化传播带来了全新挑战和变革。相比奥运会，青奥会面向青少年，提倡节俭办赛，呼唤价值回归，彰显奥林匹克文化与教育本位，其创办和运营给传统赛事改革吹来了清新之风。随着青奥文化品牌的树立与成型，新媒体地位和作用日趋显著。那么，如何转变传统的文化传播思路，“微时代”背景下的青奥文化传播如何应对，是青奥会文化传播亟待解决的问题，理应给予足够的关注和思考。

一、青奥文化梳理

（一）仪式情境：以项目活动为载体

文化之演变与发展，须有“物”作为载体，或口口相传，或亲手传授。青奥文化以青奥会为活动形式，而青奥会则集中以各种赛事项目为具体呈现。这种逻辑关系清晰、明确。文化差异奠定了青奥会特殊的文化基调，体现在青奥会项目的布局与遴选：部分新兴的、广受青少年喜爱却不适合进入奥运会的，如小轮车、街头篮球，乃至部分项目的混合组队，都是青奥会的亮点与特色。这些项目连同传统奥运赛会期间的仪式性活动，通过自身的教化环境，将道德规范和价值观念作用于仪式的直接和间接参与者，对人们的行为意识、伦理道德、心理情感等方面产生了巨大的影响力和征

---

① 该部分内容已发表，见王成，周文生．青奥微传播研究［J］．体育文化导刊，2014（5）：200-203.

服力。在仪式的行进过程中，潜移默化地将教育内化于仪式参与者，促进身心和谐发展。[①] 另一方面，青奥会以体育竞赛为呈现方式，而“竞赛”，无疑是当代社会最具仪式化特征的活动之一，而且在“竞赛”背后，往往始终宣扬一种升华的精神和价值。不仅如此，当代体育文化传播所参与塑造的当代假日，也成为仪式或者包含仪式的一部分，它要求参与者——直接参与者和受众尽量减弱单纯的游戏休闲心态，而要激发起惊讶、赞叹、虔诚的情感。[②] 由此可见，青奥文化传播亦呈现出鲜明的仪式传播特征。

（二）育人本位：以教育青年为创立宗旨

青奥文化就其本质而言，是一种育人文化。早在 1927 年，顾拜旦就在奥林匹亚向全世界从事体育运动的青少年发出号召：“当今世界，强大的发展潜力和日渐衰退的危险趋势并存。奥林匹克主义可以构成一个培养纯洁思想和耐力与体力的贵族学校，但条件是你们要不断提升你们的体育荣誉感和体育的无私奉献精神，使之与肌体的勃发相媲美。未来在你们身上。[③]”罗格曾指出：“青年奥运会绝非一个小型的奥运会，当然会有竞赛，但主要目的不在于此，主要目的是帮助青年人能够接受到奥林匹克价值观的教育：友谊、公平竞赛和反对任何兴奋剂行为。[④]”不管从青奥会的创办背景，还是从发起人的改革愿景，都可以看出青奥会更重要的意义在于

---

① 王成，田雨普. 奥林匹克仪式变迁及其当代价值［J］. 体育文化导刊，2008（12）：42-44，55.

② 于德山. 媒介奇观与商业神话：当代体育文化传播的特征分析［J］. 体育科学，2007（3）：22-25.

③ 国际顾拜旦委员会. 奥林匹克主义——顾拜旦文选［M］. 北京：人民体育出版社，2008：203.

④ 王成，田雨普. 论青奥会的创新、使命与发展［J］. 体育与科学，2010（2）：12-15.

教育，关注青少年的身心健康，回归奥林匹克的原初理想。青奥会文化与教育活动，围绕“教育青少年”展开，即便是竞技比赛，也把重点放在“卓越、尊重、友谊”的奥林匹克价值观的弘扬。青奥会以教育青少年为其发展的基本理念，青奥文化是以教育青年为宗旨的育人文化。

（三）文化传承：以创新发展为演变脉络

青奥会源自奥运会，奥运会是奥林匹克活动的核心赛事活动，由此来看，青奥文化和奥运文化一脉相承，皆可从奥林匹克文化中找寻发展脉络。

从传承的角度来看，青奥会延续了奥运会的许多实体内容和展现形式，如两者具有相同的思想体系，青奥会与奥运会同属于奥林匹克运动体系，共享一个奥林匹克宪章、奥林匹克主义等，不管赛会形式如何变化，奥林匹克育人宗旨不变，精神内核基本一致。两者有相似的组织形式，活动组织和管理同属一个组织体系，皆由国际奥委会主办，不同城市承办，并在该城市成立相关的组织委员会，接受国际奥委会指导，开展一系列赛会组织和筹办工作。有相近的活动模式，每四年一个周期，有夏季和冬季之分。从创新角度看，青奥会在奥林匹克主义的指导下，通过比赛项目设置、赛事理念、文化与教育活动等内容进一步丰富和发展奥运会举办实践，试图弥补奥运会举办困境。例如，青奥会周期短，参与人数少，提倡简约、节俭办会理念，项目设置体现青少年身心特点，等等。所有这些都是在原有基础上对奥运会的创新与发展。因此，青奥文化是对奥林匹克文化的传承与创新。

（四）全民参与：以建构参与性为目标取向

在传媒互动性升级、经济体验性普及的背景下，参与性文化已经成为现代社会重要的消费方式，逐渐成为一股全球性的文化潮流，极大地改变了社会的文化生态和人们的文化观念。这种参与性文化的生产以近乎激进的方式扩大了社会文化的范畴，越来越多的青少年正在用一种全新的参与姿态确立自我的形象，寻求全面的参与式空间。[①]青奥会面向青年和大众，致力于构建参与性的青少年文化交流平台，以多种形式拓展青奥会参与空间。各种论坛、文化小屋、户外探险、文化体验等，将青奥会的触角延伸至赛场内与赛场外、网上与网下，这种建构参与性的青奥文化不仅符合当今社会发展的文化潮流，而且与奥林匹克运动“精英—大众”互动关系高度一致，青奥文化不仅需要“更快、更高、更强”，还要“参与比取胜更重要”。在各种项目活动的参与和体验中，自我形象树立与价值呼唤认同得到高度彰显，实现青年主体的自我表达和多元互动。

二、“微传播”释义及其特点

“微传播”，是与传统媒介传播相对而言，以往的传统媒体如报纸、电视、广播等，是人们重要的资讯交往工具，也是官方与民间沟通的重要渠道。但是随着互联网技术的发展和应用，一场新的传播革命正改变着人们的日常生活方式。从博客到微博、从短信息到微信，快节奏的生活使人们无暇阅读长篇大论，短小、精干、便捷、迅速的传播方式应运而生。“微传播”有广义与狭义之分。广义的“微传播”信息传播方式包含所有相对传统媒介的“微媒介”，可以是微视、微博、彩信、短信、飞信等，狭义的“微传播”主要表示以微博为媒介的信息传播方式。综之，所有由“微”小力量进行的“微”小信息传播都是“微传播”。

微传播的显著特点是“微”，即传播内容是“微内容”（一句话、一

① 张兆斌. 青奥文化梳理与解读［J］. 南京体育学院学报（社科版），2011（3）：17-20.

个表情符号、一张图片等等）；传播体验是“微动作”（通过简单的按键操作、鼠标点击就能完成选择评价、投票功能）；传播渠道是“微介质”（手机等介质）；传播对象是“微受众”（对象性传播）。[①]“微传播”在互联网虚拟平台、反权威精神和去中心化的基础上，融入了个体性、互动性、即时性等特点，将现代科技的便利化最大限度地呈现在受众面前。

这种新式的传播革命给人类的表达方式和内容、传播文化的组织结构带来深刻的影响。从形态上看，“微”体现在两个方面：一是空间方面的压缩，“微”是一个返归自我的内在性的可能，它把外在的大空间转化为自我感受的小空间，更加关注个体生活的内在感觉、情绪和心理。二是时间领域的压缩，“微”在时间领域里是一种内在性的时间的再发现和再展示，时间通过微化处理得到了释放。[②]由此，“微传播”不仅“小众化”，更加注重自我与个体，而且“去中心化”“碎片化”，一反传统与主流，呈现出裂变式的多级传播态势。

三、青奥“微传播”的特征

（一）传播手段多样化，符合青少年受众主体特征

青奥传播也同奥运传播一样，具有跨文化传播以及数字媒介传播的性质，[③]但是“微时代”背景下的青奥传播亦呈现出自身独特性，如受众群

① 杨善顺．微传播时代的来临与传统媒体的利用［J］．传媒，2009（8）：69－70.

② 张颐武．“事件”的冲击——“微时代”的文化想象力［J］．电影艺术，2012（1）：95–98.

③ 冯霞，尹博．北京奥运文化传播与中国国家形象塑造［J］．北京社会科学，2007（4）：72–75.

体主要为青少年、传播手段更加丰富多样、与新媒体的关系更为密切等。“微时代”的来临，本质上基于对主流传播宏大叙事的超越，是对当代社会新格局的新回应，体现青年一代新的文化取向，同时，也是对于新社会状况的直接投射。“微传播”首先在青年群体中兴起，可以利用的“微媒介”有微博、微信、微视等新兴通信工具，还有国际惯用的Twitter、Facebook等，大都是人们在繁忙的生活中借助手机、移动终端等媒体进行信息接收，场所和空间移动性大，花费时间少，且时间零散、短小，不定时，不定点，传播迅速，无须专心致志地关注，碎片化特征明显，符合当下的文化需求和现代人生活节奏变快的空间现实。南京青奥会推行的网络火炬传递，不仅符合青奥会节俭创新的办赛理念，更符合年轻人喜爱网络的特点，也是青奥微传播特征的鲜明体现。

（二）情境虚拟，接入便捷，互动平台符合“微时代”特征

以往传统媒介时代，受众和传媒二元对立，是被动接收信息。相反，微时代来临，给受众群体发挥自身主动性提供了前所未有的契机。“转发”“传递”“评论”，这些“微”媒体动作表现大大提高了受众在传播过程中的自主性、互动性和参与性，从被动接受转为主动寻求，反映出当下受众在娱乐消费时代渴望寻求自我认同的文化心理。青奥文化与“微传播”主导下的“微文化”从文化特质上看，具有相通性，因为我们可以从两者的文化内涵中提炼出若干兼具代表性和象征性的词语，如“灵活”“话语表达”“参与”“互动”“自我认同”等。青奥会倡导“线上”和“线下”两个青奥，通过虚拟网络空间，吸引更多青年关注和参与。哈贝马斯曾指出，公共领域由对话构成，向所有公民开放，公民们可以自由组合并表达和公开他们的意见，便于

形成公共舆论。[1]“线上”青奥会正具有这样的公共领域特征，对此，其“微传播”不仅迅速、有效，而且易于形成多节点式扩散，其开放式话语平台更易使公众进入讨论空间，使议题能够在短时间内获得更多讨论和共识。

（三）易于表达真实自我，追求价值认同和自我实现

传统宏大叙事般的传播途径和手段，在现代社会，更多是被政客官僚和主流媒体所掌控，而在“微”时代背景下的网络一代，则更多是基于大众文化的兴起与精英文化的式微，改变了传统传播的单一意识形态和价值观念，诉求亦更加多元化。[2]在价值多元、利益至上的时代，人们希望通过一己之力，改变当下生活和社会，为建设美好明天尽本分之力，微传播体现的正是凝结起碎片化的时间和空间，对权威统治和传统路径做出有力抗争。青奥文化在奥林匹克文化体系中，是对原有奥运理念的进一步完善和补充，建构参与性，凸显教育本位，强调育人宗旨，其话语体系所要表达的正是对甚嚣尘上的“更快、更高、更强”之奥运话语霸权的超越与革新，由此而言，微传播不仅是一个信息互动、观念碰撞的速食时代，各种微产物为我们带来了更新鲜、更即刻的体验，更是一个大时代，制造自我认同，在更深层次上唤起奥运记忆，拓展群体文化想象空间，筑起未来美好生活愿景的需要。

四、青奥会“微传播”的策略

如何在传统媒体的基础上，有效利用传播方式和手段，更加有效地达成传播效果，是青奥会微传播必须深刻反思的实践性议题。当然，也正如我们

---

① 陈勤奋. 哈贝马斯的“公共领域”理论及其特点［J］. 厦门大学学报（哲学社会科学版），2009（1）：114–121.

② 霍启立. “微传播”时代的文化特质［J］. 编辑学刊，2010（4）：27–31.

所能看到的那样，微传播的反传统性，往往也使其传播中包含着政治话语、民族情绪乃至情色语句，这些网络毒瘤不仅使人们切身感受到当代体育文化传播的复杂性和隐秘性，同时也提醒传播者和关注者倍加注意，用心区分。

（一）聚焦青年本位，契合青奥会的媒体形象与文化指征

以往的媒介体育传播注重对暴力化、情色化等感官视觉效果的追求，以此来获得受众关注，忽略了体育文化与体育精神更深层次的内容。青奥会的全球媒体形象紧密围绕青年的性格特点建构神话想象，高度契合奥运神话传统，致力于展现青年的纯真与活力，即无功利化的纯粹世界和青年真诚的思想世界以及勃勃生机的社会可持续发展生态。① 依据青奥会的这种媒体形象和文化指征，其“微传播”媒体应充分利用表达更为灵活、形式更为多样的特点，积极打破以往传媒追逐商业利益的金钱“奴隶”角色定位，以社会大众整体效益为己任，关注青少年不良的生活方式与下降的体质，充分演绎青奥会的文化价值主张。“微传播”对青奥文化而言，还意味着传播的精准化定位，这是由青奥文化的青年本位决定的。因此，通过媒介“放大器”功能，“人人都是传声筒”，不仅扩大了青奥赛事影响力，而且惠及更多青年群体，努力实现青奥文化在世界范围内对青年运动员和青年群体的“正能量”影响。

（二）规避“隐性麻醉”效果，突出参与性和互动性

拉扎斯菲尔德和默顿认为，现代大众传播媒介有着负面的“麻醉作用”，受众沉溺于媒介提供的表层信息和通俗娱乐中，就会不知不觉失

---

① 黄璐. 政治传播批判视角：青奥会的品牌优势与媒体形象［J］. 新闻界，2012（1）：47–49.

去社会行动力，而满足于“被动的知识积累”。[①]这种麻醉作用使人沉醉于虚幻的满足之中，剥夺人的行动能力。现代传媒技术将NBA职业篮球送到世界的每一个角落，创造体育媒介收视奇迹，受众广泛。然而大量本可参与到篮球锻炼的时间被青年人用于观看NBA赛事转播，真正走上赛场、亲身参与运动的人反而少之又少。青少年成了“沙发上的土豆”，沉醉于精彩赛事感官化的影像之间，失去了基本的思维能力与活动机会。青奥微传播可通过网络手段，以青奥议题为中心，结合青奥特殊项目活动，进行演绎和散发，突出参与性和互动性，充分发挥和营造青奥仪式的神圣场景，在体验中建立自我认同与融合，切勿将青年人作为纯粹的媒介受众加以控制。媒介对青奥赛事与文化的传播进程，更要在青年人社会化教育和行为引导方面有所作为。“线上”与“线下”两个青奥有机结合，“线上”精神洗礼，“线下”身心参与，走入现实，享受体育带来的文化满足感与精神娱乐感。

（三）发挥“议程设置功能”，营造青奥文化学习氛围

“议程设置功能”作为一种理论假说，被美国传播学家麦克斯维尔·麦库姆斯（Maxwell McCombs）和唐纳德·肖（Donald Shaw）于1968年提出，认为大众传媒作为“大事”加以报道的问题，同样也作为“大事”反映在公众的意识之中；传媒给予的强调越多，公众对该问题的重视程度也越高。[②]大众媒介不能决定人们的思考方式，却能为人们提供思考内容。该理论同样适用于“微传播”领域。通过相关话题与议题的制造与讨论，引起人们不断关注，刺激人们的关注欲望，以话题来创造拟态空间。青奥意义不仅仅体现

① 郭庆光. 传播学教程［M］. 北京：中国人民大学出版社，2011：103.

② 郭庆光. 传播学教程［M］. 北京：中国人民大学出版社，2011：194.

在运动赛事本身，更大的现实意义在于借助青奥文化的传播，实现世界、国家、社会及青少年之间的文化共融与学习，并试图构建能够实现青少年文化的、教育的美好世界。青奥传播中，“微媒介”强大的“议程设置功能”之下，应淡化对金牌及体育明星的过度关注，积极跳出功利主义、个人英雄主义及过度商业主义的樊篱，以整体、长远的眼光对待青奥赛事及其文化内涵，超越体育竞技主义、商业主义，强调在奥林匹克主义的观照下实现世界各地文化的交流与合作，创造青年人学习、提高与成长的体育文化环境。

（四）把握青奥特质，“微传播”应有“微控制”

无所不在的传播媒介在青少年全面发展中具有非常深刻的影响力。优质、高尚的媒介文本可以提供积极的精神引导力量，塑造品德、提升文化格调与内涵；而劣质、消极的媒介文本内容会使青年人人格扭曲、价值观异化，滑向低俗化、庸俗化、世俗化及功利化边缘，直接导致青少年文化品位降低应该可以说的痛吧？但是，采取强硬封杀、有效删除乃至彻底除名等措施，虽然对于处理媒体危机可以获取一定时间，但是有悖于当今时代发展潮流，更有违公共领域的话语本质。青奥会的青年本位和网络空间的开放性与民主性特征，决定了青奥会微传播应尽力避免“一言堂”和“一刀切”，主张多元共存，多样共享，充分发挥微媒体和受众自身的甄别力与判断力，走“微时代”的“微控制”和“软调控”之路。当然，对空间后台也应相应地采取系统监督和管理，“微控制”不是“不控制”，理应避免“谣言爆发式”的表达权滥用。同时，加强对体育媒介从业人员的人文素质、职业道德素质及体育专业素质的培训，提高他们职业道德水平、甄别与筛选优秀青奥文化内容的能力，以便更好地利用微媒介的传播影响力。

以“微媒介”为主要传播介质，以短小精炼作为文化传播特征的时代，带来的是信息传输的高效率以及传播活动的瞬时性。青奥会作为新生事物，面向的是青少年群体，如何在这种背景下，加强青奥文化传播力，提升青奥文化传播效果，还需从品牌价值传播、策略传播、媒体服务以及城市营销等方面展开多角度、全方位的研究。赛会组织者和筹办者必须认真对待，细致思考，为即将到来的青奥会做好充分准备。

第二节 青奥传播与媒介社会责任[①]

在媒介社会责任理论的观照下，思考通过大众媒介如何更好地实现青奥会预设目标，重新认识奥林匹克主义与精神，以及媒介如何实现功能表达与履行社会责任等。应通过媒介宣传与引导，提高青年运动员的反兴奋剂意识树立公平竞争的价值取向，以及实现奥林匹克运动的可持续发展。

一、媒介社会责任理论阐述

哈钦斯委员会提出了媒介的“社会责任”概念，是对自由主义传播理论修正或限制的理论，认为媒介以社会责任为前提，实现以下 5 个功能：真实、全面和智慧地报道；交流评论和批评的论坛；相互传递意见与态度的工具；阐明社会目标与价值观；将新闻资源送达每一社会成员。[②]随着时代的发展，大众媒介的社会责任有了新的内容：大众媒介承担一定的责

① 周文生，王庆军，王成．青奥传播：基于青奥会目标实现的媒介社会责任思考［J］．体育成人教育学刊，2014（1）：7-10.

② 严晓青．媒介社会责任研究：现状、困境与展望［J］．当代传播，2010（2）：38-41.

任和义务，信息传播要求真实性、客观性及公正性，同时媒介遵守法律规则制度，维护国家安全及社会稳定并要求传播内容的高品位。胡申生，李远行，章友德等人在《传播社会学导论》一书中认为，传播媒介应当承担的社会责任至少应该包括以下几点：（1）提供真实信息，让公众了解世界；（2）创造条件，让每个人都有同等机会发表意见；（3）启发、引导公众对公共事务进行讨论与交流；（4）监督政府，维护公众和社会利益；（5）保持经济制度的稳定；（6）提供娱乐；（7）维持媒介经费的自给自足，使媒介不受外来压力。① 笔者认为媒介社会责任指的是大众媒体及其工作人员在信息传播活动中对国家、社会、人们应负的责任和义务。由于媒介传播的强大影响力，需要媒介在发挥社会功能的同时履行社会责任。在我国，传媒是党和人民的“喉舌”，必须能够体现社情民意。施拉姆说：“大众媒介的责任问题是媒体、政府和受众三种力量之间的微妙平衡关系。媒介必须承担一个中心责任，恪尽应负的使命。”借助自由主义媒介责任修正理论，揭示媒介自由主义残存的现实及在媒介具体实践活动中所表现出的自由惯性，进一步揭露媒介过度商业化导致的问题。恰逢南京举办青奥会之机，媒介应该以社会责任理论为指导，思考将如何履行社会责任。为实现青奥会预设目标，媒介应充分发挥各种社会功能。青奥会是青年人的盛会，青年人是未来社会发展的主人，大众媒介要以媒介社会责任为导向，反思在以往媒介体育传播中的过度商业化、娱乐化、庸俗化等问题，确立以青年人为主体，营造青奥文化氛围，促进奥林匹克运动可持续发展，真正地实现青奥会创办的目标。

---

① 胡申生．传播社会学导论［M］．上海：上海大学出版社，2002.

二、青奥会目标的内涵阐释

（一）明确青年主体，开展文化教育

青奥会是在奥林匹克旗帜下专门为青年人举办的赛事，旨在聚集全世界范围内的青年运动员，并向世界青年团体推广奥林匹克精神，在青年人之间开展青奥文化宣传活动，激发青年人的运动兴趣与热情，促进运动参与，使他们从小就形成良好的体育运动意识。青奥会注重文化与教育，奥组委希望通过赛事主体让参赛运动员和世界青年群体“感受一次难忘而独特的学习之旅”。在赛事期间，运动员参与各种文化教育活动，强化反兴奋剂认知，提高公平竞争、团队协作、顽强拼搏的体育精神意识。世界青年学生通过青奥文化活动来接受奥林匹克精神的洗礼，学习与分享世界各地文化。

（二）关注、参与奥运，发掘奥运人才

国际奥委会希望通过青奥会，聚集世界青年，关注与参与奥运，接受奥林匹克教育，打破现代媒体对年轻人的控制。通过开展奥运文化活动，吸引青年人的注意力，激发其运动兴趣，走进运动场，参与体育锻炼。同时，国际奥委会将更加关注发展中国家的青年团体，真正让更多的青年参与其中。国际奥委会还将借此机会发掘那些具有运动天赋、卓越运动能力的青年。

（三）传播奥林匹克文化，创造和谐青奥环境

青奥会是一项专门为青年人设立的体育赛事，综合了体育竞赛、教育和文化等内容，以体育运动为载体，传播奥林匹克文化，谋求通过奥林匹克运动来实现人的全面、和谐发展。和谐的青奥会举办环境，是青奥会顺利进行的先决条件。因此，应借鉴夏季奥运会及冬奥会的经验，制定合理、有效的

比赛安排及赛事章程，淡化商业色彩及金牌至上价值观，严查违禁药物，杜绝“丑闻”在青奥会赛场发生，共同努力打造一个和谐而有序的青奥环境。

（四）解决问题与接受挑战，实现青奥会可持续发展

奥林匹克运动的可持续发展，既要求奥林匹克与经济、政治、文化等外在环境协调起来，也要求奥林匹克自身内部各要素之间协调配合。奥林匹克运动在新世纪的可持续发展中面临诸多问题与挑战，如兴奋剂、体育暴力、过度商业化等，此类负面问题将会严重阻碍奥林匹克运动的可持续发展。国际奥委会希望诸多问题能够在青奥会赛场上被克服与解决，借助青奥会的努力，实现奥林匹克运动的可持续健康发展。

三、青奥会传播中体育媒介化弊端的解析

（一）“受众商品”数量的盲目追求

媒介竞争而产生媒介受众这一群体化概念。受众是媒介的参与者，是媒介文化产品的消费者，在媒介传播活动中，缺少受众的参与，传播活动不能完整进行。“受众商品”论在 20 世纪 70 年代由美国政治经济学派代表人物达拉斯·斯迈思（Dallas Smythe）提出，他认为受众商品是一种被用于广告商销售的不耐用的生产原料，受众商品为买他们的广告商所做的工作就是学会后买商品，并且相应再花掉他们的收入。然而现代传媒并不会如此慷慨地为受众献上“免费的午餐”，获得经济利润才是其终极目标。受众利用大量的时间观看、消费媒介，表面上看是对精彩媒介文本的享受，然而媒介将精彩文本作为生产受众的工具，吸引受众观看，实际上使受众为媒介机构工作，受众成为传媒与广告商之间交易的商品，受众由此成为商品。媒介的商业逻辑要求以受众数量最大

化来谋求经济利润最大化，“多数法则”便成为媒介的金科玉律和一贯追求。青奥会面向青年人，媒介在传播青奥文化与奥林匹克精神时，必须将青年人作为其传播活动的直接受益主体，然而当前体育传媒却着眼于实现受众数量和利润的最大化。为实现青奥会的预设目标，大众媒介有必要改变其以往的市场策略与经营宗旨，提供适合青年人的青奥文本，传播面向青年人的青奥信息。

（二）商业利润的功利化诉求

自20世纪90年代实行“事业性质，企业管理”以来，我国的新闻传媒领域便将商业利润作为其经营成功的核心标准。为了生存与发展，几乎所有传媒在选择媒介信息时都以点击率、收视率、收听率、阅读率等作为衡量标准。为了生产更多的“受众商品”，媒介不惜降低文化品格，利用“隐私新闻”、情色暗示、暴力渲染等媒介内容来迎合受众的低级趣味，满足受众最本能、最低级的心理需求。在这种严峻的媒介生态环境形势下，大众媒介几乎丧失作为“社会公器”应有的社会功能，社会责任缺失，如花脸小丑一般借助低俗、花哨表演来博取眼球。在消费社会时代中，市场化、媒介化的体育文化传播难以避免地出现类似问题。体育传媒忙于对体育明星、金牌、赛场暴力、情色图像的采集与传播，试图以此获得最大数量受众的关注，作为商品资本销售给赞助商、广告商，忽视对体育文化及奥林匹克精神的传播。青奥会致力于采用一种强有力的方式推广奥林匹克精神。为此，大众传媒应该深刻思考，当前应该如何平衡追求商业利润与青奥文化传播之间的矛盾，促成青奥“教育与文化”目标的实现。

（三）奇观体育影像的过度表达

媒介运用各种技术手段捕捉与制造少见的奇观影像，不断刺激受众的视觉、听觉感官与神经，激发媒介受众潜在的欲望和心理快感。体育奇观是在由媒体参与下对体育进行奇观化手段的再现。道格拉斯·凯尔纳（Douglas Kellner）认为媒体奇观是那些能体现当代社会基本价值观、引导个人适应现代生活方式，并将当代社会中的冲突和解决方式戏剧化的媒体文化现象，包括媒体制造的各种豪华场面、体育比赛、政治事件。[①] 体育是人类社会具有独特内涵的身体文化活动，借助肢体表现对高度、速度、力量等的无限追求。媒介充分利用各种体育信息，进行体育的媒介奇观制造与再现。电视体育奇观是媒介奇观的一部分，以电视体育为例，学者王庆军认为，电视体育奇观制造主要有 4 种类型，即动作奇观、身体奇观、速度奇观和场面奇观。[②] 动作奇观在于展现对抗、暴力、惊险等奇观场面和过程体验。身体奇观注重对男性肌肉的渲染和女性性感、媚态的刻画。速度奇观追求速度极限，而场面奇观关注的是日常难见的特殊场景，如光电、音响技术完美运用的开闭幕式表演。现代媒介以其强大的传播力量将义不容辞地担负起传播青奥文化的重任，通过青奥话题制造、议程设置、舆论导向等方式，引导青年人对奥林匹克精神、体育精神的认知，重塑青年人体育文化价值观，帮助青年人制订合理、健康的现代生活方式，而不是一味地以奇观化的体育影像来吸引青年人。

---

① ［美］道格拉斯·凯尔纳. 媒体奇观——当代美国社会文化透视［M］. 史安斌，译. 北京：清华大学出版社，2003.

② 王庆军. 拟态狂欢：消费时代电视体育传播的范式［J］. 体育学刊，2011（1）：30-35.

（四）暴力与情色效果的低俗打造

体育媒介化程度不断加深的今天，媒介必须使出浑身解数来形成节目特色，留住受众的注意力。为此，体育媒介在文本中采用暴力渲染与情色暗示的手法，迎合与满足受众内心隐秘的“快感”，不顾节目整体文化品位。野蛮的、侵略性的语言描述让媒介体育充满着暴力与战争的色彩，其内容隐含的准暴力化意识会悄然影响心理认知，受众在参与体育运动中遇到矛盾与分歧时，这种心理认知极有可能诱发暴力化的行为方式。同时，媒介热衷于拿“性”说事，打开电视或者电脑，收看 NBA 或者点击体育官网，必然将会看到性感暴露的篮球宝贝或者拳击赛场举牌女郎。媒介将裸露的女性身体、妖媚的姿态与体育相联系，体育传媒已成为传播情色化内容的重要领地。各种情色暗示的新闻标题诱惑受众的原始欲望，袒胸露乳的性感图片刺激着受众的视觉感官。在这种异化观念引导下的媒介体育传播中，青奥文化传播将面临严峻的现实挑战。

（五）体育明星与金牌的过度媒介再现

体育明星是优秀运动员的媒介再现，是消费社会时代媒体商业化运作的产物。随着体育产业化及市场化步伐进一步加快，体育明星得到充分开发与利用，也极大地满足了受众对体育及体育明星的关注与消费。然而媒介却总是热衷于将镜头给予体育明星，报道他们的日常训练、比赛、家庭生活甚至绯闻等，而同样努力的普通运动员却很少有机会得到媒介的关爱。体育明星被万众瞩目，普通运动员备受冷落。媒介对奖牌现象同样如此，获得金牌便成就了一切，银牌、铜牌则不足被媒介“挂齿”。媒介体育的金牌关注有着浓浓的功利意味，异化的金牌价值观深入媒介的“骨髓”，谁得金牌，谁就是媒体的主角，谁得金牌，谁就是“王”，“金牌至上”“以成败说事”的体育观念贯穿媒介传播活动的始终。没有夺金的运动员及一些失利运动员在媒体镜头前唯有“靠边站”，被边缘化。

四、青奥会目标实现：媒介社会责任透析

（一）媒介传播中注重青年受众的主体地位

不同的媒介文本有着不同目标受众的定位，但媒介依然希望扩大影响力来吸引更多的受众。夏季奥运会的媒介传播中，其面向的目标受众是所有人，而青奥会特殊的办赛理念及目标决定着青奥的主要受益群体是青年人，包括参赛运动员和全世界的青年团体。为实现青奥会的目标，媒介必须以奥林匹克文化传播者的身份来约束行为，提供适合青年人的媒介内容，同时以全球化媒介的身份与态度，去接纳和传播世界各国的优秀文化，在青年人之间营造国际文化学习氛围，促进青年人教育。我们都知道，大众传媒具有社会化与娱乐的功能。青奥目标传播中，媒介以青年人为受益主体，通过青奥文化来实现青年人的社会化成长，包括青年人的知识获取、价值观念及行为道德规范等方面，同时实现青年人在学习与理解青奥文化过程中获得快乐，满足精神文化需求，摒弃不良的娱乐方式，如网络游戏等。

（二）淡化商业色彩，兼顾社会效益

媒介若时刻以商业利润为己任，迁就、迎合市场，必将导致其功能的异化。以往的媒介体育传播注重对暴力化、色情化等感官视觉效果的追求，忽略了对体育文化与体育精神更深层次内容的传播。青年奥运会的目标与原则不同于现代奥运会，青奥会希望突破现代奥运“以体育论体育”的窠臼，淡化奖牌意识，淡化商业色彩，实现奥林匹克本源回归与可持续发展。为此，媒介须改变自己商业利润“奴隶”的角色定位，以大众的整体社会效益为己任，

关注青少年不良的生活方式与下降的体质，克服现代文明带来的负面影响。通过媒介“放大器”功能，扩大青奥会赛事影响力，惠及更多的青年群体，真正实现青奥文化在世界范围内对青年运动员和青年群体的“正能量”影响。

（三）规避“隐性麻醉”效果，鼓励青年亲身参与体育

美国知名社会学家拉扎斯菲尔德（Paul Lazarsfeld）和默顿（Robert King Merton）认为，现代大众传播媒介有着负面的“麻醉作用”，指受众沉溺于媒介提供的表层信息和通俗娱乐中，就会不知不觉地失去社会行动力，而满足于“被动的知识积累”。这种麻醉作用主要表现在两个方面即使人沉醉于虚幻的满足之中和剥夺人的行动能力。现代媒介将美国 NBA 联赛传播到全世界，拥有着大量的受众，青年人是受众群体的重要组成部分。大量本可参与到篮球锻炼的时间被青年人用来观看 NBA 赛事电视转播，沉醉于精彩赛事感官化影像的满足，失去了基本的思维与活动能力。媒介对青奥会赛事与文化的传播活动，不仅表现在文化教育方面，更要在青年人的社会化教育和行为引导方面有所作为。切勿将青年人作为纯粹的媒介受众加以控制，要鼓励青年人真正地亲身参与到体育运动之中，享受体育带来的文化满足感与精神娱乐感。

（四）提升青奥节目品质，提高青年文化品位

青年人担负着重要的家庭与社会责任，其健康成长已成为当下重要的社会性话题。然而青年的身体素质教育与文化道德教育并不仅仅局限于家庭与学校，其中，无所不在的大众媒介在青年全面发展中具有深刻的影响力，青年人总是被报刊、电影、电视、手机及互联网所围绕。优质、高尚的媒介信息可以提供积极的精神力量，塑造品德、提升文化格调与内涵，而劣质、消极的媒介信息会使青年人人格扭曲、价值观异化，滑向低俗化、

庸俗化、媚俗化及功利化边缘，直接导致青年人文化品位降低和人文内涵缺失。因此，在青奥媒介传播中，媒介机构需要严格审查与把关，对不良的青奥媒介内容进行剔除。同时加强对体育媒介从业人员的人文素质、职业道德及体育专业文化的培训，提高职业道德水平、甄别与筛选优质青奥信息的能力。借助青奥媒介传播之机，提高青奥节目品质，塑造青年人的品格，提升文化品位及审美能力，满足青年人娱乐与放松的需求。

（五）发挥“议程设置功能”，营造青奥文化学习氛围

“议程设置功能”作为一种理论假说，被美国传播学家麦克斯维尔·麦库姆斯（Maxwell McCombs）和唐纳德·肖（Donald Shaw）于1968年提出，认为大众传媒作为“大事”加以报道的问题，同样也作为“大事”反映在公众的意识之中；传媒给予的强调越多，公众对该问题的重视程度也就越高。通过相关话题与议题的制造与讨论，刺激人们的关注欲望，引起人们继续关注，以话题来创造一个虚拟的拟态空间。①青奥会的意义不仅仅在于竞技比赛活动本身，还在于借助青奥文化的传播，实现世界、国家、社会及青年之间的文化共融与学习。在青奥文化传播中，在媒介强大的“议程设置功能”之下，大众媒介应该跳出功利主义、个人英雄主义及过度商业主义的樊篱，以整体的、长远的眼光去看待青奥会赛事及其文化内涵，超越体育竞技主义、商业主义，突出青奥文化教育的主题。强调在奥林匹克主义的观照下，实现世界各地的文化交流，创造青年人学习与成长的体育文化环境。

为实现青奥会的目标，在青奥传播中当下媒介必须确定以青年人为受

① 郭庆光. 传播学教程［M］. 北京：中国人民大学出版社，2011：194.

众主体，以媒介的社会功能为手段，以媒介的社会责任为行为准则，传播优质的青奥文化，提高媒介文本品质与内涵，营造青奥文化学习的氛围。如何合理而有效地利用国内媒介对青奥会进行报道，实现青奥与青年人之间的紧密联系，营造出奥林匹克文化学习氛围，这是摆在当下国内媒介面前的一个重大问题。

第七章 "留下遗产"
——构建多维的奥林匹克遗产观

"创造可持续的遗产是奥林匹克运动的一项基本承诺。举办奥运会的每一个城市都是奥林匹克运动的一个临时管家，这是一项重大责任，同时也是巨大机遇。举办城市能够抓住世界性的关注，每座城市将有一生只有一次的展示为人类精神欢庆的机会，并且能够创造唯一的包括环境的、社会的、经济的，能够长远改变社区、地区和民族的丰厚遗产。"①

雅克·罗格，2013年

"奥运遗产来自于主办城市对其所具体承办奥运会的愿景的实施和落地。每个奥运主办城市要结合自己具体地区和时代背景，来定义'通过体育来构建一个更加美好世界'的具体样貌。主办城市的发展愿景（超越17天比赛日程的符合当地正面积极社会变革的预期），与'打造一个更美好世界'的愿景相关联，可以生成一个共同愿景（joint vision），这也是主办城市奥运核心理念的基础。当这一愿景被落地实施，其结果就是奥运遗产。因此，遗产不会自动出现，而是需要制定愿景、开展计划、协调行动、监测和报告。"②

《奥林匹克议程2020：奥运会新规范》，2018年

① 见《奥林匹克遗产》（*OLYMPIC LEGACY*）报告，国际奥委会官方文件，2012年6月。

② 见《奥林匹克议程2020：奥运会新规范》（*Olympic agenda 2020Olympic Games：The new norm*）文本。

第一节 奥林匹克遗产及其类型：国际奥委会的观点[①]

一、奥林匹克遗产是什么？

一份持久的遗产

奥运会能够给社区的形象和基础设施带来相当的改变，并带来持久的受益。作为全球最大的体育赛事之一，奥运会是引起举办城市改变的巨大催化剂，这种改变要远超奖牌被授予后的那些美好记忆。

每届奥运会都为整个奥林匹克运动带来了巨大的遗产，有助于向全世界进一步弘扬奥林匹克价值观。每个举办城市也为奥林匹克运动历史创造了令人振奋的新篇章，通过举办那些令人难忘的体育瞬间，诞生了新的冠军，创造了持久的美好记忆。

另外，规模和关注点的不同，青奥会——首届青奥会已于 2010 年在新加坡成功举行——同样能够创造巨大遗产，尤其是在体育、教育以及举办城市和地区促进青少年养成健康生活方式等方面。

愿景

为了能够充分利用奥运会提供的这些良机，潜在的举办城市就必须具备强大的愿景和明确的目标：奥运会，甚至是申办奥运会，能够为民众、

① 本文翻译自国际奥委会官方文件《奥林匹克遗产及其类型》，这是笔者检索到的第 1 份国际奥委会发布的正式文献。应该说，国际奥委会历来重视遗产问题，尤其是近年来的这种遗产意识就更为强烈，相继发布了多份官方文件，如 2013 年《奥运遗产》（*Olympic Legacy*），2015 年《奥运会：遗产和影响》（*Olympic Games：Legacies and impacts 2015*），2018 年《遗产战略方针》（*Legacy Strategic Approach：Moving Forward*），可以看出国际奥委会对奥运遗产概念体系和属性特征的认知也经历了一个逐步深入的过程。

城市和国家做些什么。国际奥委会从一开始就着手帮助这些城市聚焦于举办奥运会能够做什么，以及鼓励它们在筹办早期能够反思自己的这些想法和目标。

二、奥林匹克遗产类型

奥运会能够在举办城市留下一系列遗产，不仅是体育方面，还涵盖社会、经济和环境上的收益。其中一些受益在奥运会开幕式之前可以体现，而另外一些，往往在奥运会结束数年之后才能够慢慢显现。

奥林匹克遗产大体上可分为以下五种类别：体育的、社会的、环境的、城市的和经济的，并且分有形和无形遗产两种形式。

有形的奥林匹克遗产包括新的运动项目、交通基础设施、城市改造与美化，可以增强城市的吸引力，改进当地居民的生活标准。

无形的奥林匹克遗产，虽然不可见，但是同样重要。例如，提升民众的国家荣誉感，提高公众职业技能，形成承办国家民众间良好的精神风貌，民族文化和遗产的重新发现，以及提升环境意识。

（一）体育遗产

举办当今世界上最大的体育赛事之一，奥运之城有机会提供持久的体育遗产，这些遗产不仅可以有效促进和发展当地的体育运动，而且能波及举办地区甚至国家。

体育场馆

为奥运而修建或翻新的永久性场馆，可以在奥运会结束之后持续使用，这是奥运交付的一份持续性体育遗产。然而，组织者需要为遗产使用确保这些场馆是实用的、可持续的和有足够范围的。

例如，1912 年奥运会时建造的斯德哥尔摩奥林匹克体育中心，到今天仍在使用，并且在过去 100 年的历史中，举办过非常多的比赛。1956 年墨尔本奥运会时，由于澳大利亚检疫法的原因，骑马比赛无法在墨尔本举行时，该体育中心还承担了当时的骑马比赛。

1994 年利勒哈默尔冬奥会，也为城市的体育场馆提供了一份长久的遗产。公众和精英运动员都可以使用体育场馆，这些场馆不仅举办了其他的体育比赛，还举办过一些演唱会和文化商业展会等。2016 年，这些场馆还将在第二届冬季青年奥运会中继续使用。

在德国，1972 年慕尼黑奥运会中使用过的一些场馆就是申办 2018 年冬奥会的资本，这其中包括可举办大型仪式活动的奥林匹克体育中心，以及被改造成可以举办冰壶比赛的奥林匹克游泳馆。

2012 年茵斯布鲁克首届冬季青奥会，就利用了在 1964 年和 1976 年两届冬奥会中曾使用过的奥林匹克场馆。而曾经在 1948 年奥运会中使用过的伦敦温布利体育中心，则是 2012 年伦敦奥运会的主要场馆，在这里将举办羽毛球和艺术体操比赛。

而一些奥运场馆则在奥运会结束之后，通过适当改造以适应其他用途。如为 2010 年冬奥会而建造的椭圆形速度滑冰场，就被改造成一个多功能体育健身场馆，为社区健康和体育发展提供了一份持续的再生遗产。

今天，申办城市正考虑使用临时性的、可以重新定位的体育场馆，这些场馆在奥运会结束之时可以拆组，并且能够在举办国家的其他地方得以利用，甚至回收。

体育运动的推进

除了可以使场馆设施更新和升级以外，奥运会还能够为举办城市带来独特的良机，以提升整个东道国对体育的认知与理解。

通过激发体育参与兴趣，经营学校和当地体育俱乐部，奥运会有助于实施教练员培训计划，以及提供更好的设施与新装备，所有这些都有助于培育下一代冠军。

有数据显示，1992 年巴塞罗那奥运会，使每周至少参加一次体育运动的人口比例从 1983 年的 36% 增长为 1995 年的 51%。

1984 年洛杉矶奥运会，组织者意识到加利福尼亚的青少年一代参与体育面临困难，尤其是在一些落后地区缺乏具有合格资质的教练和体育设施。为此，在奥林匹克周期内，提升了年轻人参与体育的资金额度。奥运会的部分利润收入也被用来投入到支持加州开展体育运动中去。特别是为了帮助那些弱势青年，这些资金被大量投入培训教练与举办体育活动等公益性事业，从而更好地支持了弱势群体参与体育运动。

为确保 2002 年盐湖城冬奥会能留下遗产，发展大众休闲和精英体育，专门成立了犹他州体育委员会。从那之后，犹他州已经举办了超过 50 项世界性体育赛事，年轻人参与体育运动的数量有了明显增长，参与各种滑雪运动项目兴趣皆有大幅度提升。

（二）社会遗产

文化与教育历来都是奥运会的重要组成部分。事实上，奥林匹克基本原则包括教育，遵从道德原则、人权和相互理解，友谊、团结和公平竞争的精神，反对任何形式的种族的、宗教的、政治的以及性别的歧视。

奥运会给举办地促进发展带来了独特良机，并且启发超越于举办城市的行为和态度上的改变，而这些转变，恰能够产生持久的文化、社会和政治方面的遗产。

全球定位

奥运会文化活动包括开闭幕式、颁奖仪式以及文化奥林匹亚。这些活动给参与者提供了一个了解举办城市文化、风俗、历史以及生活方式的机会。同时，这也可以使当地居民以开放的心态庆祝和宣传他们的文化，从而提升民族荣誉感、责任感和归属感。

例如，在20世纪80年代，韩国还是一个新兴国家。通过举办汉城奥运会而设计的一些文化活动，让更多的人了解当时的韩国文化。很多感兴趣的外国游客参与其中，这让韩国人重新找到了参与国际事务的自信，如组织其他国际比赛等，并且唤醒了进一步同世界联系的内在需求。

同样，2000年悉尼奥林匹克艺术节，以“生活的港湾”为名，表达了澳大利亚在新世纪来临时给自己的一个定位。澳大利亚丰富的土著文化、土著民和托雷斯海峡岛民文化，连同澳大利亚多元社会的特质共同欢庆。除此之外，该文化活动的一个重要内容就是承诺为澳大利亚的艺术家和艺术公司创建长远的利益。

2010年温哥华冬奥会组委会和当地的土著民部落签署了一份正式协议。协议指出以“Lil’Wat，Musqueam，Squamish，Tsleil-Waututh”为代表的“四大东道主土著民区”在与冬奥会相关的决策中同样扮演正式角色。

伦敦奥组委推出了2012年伦敦文化节作为四年一度奥林匹亚文化周期的最终成功案例。展示大英帝国的文化遗产，为期12周的文化节是英国历史上最大的文化庆典，来自204个国家，超过25 000名艺术家，在英国900个场馆中举办了12 000场活动和表演。

卓越、友谊与尊重

教育是奥林匹克主义的一部分，奥运会提供了宣扬引导“卓越、友谊与尊重”价值的完美平台。

在筹备2008年北京奥运会的时候，组委会协同国家教育部门和中国奥委会，联合推出了奥林匹克教育计划，该计划在超过 40 万所学校里整合奥林匹克教育进入现有的课程之中，已经面向 400 万中国青少年进行推广。

伦敦奥组委的教育计划——“Get Set”，已经有全国范围内超过 80% 的学校共同参与一系列与奥运会相关的活动，通过体育和奥林匹克价值获得启发。

奥运会同样能够有助于一种新的志愿文化的创建。北京奥运会，超过 110 万人申请志愿者，这有助于改变人们对社会残疾人和弱势群体的传统看法和观念。

2012 年伦敦奥运会，有超过 25 万人申请 7 万名“Games Makers”的志愿者岗位。

包容与合作

筹办奥运会同样有助于产生新的工作方式，通过参与与合作，大量利益相关的政府的、经济的和社会的工作机会，将奥运会带入日常生活。

这些利益联盟能够改进决策、计划和传递方式，产生新的产品和服务，改进行政程序。

在温哥华，组织方采用一种多管齐下的方法来确保城市居民和商人，以及其他传统的给予关注和服务明显不足的如年轻人、土著居民、女人、残疾人等，可以在奥运会的商机中得到一定利益。温哥华奥组委采购计划使得本市的企业可以为奥运会提供产品和服务。

伦敦在筹办 2012 年奥运会时，落实了一项“就业和技能计划”，该计划旨在提升社会包容度，给予持续的就业机会，使失业的伦敦人能够从奥运中受益。这项计划其中三个项目的主要成果便是，为奥运会工作的有 50% 的承包商是来自伦敦举办地的，而通过奥运会获得持久性工作的伦敦人则超过了 3 万人。

（三）环境遗产

在过去的20年间，可持续性已经逐渐成为举办奥运会的一个重要考量。

1994 年，国际奥委会认定环境是奥林匹克运动的第三大支柱，并且创立了一个体育与环境委员会，以建议国际奥委会执委会在政策层面去考虑环境保护和可持续发展的问题。

国际奥委会和联合国环境规划署（UNEP）于 1995 年在洛桑举办了两年一度的世界体育与环境大会，1999 年国际奥委会在与联合国环境规划署的合作下发起了体育与环境 21 世纪议程。

奥林匹克运动 21 世纪议程旨在鼓励奥林匹克大家庭的成员为地球的可持续发展扮演积极角色，并且设置了若干基本内容和主要行动以确保这些目标能够顺利实现。

奥运会作为奥林匹克运动最重要的赛事，必须遵守这些条例。通过合理的规划与实施，奥运会给环境带来的冲击可以降至最低，组织者与当局紧密合作，使奥运会能够提升主办城市国际影响力，并且产生新的可持续影响，这些影响使得奥运会结束后能够带来一份长久的环境遗产。

在短期内，这些努力能够为参赛运动员带来更好的环境体验，而从长期来看，可以使举办城市和地区的居民感受到长远的受益。

城市复兴

部分有形遗产在举办城市内是可以再生重新利用的。多数情况下，被遗弃废置的城区可以通过改造为奥运会提供举办场馆。通常，这些地区在改造方面，会在体育馆的周围建有公园和绿地，为社区休闲服务。

例如，2000 年悉尼奥运会，大约 160 公顷（1 公顷 =10000 平方米，下同）严重废弃的土地得以再次利用，澳大利亚一块最大的城市公园用地得以建造。这其中就涵盖了湿地和林木的强化以及当地植物群和动物群的保护。

在亚特兰大，1996 年奥运会，在闹市区种植了近 2000 棵树，而位于大都市的百年奥林匹克公园和一些其他公园同样被再次发展。

伦敦，同样将 2012 年奥运会看成是一个良机，可以将过去的工业用地转变成 100 公顷（1 公顷 =10000 平方米）的公园用地，建造一个新的百年来欧洲最大的城市公园。奥运之后，奥林匹克公园将为野生动物提供新的栖息地，包括湿地、开放性河流公园和草地。公园的设计涵盖了生物多样性行动计划中所罗列的所有栖息地和野生动物类型，打造成易接近的生态型社区空间。

新能源

举办奥运会可使政府当局采用更多环境友好型公共交通系统，增加可再生能源的使用。

2008 年北京奥运会，政府投资 220 亿美元改善空气质量，改造了 6 万个燃煤锅炉以减少废气排放，超过 4000 辆公交车改用天然气，这种情况超过世界上任何一个其他城市。

在设计和建造新的奥运场馆时，可持续性是一个重要的考量标准。使用可再生能源与可回收利用材料，以使设施更加高效节能。

在悉尼，能源、水利、污染控制和废弃管理等理念被重点运用在奥林匹克体育馆的设计理念中，该馆是由可再生材料建造的。可再生能源同样被广泛运用在悉尼奥林匹克公园上，这些设计和理念发展了相关的环境教育、解释和研究活动。

由悉尼奥运会而发起太阳能工程包括在奥林匹克村的 665 个屋顶上安装太阳能面板，以及悉尼超级圆顶，千禧公园内的水泵装置以及林荫大道边的 19 座灯塔。通过奥运会，举办城市展示并完成了能源革新，并且这些初步行动后来大部分成了主流做法。

2010 年温哥华冬奥会同样可以称得上是可持续建设实践的另一催化剂，温哥华和惠斯特的两个奥林匹克村都使用了从附近污水和水处理装置经过热循环而产生的可再生能源。

此外，由植被覆盖的“绿顶”，占 2010 年温哥华冬奥会奥运村内所有建筑的 50%，可以提供天然隔离，减少雨水渗漏，以及为野生动物创造了天然的栖息地，并且为在奥运会之后建筑屋顶公园提供了机会。

通过展示这样或那样的可持续实践案例，奥运会能提高公众的环境意识，引导制定更为重要的长期环境政策。

（四）城市遗产

奥运会是一个城市有可能举办的最大型体育赛事，因此举办城市需要雄厚的基础设施如交通、住宿，以成功管控由奥运会带来的大批量游客，以及城市组织者和公共机关的整体面貌。

因此，举办城市通常在奥运会之前投入大量资金进行城市改造，有时甚至对预先制定好的发展规划提前实施。为使举办城市不管在居住还是旅游方面都更具吸引力，奥运会有助于城市实现长期目标，为市民创造更高质量的生活，增强城市吸引力。

崭新的面貌

举办奥运会带来的最常见变化就是市区的翻新与美化。改造已经存在的市区，奥运会加速了在工业废地、遗弃码头和废弃铁路停车场进行新市区的建设。

例如，2004 年雅典奥运会之前，特意成立了“雅典新面貌”的组织，旨在通过监督翻新腐烂的建筑外墙来美化城市。

温哥华，在城市未开发海滨的最后一块剩余地建造了奥运村。该地之前是工业区，重建后不仅保护了可供公众使用的海滨，而且恢复了历史性建筑。这项工程也引发了所在地环境处理、海岸线生态保护，并导致了海洋生物栖息地和土著植被复原。可以预计，这项工程为今后的公共决策和计划提供了良好的示范，接下来的许多年中，温哥华 30 公里海岸线，以及临近的公园、街区和市中心，行人都可以沿着海堤步行，跑步，或者骑自行车。

温哥华在筹备冬奥会的进程中，也在社会住房计划中投入巨资，为城市无家可归者提供居所，并且多管齐下，确保本市居民和企业，能够在奥运会创造的经济机会中获益。

在巴塞罗那，超过 100 公顷（1 公顷 =10000 平方米）的原先的工业区，被重建成居民住房（原先的奥运村）和公共设施。作为城市发展长远目标的一部分，海滨得以重新清洗，为举办奥运会，同样也发展了主要的环城公路和其他交通设施。

而在伦敦，为筹备 2012 年奥运会，已启动了欧洲最大的城市再生计划，在先前最大的城市废地之中建造奥林匹克公园。奥运会之后，这些新建的体育设施将得以改造供体育俱乐部、当地社区和精英运动员训练使用，而坐落于这些体育设施边上的运动场将被改造以供社区使用。奥运村将变身为大约 2800 间住房，而交通改善则连接到城市的部分其他地区。此外，河边的房屋、商铺、餐馆、咖啡店也将为当地社区提供相应的服务。

交通设施

交通基础设施对一个举办城市来说是一个重要的考量因素，因为举办奥运会需要可靠的、快速的、安全的交通网络，以便能够满足大量的奥运会参与者的交通需要。举办奥运会，在政府的支持下提供急需的新系统，

而因此成为新的交通基础设施建设的催化剂，

例如，在温哥华，地区和国家政府部门为在市区和机场间修建新的轻轨而投入财政支持，并且事实也已证明，自修建以来一直大受欢迎。

2008年北京奥运会，政府在城市交通体系建设中投入重金，打造了几项重大工程，如在国际机场建立了一个新的终端和跑道，使机场的乘客运载能力从2002年的2000万～2500万人提升到2008年的6500万～7500万人。

该项投资也使北京主要的公路网得以全面扩张，北京的地铁全面扩展与革新，并新开通了几条线路。

（五）经济遗产

奥运会作为全球最大型体育赛事，有亿万潜在观众。随着赛事的规模扩大，奥运经济的重要性也在日益增长。

三、增长的经济活动

举办奥运会带来的一个最明显的经济影响就是提升经济活动和产品水平，或举办城市见证的GDP（国内生产总值）增长。2000年悉尼奥运会，估计将GDP提升了62亿～72亿美元，创造了超过10万个就业岗位，激发了每年约160万人的游客数量。

1996年亚特兰大，据报道由举办奥运会产生了50亿美元的经济影响，而2012年伦敦奥运会，不仅吸引了重大投资并且在经济萧条时期产生了数以千计的就业机会。全英几千家企业积极投身于城市奥林匹克公园的建设，240家公司参与到奥林匹克体育中心的建设中。

举办奥运会，有多种方式直接或间接提升举办城市、地区乃至国家的经济活动水平，不同类型的企业都可从中获益，包括合作商、供应商、服务商以及当地企业，它们甚至能够产生积极的“涟漪效应”。

奥运会同样可以带动新的就业机会，如通过奥运会策划与运营直接产生就业机会，或在赛前、赛中和赛后，通过增长的经济活动水平间接产生就业机会。

1994 年，利勒哈默尔冬奥会在一个奥林匹克周期内为 600 ~ 1900 人创造了就业机会，实现了内陆地区一个重要的经济激增，以和挪威资源丰富的沿海地区保持同步竞争。

对于基础建设来说，同样能带来重大的经济获益。主要的建设工程，可增加经济活动，创造就业机会，而城市修复计划也有助于产生新的经济增长点。

修建伦敦新的奥林匹克公园，已经雇用了大约 3 万名工人，其中大约有 7% 之前是待业的。改造城市东部同样提供了几千个新的工作岗位。新建的国际广播中心，其设计尽可能地弹性化，以便于奥运会之后能够改造适应更广泛的潜在租户。这些建筑将变身供办公和商业使用，为当地社区带来良机，提供超过 8 万平方米的就业空间。

通过举办奥运会，城市可以证明其具备举办其他大型赛事的能力，为将来赢得更多机会和更多支持，从而提高城市的全球竞争力。奥运会能带来经济遗产，通过培训项目以及积累大型体育赛事的筹办经验带来新技能的发展。

城市的奥运遗产可引发旅游部门的大量增加，举办奥运会能够带来游客的大增，不管是会前、会中，还是会后。

例如，都灵，利用 2006 年冬奥会契机，通过向世界展示其丰富的历史、文化和高科技产业，塑造了一个新型旅游和商业化的城市形象。都灵举办奥运会后游客人数大增，据估计奥运会后一年增加了 10 万～ 15 万人。当地的奥运场馆也举办了好几场其他大型体育比赛。

通过举办奥运会获得最大限度的曝光，举办城市能够有效地将自己在世人面前展现出来，并且可以通过宣传活动和旅游基础建设投入来实施长期的旅游增长计划，如酒店和景点。

1996年亚特兰大举办奥运会时，酒店存量新增了约6000间宾馆住房，容量增加9.3%，而城市由于在奥运会举办后10年内建造了宾馆、办公物业、居民楼和娱乐中心，同样迎来了超过18亿美元的价值。

同样，巴塞罗那由于举办1992年奥运会，其酒店存量从1990年到1992年间增长了38%，而且其城市修建工程同样使巴塞罗那提升了对海外游客的吸引力，导致旅游业和重大经济收益潜在增长。

较为突出的是，2010年温哥华冬奥会结束后仅仅10个月，加拿大就被提名为2010国家品牌指数（2010 Country Brand Index）的第一品牌国家。毫无疑问，举办大型国际体育赛事尤其是2010年冬奥会给温哥华带来了巨大收益。获得第一品牌国家的荣誉，使加拿大在世界舞台的表现大为改观，举办奥运会是加拿大发展其长远旅游计划的良机。事实上，加拿大旅游委员会（Canadian Tourism Commission）认识到奥运会长远遗产将带给加拿大作为旅游之地更多的吸引力，能吸引更多的游客，因此抓住了这个能够展示加拿大国际旅游品牌的千载难逢的良机。

四、结语

举办奥运会，在城市历史中会是一个具有决定性的重要时刻，因为这将为城市发展创造一个长久、正面的改变。

申办城市已经愈来愈强调通过举办奥运会为城市发展留存遗产的重要性，而国际奥委会也有责任去支持这些努力，并且极力去促进奥运会创造积极遗产。

然而，这些积极遗产并非自我发生的。这需要举办城市在尽可能早的时间认真规划，并且在每一个步骤都要能够认真整合集成。创造遗产同时也需要各方的通力合作，如城市领导者、奥运会组织者、地区和国家当局、当地的社区、商业伙伴等，当然，奥林匹克大家庭的所有成员，如国际奥委会、国家或地区奥委会、国际单项体育联合会也要积极参与，多方合作。

国际奥委会积极帮助赛会组织者以及奥运会申办城市，以确保奥运会能够为它们的社区带来新面貌。每座城市皆不相同，因此国际奥委会鼓励它们从申办之初就应充分思考自己的独特性，以及怎样通过举办奥运会推动城市发展的。国际奥委会也从历届奥运会中给它们提供大量的信息和专门的知识，以确保奥运会举办能够不断积累和汲取经验教训，适应自身的独特需要。

举办奥运会——既是体育比赛，也是城市发展的催化剂，它带来积极遗产的事实已经足够证明奥运会的魅力。同时，也已表明将正确的计划落实到位，对留存遗产来说是完全有可能的。

“奥运会远不止一场重要的体育比赛，除了为年轻运动员提供梦想和成就外，奥运会还为冠军培育未来一代创造了环境。他们还担当了确保举办城市为后人留存一份积极的遗产的社会责任。国际奥委会坚定地做出承诺：尽力使这份遗产的正面效应发挥到极致。”

——雅克·罗格，国际奥委会第 8 任主席

第二节　北京奥运会文化遗产的提出与讨论①

奥林匹克运动具有浓厚的人文气息和丰富的历史文化底蕴。源于希腊的古奥运留给后人的尊崇公正的竞争精神、神圣休战的和平思想以及体育与文化艺术教育相结合的育人主张等至今仍被世人所称道。除奥运会比赛外，众多奥林匹克视觉形象、圣火传递活动、相关的文化艺术以及教育活动等作为奥林匹克运动独具特色的文化形态愈来愈受到世人的重视，亦成为奥运会文化遗产的重要组成部分。近年来，奥运会举办城市和国家特别注重奥运遗产的研究工作，力求使主办城市和国家在奥运会后能够在政治、经济、文化等方面得到进一步受益和持续发展。

现代奥林匹克运动方兴未艾，北京奥运的帷幕刚落，南京青奥的大幕又将拉开，认真总结北京奥运会文化遗产具有很强的借鉴和示范作用。且奥运遗产作为一种当代新型遗产类型，尚未经过时间的洗礼，与发展较为成熟的遗产学界相比，相关研究稍显落后。本书在理论分析的基础上，揭示北京奥运会文化遗产的内涵与外延、功能与价值、传承与保护等基本问题，力争为奥运遗产研究提供基础素材，丰富相关研究成果，为有关部门和组织决策提供参考。

一、奥运遗产的研究溯源与内涵分析

奥运会是一项世界性的体育赛事，亦是规模和影响最大的文化盛会，能够对举办城市和国家带来一系列政治、经济、文化、社会等多方面的深

① 该部分内容已发表，见王成，田雨普．北京奥运会文化遗产的基本理论研究［J］．西安体育学院学报，2011（3）：309-312.

远影响，从个人到社会，从学术团体到官方机构，对举办奥运会能够带来的众多影响已先后做过不少研究。如韩国对汉城奥运会的经济影响采用成本与效益分析，美国对亚特兰大奥运会的经济影响分为直接经济影响、间接经济影响、派生性经济影响和总体经济影响进行研究，澳大利亚则考虑了诸如奥运会活动、建设活动、游客影响等来研究奥运会影响。① 为了科学地评估奥林匹克运动会对举办城市乃至全球所产生的环境、社会、文化和经济影响，国际奥委会于 2002 年设立了 OGGI 评估项目，要求从 2008 年北京奥运会开始，每个奥运会主办城市都要在奥运会结束后两年内提交 OGGI 评估报告。OGGI 评估报告将以奥运会总结报告第四部分的形式成为国际奥林匹克运动文化遗产，由国际奥委会永久保存并为全人类共享。② 从“奥运影响”到“奥运遗产”，体现了学术界对奥运会这一特殊社会文化现象的关注和重视。

然而在奥运遗产相关的研究文献中，我们发现，“奥运遗产”一词有时也会与“影响”“后效应”“作用”等词混合使用，在奥运遗产的外延表述中，诸如提高文明程度、提升城市影响力等内容似乎采用奥运影响或奥运作用更为贴切。由此，我们有必要对奥运遗产相关定义进行探究，何为奥运遗产？什么样的内容才能称得上是奥运遗产，什么样的内容只是奥运带来的影响力，两者是否属于同一概念、同一层次？

对奥运遗产概念的阐述，人们习惯于从“遗产”一词的本意去寻找相关线索，再把其与奥运会相联系。各家概念表述虽有差异，但内涵基

① 董进霞. 北京奥运会遗产展望——不同洲际奥运会举办国家的比较研究［J］. 体育科学，2006（7）：3-12.

② 人文奥运网［EB/OL］.http：//www.c2008.org/center.asp.

本相同，都是指与奥运会密切相关的物质财富和精神财富总和，可以表述为："奥运遗产"是指在申办、筹备和举办奥运会一系列过程中所创造并遗留下来的财富总和。在这一点上，学术界并无太大争议。在此，我们不妨对国内外学者的已有论点做简单回顾。加拿大学者哈里·希勒（Harry Hiller）认为"影响"为中性术语，包含正面影响和负面影响，遗产与"影响"不同的是，"遗产"通常被认为是积极的后果，按照这样的理解，奥运遗产就是奥运影响中带有正面效应的那一部分。理查德·卡什曼（Richard Cashman）① 认为，对奥运遗产的强调，将奥运会与世界杯及世界锦标赛区分开来，对此我们可以理解为奥运会与一般锦标赛等大型赛会的区别之处就在于奥运遗产，如奥运会中独特的仪式、相关文化教育活动等。我国文化遗产蓝皮书中指出：遗产是自然进化和人类发展过程中历史积淀的精华，具有唯一性和不可超越性。② 那么，奥运遗产也可以理解为在奥林匹克运动发展历程中有关奥林匹克历史积淀的精华，当然，奥林匹克运动给我们留下了丰富的遗产，如奥林匹克精神等，本书中的奥运遗产主要指针对某一届奥运会而言，因此，使用奥运遗产这个概念，与奥林匹克遗产概念并无本质区别。此外，从古代汉语的角度来考察，"遗"的本意是"亡也"，即亡失，当然也有留下的意思，理解为"过去了，但留下了"，而"产"则有书为证，那么对奥运遗产而言，应该讨论什么"过去了"，什么"留下了"，有无时间期限等。据此，本书对奥运遗产概念的判断首先从不同的维度层次予以界定（基于大的

---

① 杨清琼．奥运会及其遗产：悉尼奥运会的经验教训［J］．体育文化导刊，2007（12）：35-38.

② 刘世锦．中国文化遗产事业发展报告（2008）［M］．北京：社会科学文献出版社，2008：91.

奥运遗产观），具体表述见图 7-1：

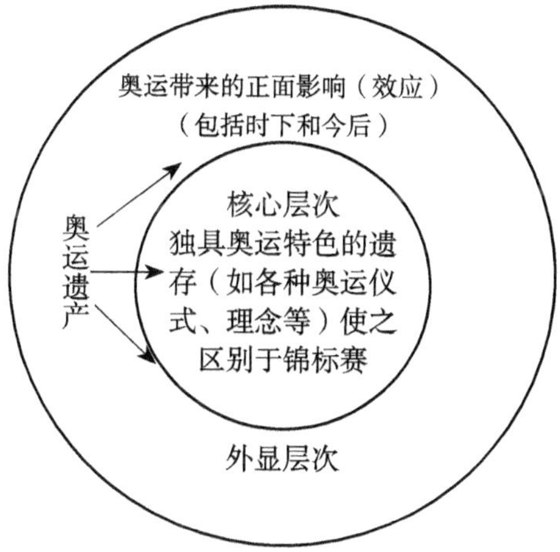

图 7-1 不同层次的奥运遗产观

奥运遗产是一种大的遗产观，就北京奥运会而言，在其申办、筹办和举办的过程中，遗留下来的凸显奥运理念（使之区别于其他大型赛会）的那一部分遗产是北京奥运会遗产中最核心的遗产，除此之外，举办北京奥运会对北京、对中国以及对世界所产生的一系列正面影响可以认为是北京奥运会遗产中处于外显层次的奥运遗产。

当然，奥运遗产作为一种当代的遗产新类型，尚未经过时间的洗礼，国际遗产界也未正式对此做出回应，本书的相关研究力求从遗产领域和奥运领域的结合中寻求共同点，不失为一种新的尝试。

二、“北京奥运会文化遗产”概念的提出与深化

按照目前联合国教科文组织的划分方法，世界遗产有五大类别，分别为：文化遗产、自然遗产、文化与自然双重遗产、文化景观遗产、非物质文化遗产。实际上，由于文化遗产已被细分为物质与非物质两类，我们可以把文化景观遗产、非物质文化遗产、文化遗产三者合一，称其为文化遗产，

使之分类在认识上较为直观。[①]（见图 7–2）

- 世界遗产
  - 文化遗产
    - 物质文化遗产（原“文化遗产”）
    - 文化景观遗产
    - 非物质文化遗产
  - 自然遗产
  - 自然与文化双重遗产

图 7–2　目前认可的世界遗产基本分类

然而，在目前联合国教科文组织颁布的相关条例以及相关遗产分类目录中，我们却找不到奥运遗产所属的具体空间位置，遗产界也从未把奥运会这一类社会文化现象作为其分类目录的一个组成部分。有形与无形遗产的划分体系促使了人们对遗产认识的不断深化与更新，尤其是无形文化遗产理论的提出更为人类文化遗产的保护拓展了巨大的实施空间，具有划时代的意义。[②]但是，从辩证的角度来看，这一含混分类体系的提出也给文化遗产保护工作带来了一些麻烦和混乱。事物有“无形”和“有形”两个层面，“鸟巢”“水立方”“福娃”“祥云”是实物，是有形的，但是，在这些实物背后所隐现的具有中国特色的设计理念以及深厚的传统文化内涵，才是使其成为奥运会文化遗产的重要部分。由此，我们应用大的文化观来看待北京奥运会的文化遗产，对其内涵与外延做出尽可能准确的界定。

此外，奥运遗产作为一种当代遗产类型，在分类上较为复杂，一是其时间短，尚未经过“时间”的“淘洗”；二是内涵丰富，物质的、非物质的都有；三是活态的，大多数“空间”还在使用中；四是体系庞大，不仅

① 王文章. 非物质文化遗产概论［M］. 北京：文化艺术出版社，2006：293.

② 王文章. 非物质文化遗产概论［M］. 北京：文化艺术出版社，2006：247.

在奥运会举办地，还涉及其他城市，甚至国外。因为，奥林匹克运动作为人类重要的体育文化遗产，本身就具有普遍性意义和发展演变过程，是起源于古希腊，但又经过全人类共同创造的一种文化遗产财富，当然，北京奥运会遗产已经成为它不可分割的一部分。

在奥运遗产研究的基础上，我们提出“北京奥运会文化遗产”的概念，它体现的是对北京奥运会文化多样性的尊重，对奥林匹克运动文化内涵的推崇和继承，是一个有限、合理、集大成的概念，与世界遗产保持一定相关性。我们认为，北京奥运会文化遗产蕴含着中华民族特有的精神价值、道德观念、思维想象和创造空间，是理解北京奥运会历史和文化不可或缺的，同时也是奥林匹克和中国面向未来的文化建设的基础。它不仅体现出奥林匹克运动深远的历史文化传承，也体现着中华民族丰富的想象力和创造力，以及对奥林匹克运动的文化贡献，是全人类的文化瑰宝。此外，北京奥运会文化遗产强调其代际的文化传承功能，将奥运遗产上升到文化软实力可持续发展的平台，有利于将奥运遗产进一步发扬光大。诚然，北京奥运文化遗产是一种“复合型的遗产”，这也是所有体育文化遗产的共同特征。它是“无形”的，还有奥运精神也是无形的，但许多设施、场所等又是有形的，但其本质应是无形文化遗产，它是人类对自身能力极限的一种挑战，对运动美的展演与追求，对追求公平、公正，敢于竞争，敢于征服、互相合作的一种永恒精神及价值的昭示和标识。至于物质的，它可以是多种多样的，体现了不同时代、不同功能、不同地域、不同民族甚至是不同设计师的风格，也是奥运文化遗产的一个部分，不过，与精神价值相比，那是次要的，毕竟那只是一种空间和场所。

三、北京奥运会文化遗产的分类与特色

遗产概念本身的多维化、复杂化，决定了奥运文化遗产是个内涵丰富、层面多重的问题，且这种新型遗产体系庞杂，因而对其研究与梳理也应通过多视角、多方位、深层次进行，力求完善。本书提出从不同的形态特征、国界以及功能属性给予不同的划分：从其形态特征，可分为有形遗产与无形遗产；以国界区分，可分为国内遗产与国际遗产；根据功能属性，可分为体育遗产与超体育遗产。（见图 7–3）

北京奥运会文化遗产

- 有形遗产
  - 举办城市风貌
  - 奥运体育场地
  - 奥运形象标识
  - 奥运人力资源
- 无形遗产
  - 思想遗产：三大理念
    - 人文奥运
    - 绿色奥运
    - 科技奥运
  - 仪式遗产：开闭幕式、火炬接力
  - 模式遗产：组织运作

- 国内遗产
  - 民族精神提升
  - 文明程度提高
- 国际遗产
  - 奥林匹克推广
  - 多元文化交流

- 体育遗产
  - 竞技水平
  - 体质健康
- 超体育遗产
  - 产业经济
  - 文化艺术
  - 教育科技

图 7–3　北京奥运会文化遗产的多维分类体系

当然，视角不同，划分亦不同，上述划分亦有交叉之处，随着遗产研究的进一步深入和规范，有关分类会更加清晰和准确。可以看出，北京奥运会文化遗产在体系内容上较为复杂，总的来看，它具有独特性、传承性、综合性等文化遗产的基本特点，同时从各个具体的项目门类来看，也会有所侧重，表现出一定的特色。整体而言，北京奥运会文化遗产是以奥林匹克理念为核心、以文化为载体、以体育为表现形式，通过 2008 年北京奥运会这一特定的大型赛会而得以呈现和传承。这一复杂的综合体具有如下三个主要特征：其一，多种存在形式。从具体到抽象、从物质到精神，以有形与无形共同存在的形式遗留给后人。其二，多重涵盖范围。

奥运会的规模与影响力越来越大，奥运遗产的获益范围不只局限于某个城市或某个国家，几乎波及全球。其三，多样价值体系。其价值体现在社会生活中的方方面面，涉及政治、经济、文化、教育、艺术等诸多领域。

四、北京奥运会文化遗产的功能及其价值体系

（一）北京奥运会文化遗产的功能及其与经济社会发展的关系

就文化遗产而言，其功能有多种表述，如历史研究、文化传承、文化象征、加强爱国主义教育等。[①] 我们认为，北京奥运会文化遗产具有教育、科研和经济三大功能，在北京奥运会的申办、筹办和举办的过程中，所遗留下来的各种文化遗产对其功能的表述，是为了更加合理地开发和利用，更加有效地传承和保护，出于这样的考虑，我们认为北京奥运会文化遗产的功能属性应当定位于公益性。通过对北京奥运会文化遗产的合理利用和开发，这三种功能得以充分利用，有效发挥，从而促进经济社会和谐发展。

（二）北京奥运会文化遗产的价值体系

北京奥运会遗留下来的内涵独特、外延丰富的诸多文化遗产，蕴含着丰富的艺术、美学、建筑、体育、经济、文化等因素，可以说是多领域、多学科综合交叉的真实体现。这些遗产从不同的维度来看，具有不同的价值：教育价值、经济价值、纪念价值、借鉴价值等等，既不相互孤立，也不完全等值，而是彼此交错，存在共性与特性之分，共同构成了北京奥运会文化遗产的多维度、多层次的价值体系。研究这些价值，应该立足于整

① 刘世锦．中国文化遗产事业发展报告（2008）［M］．北京：社会科学文献出版社，2008：112.

个国际社会和奥林匹克运动发展的角度，超脱北京乃至中国的地域局限，进行综合、全面的考察。

1. 历时性基本价值

奥林匹克运动在其百余年的发展历程中，积极吸收文化精髓，努力摒弃时代糟粕，与时俱进，在实践中接受检验，逐渐形成了以奥林匹克思想体系、组织体系和活动体系为主体的完整体系。每一届奥运会也因时而异，产生凝聚时代特征的众多遗产。这些遗产是我们认识奥林匹克运动、认识奥运会承办地区和国家的鲜活方式和最有效的手段之一。北京奥运会文化遗产具有丰富的历史文化和精神传承价值，从中我们不仅可以了解奥运会历史，见证奥运文化，而且可以认识人类社会在自身发展中所产生的各种优秀文化，认识人类文明，以一种鲜活的方式，来传承民族精神，弘扬奥运理念。我们认为，作为价值体系中最普遍、最核心的因素，历史价值、文化价值、精神价值是北京奥运会文化遗产的基本价值。

2. 共时性基本价值

一般来说，历时性基本价值主要是从时间的维度，跨越不同历史时期来进行纵向的价值审视。而共时性基本价值，是指在北京奥运会这一特定的历史时期和特定的社会空间内来考察。在此，我们会发现这些文化遗产必定存在真、善、美这三种基本人类价值中的一种，当然，也可能会有交叉。如北京奥运会仪式遗产，既有各种礼仪活动，又有文化象征符号，如火炬、奖牌等，不仅对人的行为规范产生导引和指向，对真、善、美大力弘扬，同时也在审美中创造艺术灵感，提升人们的审美情趣，以净化心灵。因此，从横向上来看文化遗产，我们就可以立足于科学价值、社会和谐价值和审美价值来进行相关的审视和研究。

3. 现实价值

在今天这样一个商业化、信息化的时代，奥运会文化遗产价值体系中所包含的教育和经济价值是不可回避、更是不可忽视的。一方面，北京奥运会文化遗产涵盖了大量的知识来源和深厚的历史文化底蕴。充分利用这些内容，积极地将奥运遗产引入课堂、学校甚至社会，认真研究、管理、开发，通过教育活动使得奥运文化遗产得以有效传承，丰富奥林匹克教育的理论与实践。另一方面，北京奥运会文化遗产的经济价值，不仅包含物质方面带来的各种收入，如奥运相关纪念品、门票等，也包括非物质方面如奥运旅游、奥运产业等带来的收入。先保护，再利用，经济开发和文化保护两手抓，形成良性循环，同时也要转变思路，避免把奥运看作一时的热潮，使其经济价值得到持续有效发挥。

五、北京奥运文化遗产的传承与保护

保护北京奥运会文化遗产，实质上就是弘扬和传承奥林匹克先进文化。在当今奥林匹克文化多元化的大环境中，对不同文化形式和价值的尊重，是对文化多样性的一种保护。[①] 北京奥运会文化遗产属于北京、中国，更属于全世界，惠及全人类。奥林匹克运动中蕴含的普世价值是惠泽每一个人，有利于每个人身心和谐发展，因此，个人和社会都应当负担起传承保护奥运会文化遗产的重要责任，国家和国际社会努力创造条件，使得群体和个人能够最大限度参与到奥运会文化遗产的传承工作中。

不难理解，一项历史文化遗产是与其生存环境密不可分的。在北京奥运会中广泛使用的城市形象标识系统、形象景观，特别是对于一些符号性

① 张泉，北京文化发展报告（2009-2009）［M］. 北京：社会科学文献出版社，2009：35.

的文化遗产，要重点保护其存在的外部环境，体现遗产的原始风貌。整体性的一个重要方面就是奥运会文化遗产要重点保护该遗产所具有的文化、情感、科技、历史等方面的内涵和要素，如对“祥云”火炬，不仅要保留火炬实物原型，更要传承和保护火炬的设计理念和文化内涵。

人类的文化遗产有有形和无形之分（尽管这种提法有一定的局限性），有形的静态遗存往往固定，不可再生，而无形的文化遗产却是发展的、延续的，在整个历史文化中处于不断更新与创造之中。每届奥运会诞生的许多符号标志，如奖牌、火炬、会徽等，不仅延续了奥林匹克一脉相承的历史传统，也将新时代新观念融入其中，散发出浓郁的时代气息和文化艺术品味。尽管在下一个阶段会被选择性地替代与更新，但从历史发展的趋势来看，每一个阶段都是必要的。因此，也要以客观、辩证的观念去看待奥运会文化遗产。

而对北京奥运会文化遗产的传承与保护，应当认识到：

其一，完善奥运遗产的法规和保障体系，是实现奥运文化遗产保护和传承的根本保证。通过立法，为实现奥运文化遗产营造和谐规范的法律环境，实现管理的法制化和制度化。奥运文化遗产虽是一种新型的遗产形态，但其内涵鲜明，外延广泛，建议通过申报使其在当前国际遗产目录中占有一席之地，以便于得到相关法规保护。

其二，尝试相关文化遗产的“影像化”“数字化”[①]生存，还原留存于奥运“物件”背后的内涵阐释和文化积淀，构建奥运历史文化栖息地。在许可权范围内，提供网络数据库服务，对于相关奥运文献档案，不仅要重

① 黄亚南，孙守迁，孙晋海，等．体育文化遗产数字化保护研究与应用［J］．体育科学，2007（3）：12-16，67.

视收集、整理，更要重视后续利用，注重长效性机制的建立和完善，可以在知识产权许可的范围内，进行非商业化流通，以利社会循环利用和开发。

其三，谨防奥运低谷效应，重视后奥运文化研究。下大力气开发与文化遗产相关的深层次文化产品，组织相关文化遗产的学术研究和国际学术会议、出版相关文化遗产的文化产品等。将北京奥运会文化遗产与当代创意产业相结合，尝试部分创意产业中心和奥运景观园区相结合，不失为一种实现转化与发展的新途径。

其四，将奥林匹克教育纳入高校素质教育讲堂，尤其注重在青少年中的教育和体验活动。传承必须“保持民族性，体现时代性”，重视在文化传统教育中的不可替代性。加大北京奥运会文化遗产的科研、教育力度，使遗产更贴近百姓生活，得到可持续发展。

第三节　青奥遗产：理论梳理与视点分析①

遗产问题历来受到国际奥委会和各界奥运承办城市的重视。自 2010 年 2 月南京获得 2014 年青奥会承办权以来，如何办一届“留下遗产，普惠于民”的青奥盛会，一直是承办各方和社会各界重点关注的现实性问题。遗产问题，不仅是遗产学等学科给予明确界定的理论性话题，同时也是国际奥委会和国际社会对奥林匹克运动重点关注的现实性议题，近年来亦被明确地纳入奥林匹克运动的相关正式文件之中。诚然，遗产无法规划，也不可能事先设计，但是，这种办会理念究竟能够给赛会筹办带来何种启示

① 该部分内容已发表，见王成．青奥遗产：理论梳理与视点分析［J］．体育成人教育学刊，2013（5）：7-11，2.

和指导，对以奥运会、青奥会这一类凝结体育精神、普适情怀的赛事符号，能否从学理层面给予奥运遗产准确的价值定位和归类，能否确立相对规范的考察范式，能否从发展较为成熟的遗产学寻找理论关照，能否将遗产属性中的“过去式”转变为前瞻未来的“预设式”等问题，都值得进一步深入思考和探讨。

一、遗产：学界的传统与规范

（一）内涵与演变

遗产、遗产学、遗产研究，由来已久。对于什么是遗产，西方学者坦布里奇（Tunbridge，J.E.）与爱华西斯（Ashworth）等人认为：遗产除了物体、建筑、遗址、地点这些物质性的东西，它身上所被附骊的能够表征“过去”意义的非物质性特征，也可以被称为遗产；集体记忆、由于一些历史原因造成的现状，都可被称为遗产。[①] 西方遗产观的产生首先源于一个看似平凡的概念——“过去”，正是“过去”这一概念的产生催生了遗产学的兴起。

从词源角度而言，源自拉丁语的“遗产”（Heritage）一词，主要指自然或人类遗存给后人的有价值的产品。然而，伴随着时代的演进、时代价值观和各国各地区遗产观的演变发展，遗产的概念和内涵由封闭到开放，内容从有形到无形，外延不断深化和拓展。以至于联合国专门成立负责此事物的教科文组织及世界遗产委员会，并在全球范围内实施对自然与文化遗产的保护，影响之大，可见一斑。这些演变，不仅反映出人类对遗产价值的认识加深，也体现出对人类社会所创造出文明的尊重与推崇。保护、

① 葛荣玲. 遗产研究：理论视角探索[J]. 徐州工程学院学报（社会科学版），2012（1）：9-13.

传承，乃至利用、开发，留守人类居住的共同环境，守护人类的精神家园，遗产的真正意义往往不在于遗产物自身，而是在于遗产物身上所体现出的、传递出的“记忆”与“知识”，及其所具有的“应用、重塑和再创那些记忆与知识”的能力。这不仅使人们能够理解我们是谁，更重要的是使人们意识到自己“想成为谁”。[①] 遗产问题已经成为一个独立的学术领域，遗产学已经成为一门显学。

由此来看，遗产虽然来自过去，但是过去却并不是遗产的唯一属性。研究遗产，我们必须把视角放在当下，认真挖掘出遗产在“为当下”语境中所表现出的现实意义与实践价值。

（二）当代遗产研究的三个走向

奥运遗产研究，其基础理论就是要规范和统一遗产研究的视角与模式，从世界遗产研究中寻找依据和借鉴，达成共识。因为奥运遗产研究必须归属于世界遗产研究的理论范畴，才能更具持久力和生命力。

综览世界遗产领域的理论与实践动态，不难发现，当代遗产研究呈现出以下三个方面的动向：

1. 从文物走向遗产

现今人们对文化多样性和遗产多样性的认识已经逐渐趋于一致。从时间上看，过去对文物的认定往往根据时间的远近，如果不够“古老”就不属于文物，就不需要保护。而遗产更为注重其历史、科学和艺术价值。从要素上看，文物往往着眼于单一文化要素，而遗产则兼具文化和自然复合特征，如目前广为认可的“文化景观”遗产。从类型上看，文物的认定往

① 葛荣玲. 遗产研究：理论视角探索［J］. 徐州工程学院学报（社会科学版），2012（1）：9-13.

往着眼于“静态遗产”，不可再生，静止不变。而遗产完全可以是动态的、发展变化的和充满生活气息的，如历史文化街区、历史文化村镇等仍保持着原有使用功能的“活态遗产”。

2. 从物质走向精神

不管是物质的，还是非物质的，遗产都具有一定的精神价值。物质性的遗产，其本身往往承载着人类的情感寄托，在其物质性的背后，通常都凝结了一个时代的深刻记忆。在西方遗产学的视域范畴内，正如前文所述，“过去”开始作为一种遗产而受到追捧，而这种角色往往凸显了对古物或者遗物作为身份认同、持续性和发展愿景标志的关注。① 但是，随着这种“过去”情节的加重，人们意识到，“过去”的行为背后，恰恰隐含着重要的当下的精神需求。因为，对于一些人来说，“回到过去”意味着“永恒”，或者是逃避当下的一种方法。人们对过去的景观、建筑、老的纪念物投以前所未有的关注，其根本正在于人的某种精神需求。而这种精神需求恰巧指的就是“人”的精神需求，“以人为本”是遗产学的基本出发点，其理应成为当代遗产研究，乃至遗产保护的目的和未来发展目标。

3. 从过去走向未来

遗产，是“过去献给现在和未来的礼物”，也应该是“现在献给未来的礼物”。一个非常严肃的命题：世界遗产或源于上天，或传自祖宗，那么当代人的责任何在？在保留文明碎片的同时，我们能创造什么样的文明？能给后人留下什么样的遗产？

世界遗产的发展过程一方面反映出人类社会对遗产价值认识的进一步

① 沈宁．西方当代遗产理论综述［J］．民族学刊，2012（1）：50-58，94.

深入，另一方面亦体现出“历史与现在、现在与未来”相互对接的新的时空观。当下奋力保护的遗产是为了寻求“历史与现在的对话”，对未来，理应有所作为。近几年，国内开始有学者针对以上问题和困惑做出应答，如魏小安（2006 年）提出要为未来创造文化遗产，阐述了创造未来文化遗产的动力机制和工作建议；① 李经龙等（2006 年）在对世界遗产权威性的质疑基础上，提出了世界遗产的出路，认为我们要有意识地去孕育未来遗产，把当代的文明足迹留给后人。②

二、奥运遗产：实践演变与学界解读

作为一项世界性的体育赛事和规模影响最大的文化盛会，奥运会的举办对举办地和举办城市产生了深刻的社会影响，远超体育的范畴。2001 年罗格接任国际奥委会主席之职后，更加重视对奥林匹克运动深层次的研究，成立“奥运会研究委员会”，并于 2002 年年底提出题为“奥运瘦身计划”的研究报告。在计划中，提到了“百年奥运”给人类留下的诸如“树立举办城市和国家的国际形象、留下体育场馆和专业的人才队伍、为人们建立健康的生活方式奠定良好基础、增进国家民众的向心力和凝聚力、促进旅游业发展”的珍贵遗产。③

国际奥林匹克界越来越重视奥运会的后作用（后效益），2002 年 11 月，国际奥林匹克界首次在洛桑召开奥运会遗产大会，150 名代表，包括 IOC、历届奥组委、国际体育组织、申办组织、媒体等，对 1984 年以来奥运会的

---

① 魏小安，王洁平. 创造未来文化遗产［M］. 北京：中国人民大学出版社，2006：1-5.

② 李经龙，张小林. 试论世界遗产的出路［J］. 旅游学刊，2006（9）：86-91.

③ *International Olympic Committee Conclusion and Recommendations International Symposium on Legacy of Olympic Games*［S］，1984-2000.

后作用进行讨论，提出更加理性地认识奥运会的作用。与会者认为：奥运会遗产是多维的，从有形的，如建筑、市政设计、城市营销、体育设施、经济发展、旅游业等，到无形的，如思想和文化的创新、文化间非排他的经历、大众记忆、教育、集体的努力和志愿者主义、新运动项目的引进、全球声誉、经验及这种大型复杂的社会工程的操作方式。[①] 也就在同一年，国际奥委会要求每个奥运会主办城市都要在奥运会结束后两年内提交 OGGI（奥林匹克总体影响）评估报告。OGGI 评估报告将以奥运会总结报告第四部分的形式成为国际奥林匹克运动文化遗产，由国际奥委会永久保存并为全人类共享。

2012 年，国际奥林匹克委员会发布了题为“OLYMPIC LEGACY（奥林匹克遗产）”的文件，对奥林匹克遗产做出了明确划分，指出奥林匹克遗产大体上可分为以下五种类别：体育的、社会的、环境的、城市的和经济的，并且有有形和无形遗产两种形式。

从以上可以看出，随着人们对奥运会认知的逐步深入，奥运遗产问题在实践中经历了一个不断演变的过程，而这个过程与学者们的关注亦密不可分。理查德·卡什曼的《对悉尼奥运会影响的研究》，以悉尼奥运会为例，总结了奥运会对举办城市带来的正负面影响、奥运遗产计划的实施规律和经验。[②] 雅典奥运会文化部总秘书长科斯塔斯·卡尔泰斯在《奥林匹克评论》中对雅典为奥运会所做的准备工作进行了描述与介绍，对将会带来的文化遗产做了积极的评述，同时谈道：“对于雅典来说，文化遗产的重要性将

① 任海．对于北京奥运会后效应的思考［M］// 奥林匹克与北京奥运国际论坛、中外体育院校校长论坛文集．北京：北京体育大学出版社，2003：179.

② 理查德·卡什曼、杨清琼．奥运会及其遗产：悉尼奥运会的经验教训［J］．体育文化导刊，2007（12）：35–38.

会远远超越2004年雅典奥运会本身。[①]”

在我国文化界，尤其是遗产学领域，对文化遗产关注的角度仍然较为单一，体育文化遗产的研究更是相当薄弱，而对诸如“奥运会”等具有特殊意义的社会文化现象做出遗产梳理基本处于空白。体育学界对奥运遗产的关注从2001年北京申奥成功开始，此后虽涌现出较多探讨北京奥运会对我国政治、经济、文化、社会等多重影响的学术成果，但相关研究成果似乎仅限于奥林匹克运动的自身体系中，不同研究领域和学者对奥运遗产的研究视角也呈现出较大的差异性。从上文的梳理来看，我们不禁要问：以大型体育赛事为代表的运动会遗产（奥运遗产）究竟和发展较为成熟的遗产学（尤其是非物质文化遗产学等相关学科、研究）有没有一定的关系？能否建立系统的奥运遗产观？我们在研究奥运遗产时，是借鉴遗产学的相关理论还是“自圆其说”，“孤立探讨”？奥运遗产能否纳入遗产研究的范畴和视野中？

三、构建奥运遗产观的现实性条件

（一）创造性基础：百年奥林匹克发展为奥运遗产理论奠定了坚实的实践基础

与古希腊单纯的祭祀与竞技赛会不同，奥林匹克运动是在奥林匹克主义指导下的一项国际社会运动。奥林匹克主义是一种生活哲学，它把提高人的体质、才智和意志素质结合为平衡的整体，把体育运动与文化和教育融合起来，创造一种使人们在奋斗中寻求乐趣的生活方式，其最终目标是使体育运动为人的和谐发展服务，促进和建立一个维护人的尊

① 邱雪．雅典奥运会的启示：让文化遗产与奥运会对接［N］．人民日报，2008-01-11.

严的和平社会。

在这样的理论指导下，经过实践发展，奥林匹克运动形成了与之相应的实践体系。如包括奥运会（夏季和冬季）、青奥会（夏季和冬季）、残奥会（特奥会、聋奥会）的奥林匹克赛事体系（见图 7–4）。其中，奥运会是基础，通过市场化运作，建立神话般的商品化赛事；残奥会是辅助，体现生命关怀，面向普通大众；而青奥会则强调精神引领，面向青少年。还有围绕奥运会而举行的一系列能够展示奥林匹克运动最重要的精神实质和人文理念的礼仪性活动，如圣火传递仪式、奥运会开闭幕式以及颁奖仪式，和其他奥林匹克文化与教育活动，如奥林匹克青年营等。

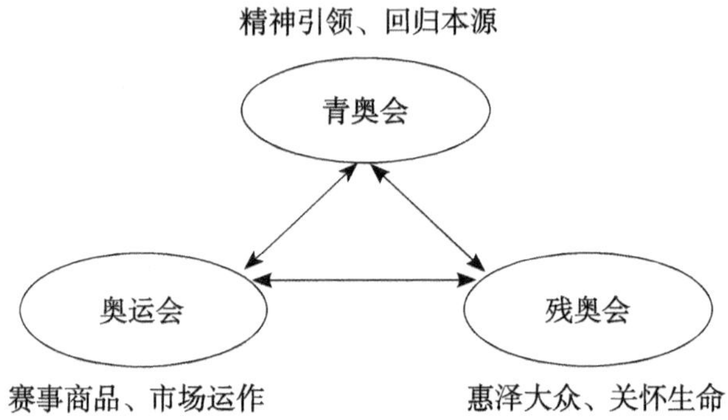

图 7–4　青奥会、奥运会和残奥会三者的定位

丰富的赛事活动体系加之以奥林匹克价值观“卓越、友谊与尊重”为核心的思想体系，为奥运遗产理论的提炼与升华提供了坚实的实践基础。

（二）大发展背景：遗产学的兴起为奥运遗产研究提供了背景支持与理论指导

就概念而言，遗产学是研究遗产相关事务的学科，通常将世界遗产学简称为遗产学。当今遗产学的发展与遗产事物的发展密不可分，而用全球性视角来进行遗产研究，是遗产学必备的基础性要求，否则，会误解世界遗产的初衷，并误导对世界遗产理念的理解。遗产学的日趋成熟，尤其是文化遗产学的完善和发展，对于奥运遗产的梳理和判定起到了非常重要的指导与支撑作用。奥运遗产研究应当置身于遗产学研究的大视野之内，并且由于奥林匹克运动特殊的精神性与文化价值内涵，对奥运遗产的关注也应当从传统的“器物”层面走向“理念”层面，深入挖掘其精神理念、价值观影响，从而潜移默化地浸润在人类的行为实践中。有效借鉴，甚至是合理介入到文化遗产学的学科视野和研究范畴之内，对奥运遗产研究来说是可行之路。

（三）内源性需求：可持续的发展理论为奥运遗产研究铺设了交互式发展之路

1968 年，罗马俱乐部发表了《增长的极限》，开创了可持续发展研究的新纪元。1980 年，联合国环境规划署、世界自然保护基金、国际自然保护联盟三者共同发布的《世界自然保护大纲》首次正式使用可持续发展概念，并将其定义为“改进人类的生活质量，同时不要超过支持发展的生态系统的能力[①]”。

什么是可持续发展？按照世界环境和发展委员会在《我们共同的未来》中的表述，即“既满足当代人的需要，又对后代人满足其需要的能力不构成危害的发展”。具体来说，就是谋求经济、社会与自然环境的协调发展，维持新的平衡，制衡出现的环境恶化和环境污染，控制重大自然灾害的发生，包含共同发展、协调发展、公平发展、高效发展以及多维发展五个层面。[②] 就奥林匹克运动而言，它以奥运会比赛作为集中表现形

---

① 王颖．可持续发展的内涵及战略思想探讨［J］．新疆环境保护，1997（4）：18-20.

② 可持续发展．新华网［EB/OL］.http：//news.xinhuanet.com/ziliao/2002-08/21/content_ 533048.htm.

式，体育运动中凝结了人类价值取向中的真、善、美，构筑起一个与现实社会具有一定差异的理想社会，承载着人类的情感寄托和价值缅怀，因此作为一种独特的社会文化活动，它会伴随人类社会而继续发展。这种持续的发展走向不仅有来自人类社会的现实需求，也有来自奥林匹克系统内部的内在性需求。

四、基于未来遗产说的奥运遗产观

（一）何谓“未来”

目前，未来学在国外，特别是西方开展得十分活跃。围绕着世界性的人口、资源、环境等重大问题做了许多近期和远期的预测和研究。未来是相对于现在我们所处的这个时刻而言的未来时间，它是一个时刻，也可以是一个时间段。

遗产是历史，属于过去。遗产是既得，属于现在。遗产是存续，属于未来。未来主要是时间概念，而遗产主要是空间概念。未来与遗产的连用在时间上是继起的，在空间上是联动的，其中的核心是代际交易和代际补偿。当代人在追求自身利益最大化的同时，在一定程度上和一定意义上也侵占了后代人的发展空间，侵蚀了后代人的利益，后代人却无从质疑，也无法质疑。“前人栽树，后人乘凉；前人伐树，后人遭殃”构建可持续的奥林匹克发展观，构建和谐的社会走向，不仅要考虑当代人之间的横向和谐和联系，也应考虑当代人和后代人的纵向和谐。

（二）提出与讨论

首先，构建奥运遗产观是实现奥林匹克可持续发展的重要保障。这种保障建立在双向通道的基础之上。奥林匹克能够发展至今，与其本身具有的普世价值有很大关系。出于教育青少年的初衷，其一直宣扬和提倡的诸如“公平、竞争、参与、尊重”等价值理念，是当今人类社会普遍遵循和推崇的，具有普适性，能够得到不同国家和地区，不同肤色和种族的共同认可。然而，从客观上来看，奥林匹克的长久发展，与每一届奥运会的举办城市和地区休戚相关，没有承办方的努力，奥林匹克只能是空谈。因此，我们就应该强化赛事遗产的精品意识，对承办的奥运会等进行规制许可内的创新设计，让这些通过赛事传达出来的理念和思想能够成为未来奥林匹克发展的标志和重要组成部分。

其次，基于未来遗产说的奥运遗产观的根本意义在于理念引导。奥林匹克运动体系庞杂，就赛事的筹办和举办，已经涉及管理、体育、文化、经济、人力等社会生活的各个方面，不能将所有的物质的和非物质的都纳入遗产的规划和统筹之中。要有所取舍，要关注到底是哪些层面的哪些东西能够延续奥林匹克文化，能够对人类的生活产生积极影响。这种遗产观不是具体、细微的行动指南，而是理念和价值层面的引导。留下遗产，想法虽对，但是经典毕竟无法复制，无法刻意而为之，每一届奥运会的成功举办，都有其特殊的历史背景和独特之处。赛事的筹办理念问题、举办模式问题、资金筹募问题、标志设计风格问题等等，形成“智囊库”，进入奥林匹克的遗产体系之中。因此，要用奥林匹克未来的遗产思想指导具体的每一届赛事，才不至于在奥林匹克发展长河中迷失自己的位置。

最后，世界遗产概念体系的开放性决定了奥运遗产内涵的丰富性与发展的延续性。正如前文所述，“遗产”一词使用至今，其内涵与外延已经发生了翻天覆地般的变化。在今后的学术研究和实践发展中，奥林匹克赛事遗产会随着研究角度的不同和现实价值取向的差异而发生一定的变化。但是不可否认的是，基于奥林匹克运动所追求和倡导的，谋求一个公平、美好的人类社会，走向和谐发展，这种遗产会超越个体的价值认知，而呈现出普适性。

《保护世界文化和自然遗产公约（1972）》对世界文化遗产的评定标准做了更加详细的规定，其中有一条款做出以下说明：具有显著普遍价值的事件、活的传统、理念、信仰、艺术及文学作品，有直接或实质的联系（委员会认为该条标准更应与其他标准联合使用）。在这一范围界定中，凝结奥林匹克精神和理想的奥林匹克赛事体系显然契合“具有显著普遍价值的事件、活的传统”这一条规，既具有全球性的影响，同时又具备衍生和传承的动态属性。

不仅如此，在公约中还特别强调“具有突出普遍价值”。所谓“突出价值”，指的是遗产具有杰出影响，所谓“普遍价值”，指的是遗产具有全球性影响。这两者均不涉及具体的时间规定。如果我们回到时间轴来看问题，对应于“过去、现在和未来”的时间维度，我们对奥林匹克遗产的深层次认识应当是“保护、利用、发展和创造”。这种发展和创造，就是认真办好每一届奥运会，组织好每一个项目竞赛，设计好每一项文化与教育活动。在这些赛事和活动的谋划与实施过程中，展现的创意思维理念正是对奥林匹克遗产的“保护、利用、发展和创造”。

（三）体系展望

奥运会带来的影响或效益可以是多方位的、多角度的，也可以是多种形态的。如果从“过去了，留下了”的时空角度看，对奥运遗产的研究应当是梳理、归类，但如果从“前瞻性，立足当下为未来”的角度看，奥运遗产研究的起点应当是“如何筹办奥运盛会”，如何将各种办会理念进一步落到实处。

对遗产问题的探讨，已有规范的标准，对奥运遗产而言，其内涵应从不同的维度层次予以界定（基于大的奥运遗产观），使之区别于外延较广的“影响”“后效应”，以突显其真正的遗产属性。强调奥运遗产，可以将奥运会和青奥会同一般锦标赛和运动会或世界杯区别开来，彰显奥林匹克赛会的唯一性和不可替代性。因此，奥运遗产的核心层次可以认定为独具奥运特色的遗存，如各种仪式、理念等。

奥运遗产的涉及范围广，涵盖领域多，每一届奥运会的筹办和举办，都会给承办方在经济发展、市政建设、人力资源、理念认知等方面产生多重影响。但是，在这些影响中，有些是长期的，有些是短期的；有些是有形的，有些是无形的；有些是物质的，有些是精神的。对此，我们应当认真区分，哪些影响是奥运会独具的，其遗产也必将呈现出唯一性和不可替代性。结合世界遗产体系的分类标准，本书对基于未来学说的奥运遗产观进行了尝试性建构，其体系见图 7–5 所示。

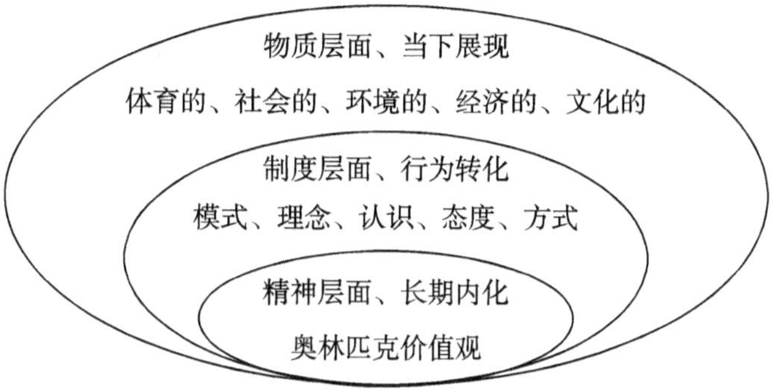

图 7–5　奥运遗产外延体系

可以肯定的是，同样是奥林匹克运动的核心赛会活动，青奥会与奥运会殊途同归，其创办初衷和原初理想并无太大差异，从赛会的文化内涵来看，都是凝结奥林匹克精神与理想的意义符号，因此，基于赛会筹办和价值理念以及物质留存方面的考察，青奥遗产与奥运遗产一脉相承。结合上文中对遗产研究的动态走向，以及基于未来学说的奥运遗产观的提出，以南京青奥会为例，从时间节点出发，探讨这种未来青奥遗产观的具体分析视角见图 7–6。

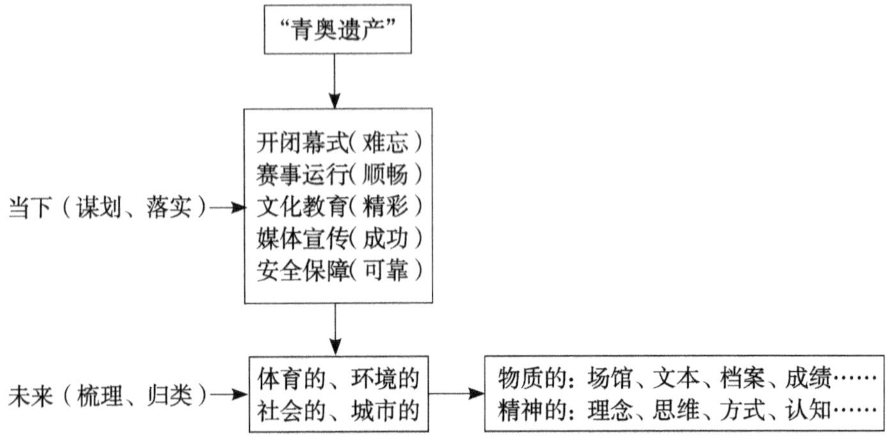

图 7-6　基于筹办思路的青奥遗产框架体系

需要注意的是，尽管青奥遗产与奥运遗产研究视角基本一致，但是作为奥林匹克运动改革的创举，相比奥运会，青奥会更接近奥林匹克理想，其精神内涵与关注重点也更显独特。因此，青奥遗产具有独特的价值体现。作为与“物质”相对的一个概念，相比“非物质”，“精神”的指向性更为明显，更加突出。在遗产学的视野下，精神遗产有没有明确的划分与限定，重在精神的奥林匹克运动（青奥会），究竟是否、能否为精神遗产研究确立明确的研究范式，将在后文中做出进一步讨论。

第四节　青奥会精神遗产探究：缘起、视点与框架[①]

大型综合性运动会投入巨大，作为事件性活动，赛会持续时间短，赛期一过，往往时过境迁，如何更好地发挥其长久效益，一直是学术界极力研究

① 该部分内容已发表，见王成．青奥会精神遗产探究：缘起、视点与框架［J］．体育成人教育学刊，2013（6）：5-9.

的热点和难点问题。近年来，众多奥运会承办城市和国家特别注重奥运遗产的研究工作，力求使主办城市和国家在奥运会后能够在政治、经济、文化等方面得到进一步受益和持续发展，已凸显出遗产问题的重要性。研究运动会遗产，不仅要重视物质留存，更应重视体育文化、精神理念以及价值观的延续和影响，以延伸和深化运动会效益，尤其是影响更加深远的精神层面的遗产。毕竟，这些发挥隐性作用的精神层面的遗产往往影响更加深远。

那么，针对青奥会，尤其是南京青奥会的精神遗产问题，如何能够更为清晰、深刻地理解青奥会带来的精神遗产问题，如何结合遗产学研究的规范，进行青奥会精神遗产的界定和分析，如何进行前瞻性探究，将基于未来概念的遗产问题归于现在的筹办性话题，从而真正为“留下遗产、普惠于民”做出应有的贡献，则成为我们应当积极思考和应对的工作。

一、当前奥运遗产研究的两点困惑

（一）在文化界，文化遗产研究成果突出，然而奥运遗产研究尚处空白

世界遗产运动方兴未艾，在我国文化界，尤其是遗产学领域，对文化遗产的研究不过最近四五年的事情。如果说2005年国务院颁发的《关于加强我国非物质文化遗产保护工作的通知》和《关于加强文化遗产保护的通知》两个文件唤醒了人们对我国文化遗产的保护意识的话，那么2006年6月10日，我国迎来的第一个“文化遗产日”，则引起了社会的广泛关注和响应，遗产尤其是非物质文化遗产保护意识日显增强。[①] 当然，与

① 韩封三祝. 浅析我国非物质文化遗产保护中的“申遗后遗症”[J]. 经济论坛，2010（5）：183-185.

发达国家相比，在对遗产的认知程度以及相关的理论和实践研究方面，我们的观念仍显滞后，成果水平还要进一步提高。在我国目前所拥有的30多项世界遗产中，绝大部分都是反映帝王将相和封建意识形态的遗产，尽管已有少数民间艺术如昆曲艺术、古琴艺术等入选联合国教科文组织公布的人类口头和非物质遗产代表作，但人们对文化遗产关注的角度仍然较为单一，人们习惯用文物的眼光来衡量文化遗产，这不能不说是对遗产认识的一个偏差。这其中对体育文化遗产的研究更是相当薄弱，而对诸如“奥运会”等具有特殊意义的社会文化现象做出遗产梳理基本处于空白，目前在认可的遗产分类体系中亦找不到奥运遗产的具体归属位置。

（二）在体育界，奥运遗产研究成果丰富，但是精神遗产研究凸显不足

西方国家，对奥运遗产的研究由来已久，且随着奥林匹克运动的进一步发展，尤其是随着2002年洛桑奥林匹克遗产大会的召开，相关研究逐渐统一，如对研究术语的使用，已经从最早的“后效应”“影响”等词语转变为能够体现学术规范和彰显实践意义的“奥林匹克遗产”或“奥运遗产”。[①] 类似研究一方面学者关注，另一方面，历届奥运会的承办城市亦极为重视。我国体育界对奥运研究的热衷是随着2001年7月13日北京申奥成功而持续升温，北京申办成功以来，与奥林匹克相关的研究涉及政治、经济、文化等各个方面，“奥运遗产”的提法与研究随之纷纷出台。此间，一大批奥运研究成果相应而生，百花齐放，这期间涌现出较多探讨北京奥运会对我国政治、经济、文化、社会等方面影响的学术成果。

---

① *International Olympic Committee Conclusion and Recommendations International Symposium on Legacy of Olympic Games*［S］，1984–2000.

通过中国知网：中国学术文献网络出版总库，以奥运遗产为题名进行精确检索（截至2012年12月），共90篇学术文献（报纸除外），发表时间跨度为2001年至2012年；以奥运文化遗产为题名，共17篇相关文献，发表时间跨度为2004年至2011年。这其中，仅有3篇学术论文针对北京奥运会的精神遗产展开质性分析（2008年之后）。

作为与“物质”相对的一个概念，相比“非物质”，“精神”的指向性更为明显，更加突出。在遗产学的视野下，精神遗产有没有明确的划分与限定，重在精神的奥林匹克运动，究竟是否、能否为精神遗产研究确立明确的研究范式，值得进一步深究与讨论。

二、精神遗产：学理界说与本土应用

从世界范围来看，遗产问题的研究演变经历了一个内涵到外延不断发展的过程，这不仅反映出人类对遗产价值的认识加深，也体现出对人类社会所创造出的文明的尊重与推崇。各种形态的遗产，不管是物质的，还是非物质的，都具有一定的精神价值，对此已基本达成共识。物质性的遗产，其本身往往承载着人类的情感寄托，在其物质性的背后，通常都凝结了一个时代的深刻记忆。

通过相关的文献检索发现，“精神遗产”一词使用的场合极为广泛。如探讨历史名人的精神遗产，总结某一重大历史事件的精神遗产，等等。虽研究对象不同，但“精神遗产”的内涵大同小异，皆为重要人物、事件在发生过程中能够遗留下来的具有一定价值的思想、理念、意义，并且这种思想、理念和意义经过历史积淀和时间考验，能够对当下、对未来产生积极长远的影响。这一点，虽然没有对“精神遗产”做出明确定义式表述，但从研究内容和分析思路来看，已经得到了默认。

那么，以奥运会、青奥会等为代表的奥林匹克实践体系，强调以文化的身份参与事物，重视思想背景和哲学基础，相比普通赛事，其精神层面的理念和价值更为突出，能否从精神遗产的角度探究其框架体系和传承路径呢？

就奥林匹克运动的表现形态而言，以“庆典”和“仪式”来进行界定，目前并无争议。涵盖了奥运会、青年营等文化和教育活动的奥林匹克以四年为一个周期，而作为典型代表和运转形式的奥林匹克运动会是四年一度的全球性盛会，其“狂欢”属性不言而喻。正因为如此，从联合国教科文组织的相关文件来看，2003 年的公约对归属于无形文化遗产的“社会实践，仪式和节日性事件”做了明确说明：形式极为丰富，包括祈祷仪式、通过仪式、出生仪式、婚礼和葬礼、盟誓、习惯法制度、传统游戏和运动、亲属和亲属庆典仪式、居住模式、传统烹饪、性别社会实践、渔猎、采集。① 以上的这些还有极其丰富的表达形式和相关物品。奥林匹克遗产可以归属于非物质文化遗产或无形文化遗产的范畴之内。因此，奥运遗产在遗产学的视野下进行归类和梳理，是可行的。

另外，从语义上来看，“精神”与“物质”相对应。因此，相比目前联合国教科文组织公布的遗产体系（自然遗产、文化遗产、自然与文化双重遗产）以及“物质”—“非物质”间的宏大体系，“精神遗产”更为契合奥林匹克运动的价值内涵，也更适合作为一个中国文化语境中的话语表述。从语义上来看，精神文化主要包括理想信念、价值取向、伦理道德、团队精神、习惯传统等，体现的是人文知识和人文精神。② 青奥会不同于

① 联合国教科文组织：《保护非物质文化遗产公约》2003 年版。

② 郑永廷，张彦．当代精神文化价值研究［J］．中山大学学报（社会科学版），2001（3）：71–75.

一般的大型综合性体育赛事，如原为奥运备战的我国全运会，旨在提升竞技水平、检阅竞技实力，然而现在却演变成各省市衡量业绩的工具和检验各省体育工作的唯一窗口，即便十一届全运会提倡“全民全运”，但在竞技至上的思想指导下，实则处于边缘和游离的地位。精神层面的影响、遗留尚未引起足够的重视，结果便是，大型场馆林立，后续维护负担沉重，普通民众远离，赛会之后冷落。就赛事理念而言，青奥会提倡欢乐、参与、交流，倡导“分享运动”，强调淡化金牌、健身意识等理念，比赛只是青奥会的一种手段、一个内容，重要的是以此为平台，通过切磋技艺、畅谈思想、交流感情，达到教育青少年、提升体育参与意识、推广奥林匹克价值观教育等目的。五大洲的青少年以体育的名义相聚，畅谈思想，交流感情，其间衍生出的诸如淡化金牌、健身意识、青年与未来、奥林匹克价值观的影响、健康生活方式等主题，恰恰是在理念、思想、意识以及精神层面的影响和展现。

因此，我们认为有必要对青奥会的精神遗产进行考察。结合以上分析，可以认为青奥会精神遗产是在筹办和举办青奥会的过程中形成的具有积极影响的，在理念、价值、精神层面的宝贵财富。在这一整体性概念中，需要注意的是，青奥会精神遗产是在筹办和举办青奥会的过程中形成的，而不是在其他过程中；必须是具有积极影响的，而非消极影响；是在理念、价值、精神层面的宝贵财富，而不是其他物质层面的。诚然，作为一种当代新型遗产类型，精神遗产不仅拥有文化行为、方式、事项和活动，同时还包括很多观念形态方面的文化元素。[①] 它是非物化的遗产，是观念、思

① 乌丙安. 非物质文化遗产的界定和认定的若干理论与实践问题[J]. 河南教育学院学报(哲学社会科学版)，2007(1)：11-21.

想方面的遗产，比较抽象，不易把握，加之青奥会诞生时间短，资料和可鉴经验少，所有这些都需要我们从实际出发，结合赛会的筹办实践，进行本土化探究和尝试。

三、“南京青奥会精神遗产”的提出与讨论

根据上文分析，可以认为南京青奥会精神遗产是指在筹办和举办南京青奥会的过程中，形成的具有积极影响的，在理念、价值、精神层面的宝贵财富。它可以是承办方南京青奥组委会的努力，也可以是国际奥委会对南京青奥会的协助，更可以是社会各界对南京青奥会的智慧贡献。突出青奥会精神遗产的概念，是为了要与精神影响、精神价值等概念区分开来。原因有两点：其一，强调遗产，是突出青奥会在奥林匹克活动体系中的理念延续性。其二，价值可以被转化、被开发、被利用，影响也有正面影响和负面影响，而遗产必须体现出传承和发展，必须体现出对当下现实鲜明的指导意义。遗产是“物”，其本身就具有价值，遗产的存在离不开延续性，所谓遗产的“延续说”，实际上就是在强调遗产的存续性需要。

南京青奥会精神遗产是以奥林匹克价值观（卓越、友谊、尊重）为核心，以文化为载体，以体育为表现形式，通过2014年南京青奥会这一特定的大型赛会而得以呈现和传承。具体体现在：弘扬团结、友谊、公平的奥林匹克精神；实践绿色青奥、活力青奥、人文青奥的办会理念；身心和谐、体育健康的生活意识；公平竞争、顽强进取的拼搏精神；交流开放、民主平等的思想观念；乐观自信、求同存异的生活态度以及学习榜样、提升自我的优良

传统。[1]这些理念一方面融汇在南京办赛的具体实践与智慧之中，另一方面，也融汇在青奥会的精神影响之中。人类的遗产存在有形和无形之分（尽管这种提法有一定的局限性），有形的静态遗存往往固定，不可再生，而无形的遗产却是发展的、延续的，在整个历史文化中处于不断更新与创造之中。每届青奥会的办赛理念和革新智慧等，不仅延续了奥林匹克一脉相承的历史传统，也将新时代新观念融入其中，体现出一定的时代性特征。

南京青奥会精神遗产外延的分析框架主要基于两个层面：首先，是青奥会自身独特的精神影响。其次，是南京青奥会带来的精神影响，这其中包含南京在筹办 2014 年青奥会过程中的智慧展现、对奥林匹克运动独创性的价值贡献（见图 7–7）。

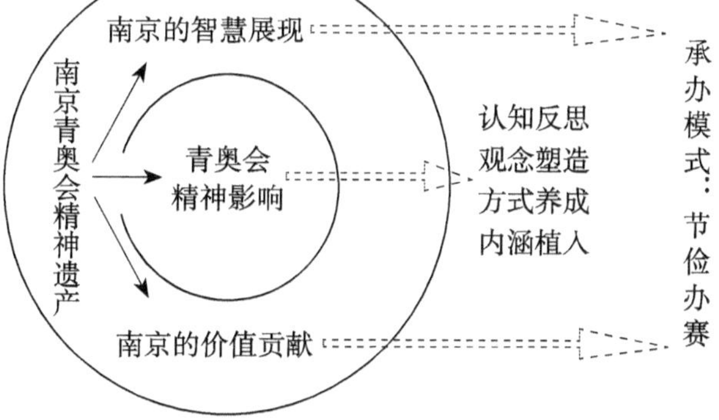

图 7–7 南京青奥会精神遗产的概念体系

诚然，南京青奥会精神遗产有别于传统提法中的“奥运会文化遗产”“奥运会非物质文化遗产”等概念，它不是“复合型遗产”，是集中在“智慧展现”和“价值贡献”层面的抽象理念，是反映在青奥会精神影响层面以及对青

① 王成，吴明等. 南京成功申办 2014 年青奥会策略分析［J］. 体育文化导刊，2010（11）：103–106.

奥会相关理念的实践与展演上。

四、“南京青奥会精神遗产”的分析框架

（一）智慧展现与价值贡献

南京青奥会精神遗产中有关“智慧展现与价值贡献”层面的探讨，以南京青奥会筹办中最能体现办赛理念和预期设想的两个“预期性”提法为主：“南京模式”与“节俭青奥”。作为提倡“奥林匹克精神本源回归”，倡导“简约理性，节俭办会”的青奥会，能否将这种理想追求归于价值回归，一直是青奥会自创办以来，饱受争议的地方。新加坡夏季青奥会、茵斯布鲁克冬季青奥会，都以简约不简单的办赛方式和理念赢得了国际社会的一致认可，这本身就是一种办赛理念上的“遗产”。

1. 承办模式（模式遗产）

青奥会脱胎于奥运会，但又不同于奥运会，其承办模式问题自青奥会诞生以来便备受关注。就奥运会而言，国家政府型、企业型和国家与企业联办型①的宏观办会模式已经得到了业内公认，而青奥会自 2007 年创立以来，举办届次不多，尚未经过长时段的实践验证，其承办模式则未有定论，如何“简约办会”，体现“青年特色”，突出“文教活动”，一直是社会各界对南京青奥会的最大期待。因此，“南京模式”的提出，无疑是这一理念遗产最为典型和最有可能成为独特智慧展现与价值贡献的代表。诚然，从模式的本意来看，它是经验的总结和理念的凝练，亦是实践的提炼和抽象，对南京青奥会而言尚未举办，因此这是一种基于

① 韩丹. 论奥运会承办的三种模式［J］. 山东体育学院学报，1997（2）：6-11.

未来学说的奥运遗产观的理念体现。而如何进行展望和建议，我们认为可以以青奥会的举办要素为依据，分别从理念模式、商业模式、仪式模式、竞赛模式、文教模式、场馆模式以及传播模式七个方面进行分解考察[①]，由此将总体目标细化，从而对实践筹办的各进程工作做出筹办性建议。在这个过程中，认清青奥本质，明确办赛理念和初衷，南京青奥会结束之后，形成的模式提炼方为其精神遗产的重要组成部分。

2. 节俭办赛（理念遗产）

节俭办赛，是国际奥委会倡导奥林匹克赛事承办的重要理念，也是我国大型综合性运动会赛事发展的必然诉求。从国际环境看，以青奥会为代表的新型赛事形象，希冀通过改革传统赛会体制，办赛简约理性，引导奥林匹克回归体育本源；从国内环境看，2011 年国办下发通知明确提出已申办成功的运动会必须节俭办赛。节俭办赛，既符合国际奥林匹克发展潮流，也符合新时期我国运动会办赛改革趋势。对南京青奥会而言，如何将节俭的理念运用到办会实践中，尤其在中国的现实国情中如何真正落实青奥会这一“简约”“回归”的理想愿景，一直备受各方关注。在具体的筹划过程中，笔者以为，南京青奥会在节俭办赛中实则大有可为，其理论性贡献可以体现在“文化节俭”“务实节俭”“效益节俭”以及“适度节俭”[②]四个方面，该四维节俭观是南京青奥会办会理念的另一种精神遗产。

---

① 王成. 青奥会承办“南京模式”之研究［J］. 南京体育学院学报（社会科学版），2012（6）：55–59.

② 王成. 青奥会节俭办赛的理论梳理与本土实践［J］. 南京体育学院学报（社会科学版），2013（1）：44–48.

（二）青奥会的精神影响

青奥会的精神遗产，是在价值观、思想理念、行为方式等方面产生影响，如对个体而言，产生一系列认知反思、重塑体育价值观等，而对城市而言，通过人的因素，塑造新型的体育城市形象，为城市进一步发展植入体育精神元素（体育中心城市、体育名城等）。

1. 认知反思：重识体育的本质和奥林匹克的本源

体育本质上是为了育人，但如今却被赋予了太多的外在意义，“为国争光”“集体利益”“国家至上”等因素甚嚣尘上，我们赋予了体育更多的文化、经济乃至政治价值，而体育的原本真意往往被弃之不顾。

奥林匹克的本质不是工具，而是游戏，是强调欢娱、沟通、交往，是一种快乐交流的娱乐盛典。奥林匹克不能忽视为人的发展服务的作用，需要以人的需要作为出发点。现代社会，人们越来越提倡体育运动的本质回归。体育的一切努力都是为了满足人的合理性需要，都是为了维护、发展、实现人的经济、政治、文化利益，都是为了维护人的尊严、提升人的价值、凸显人存在的意义，促进人更好地生存、发展和完善，趋近自由而全面发展。现代体育也好，奥林匹克也好，应当是一个关怀人性的世界，是一个人文的世界。新时期的体育，理应走向“文明体魄、野蛮精神”的价值层面，回归体育的本真价值。

通过筹办南京青奥会，希冀对青少年认识奥林匹克运动本源和体育的本质意义产生一定的影响。

2. 观念塑造：引导青少年树立正确的人生价值观

近年来，国际奥委会在已有奥林匹克理想、奥林匹克精神等思想体系的基础上，又提出奥林匹克核心价值观的理念，把奥林匹克的核心要义归纳凝练为“尊重、卓越、友谊（Respect、Excellence、Friendship）”，以便于更好地记忆和传播，并在全球面向青少年推广奥林匹克价值观教育计划（The Olympic Values Education Programme），这也是国际奥委会青年战略的重要组成部分。青奥会的主题在于学习和分享、沟通和交流，通过亲力亲为的方式和平台警策，教育人们继承和发扬奥林匹克精神，发挥奥林匹克强大的理性力量，弘扬体育道德，塑造真善美的体育形象，创建体育文明。南京青奥会对青少年教育理念的影响和贡献集中体现在价值观教育层面，包含有身心一统、和谐发展的生命观；甘于奉献、追求卓越的人生观；公平竞争、民主平等的道德观；团结友爱、尊崇友谊的交往观以及乐观自信、求同存异的生活观。① 这种价值观与传统的人文价值观教育一脉相承，在青少年意识观念层面将产生积极影响。

3. 方式养成：运动促进有助于健康生活方式养成

在过去的一个世纪里，由于不健康的生活方式所导致的各种身心疾病，严重危害着人们的生命和健康。身体健康、心理健康、社会适应良好的多元健康观已经得到了人们的认可，体育与教育相结合也成为体育促进青年教育的有力方式。体育运动无法拯救日益下降的青少年体质健康水平，但是体育运动却可以弥补和改进快节奏、高压力的现代生活带给人们的“肉体饥饿”。通过运动促进的方式不仅可以缓解精神压力，促进身体发育，而且有助于青少年养成健康的生活方式，这种在实践中潜移默化的影响和转变，对青少年而言，远比物质生活的改善和提高要来得长久，影响更为深远。

---

① 王成，周丽萍 . 南京青奥会教育价值的理论体系探析［J］. 南京体育学院学报（社会科学版），2011（2）：26–29.

4. 内涵植入：为城市发展植入体育性的精神元素

“一旦成为奥运城市，永远都是奥运城市。”

体育包含的不仅仅是更高更快更强的竞争力，还有它带给一座城市的所有快乐与荣耀。南京一方面在悠远漫长的历史进程中积淀了丰厚的文化底蕴；另一方面也在无形中塑造了以“古都”为核心理念的基本形象。以往，南京曾被误读成“历史有余”“活力不足”，是“悲情之地”，那么，新时期如何改变这种传统认知，如何塑造一种“青春、活力、激情”的城市形象等问题，一直是南京城市建设和发展中持续思考的重点与难点。2012年，南京提出将以青奥会为契机建设亚洲体育中心城市，进而塑造世界体育名城。具体目标是打造“一城（全民健身广泛开展的活力之城）两中心（具有国际影响力的大型体育赛事举办中心和具有广泛知名度的体育文化交流中心）两基地（重要的国家体育人才教育与培养基地和国家体育产业示范基地）”。可以肯定，青奥会与南京势必会在某种内涵上达成一致，青奥会独特的文化传播方式必将为城市发展植入体育性的精神元素，提升南京更为“青春、活力”的城市形象与品位。

五、几点后续性思考

本书探讨的南京青奥会精神遗产，是基于筹办实践的未来展望，核心是思考如何能够将奥林匹克价值理念和筹办智慧更为有效地“落地”和“扎根”的问题。事后的诠释往往容易，而学术的意蕴恰在于前瞻，尽管未来无法设计，遗产无法规划，但基于未来，立足当下，是促进遗产形成的必备条件。建议成立专门的遗产研究部门，在青奥会筹备过程中，做好相关遗产的谋划和研讨工作，例如通过对青奥品牌的维护利用、青年志愿服务的常态化、物质与非物质文化载体的利用等方式，以增强青奥精神的持久性。

青奥精神遗产虽是一种新型的遗产形态，但其内涵鲜明，外延广泛，建议通过申报使其（或奥林匹克精神遗产、理念遗产等）在当前国际遗产占有一席之地，以规范相关的研究基础和视角。

精神遗产是观念、思想，它是无形的，因此必须有文字、图片、影像乃至多媒体等“物件”的表述和总结，在资料库、数字化等方面必须投入大力气进行完善，以构建青奥精神历史文化栖息地。此外，国内的学术研究受热点影响，容易跟风，奥运来了研究奥运，青奥来了研究青奥，难以形成长期、稳定的研究方向，应重视后青奥文化研究。必须多角度、多范畴、多学科地深入到奥林匹克文化研究的领域中，探究这种文化现象背后深层次的内涵、机理、特征、结构等。

第八章 “驶向何方”
——新时期奥林匹克运动新发展

“新主席将面临两大挑战，一是如何在世界经济不景气的情况下维持奥运会的高质量，二是如何遏制愈演愈烈的兴奋剂丑闻。”①

雅克·罗格，2013年

“我们需要改革，因为今天的体育在社会中太重要，使得我们不能忽略社会的其他领域。我们不是生活在一个孤岛上，我们生活在一个现代的、多元的、数字化的社会。假如我们要继续使体育服务于社会，这也是我们奥林匹克原则的一部分，我们就必须融入社会。如果我们想让奥林匹克主义的价值观——卓越、友谊、尊重、对话、多元、非歧视、宽容、公平竞争、团结、发展与和平的价值观对社会发挥作用，现在就是改革的时机。假如我们自己不驱动这些改革，别人就会迫使我们去改革。我们想成为改革的领导者而不是改革的对象。”②

托马斯·巴赫，2013年

① 见罗格在2013年国际奥委会第125次全会闭幕式上的演讲。

② 见巴赫在2014年国际奥委会第127次全会开幕式上的演讲。

第一节 我国特殊奥林匹克运动发展回顾与展望

特殊奥林匹克运动（简称特奥运动）是针对智力残障人士（由于大脑器官的损伤而引起的认识活动的持续障碍）这一特殊社会群体而开展的一项特殊体育运动。尽管和奥林匹克运动及其领导机构国际奥委会并没有实质上的关联，但是因为特奥运动作为一项特殊的体育事业，亦是一项旨在通过体育运动造福智力残障人士的社会福利事业，这一目标和奥林匹克运动的宗旨有着某种程度上的一致性，因此特奥运动不仅得到了国际奥委会的认可，而且特奥运动的国际组织——国际特奥会也被允许使用“奥林匹克”的名义独立开展活动。“一切体育为大众（sports for all）”，人人都有参与并享受体育运动的权利。如果说奥运会追求的“更快、更高、更强”是在挖掘人类潜能，挑战人类极限，那么特奥运动追求的则是参与者挑战其自己个人的极限。我国的特奥运动起源于特殊教育，也是残疾人体育事业的重要组成部分。据中国残疾人人口基础库主要数据显示，截至2017年，在已办理证件残疾人中，中国社会有各类智力残障人士290万人。针对这些特殊人群开展合理而有效的体育锻炼和竞赛，不仅可以增进身体健康，促进肌体的恢复和保健，更可以使他们扩大生活领域，丰富生活内容，增添生活乐趣，同时这也是我国进行精神文明建设和人权保障的显著标志之一。随着社会的进步和经济的发展，人们越来越认识到开展特奥运动的重要性。改革开放为我国的残疾人体育事业带来了春天，也为我国特奥运动的发展和壮大提供了广阔的前景和机遇。多年来，我国特奥运动从无到有，从小到大，从稚嫩走向成熟，逐步走出了一条符合我国国情的发展之路，取得了令人瞩目的成绩。

一、国际特奥运动的创立与发展

特奥运动的创始人是美国前总统约翰·肯尼迪的妹妹尤尼斯·肯尼迪·施莱佛，她通过各种体育锻炼和身体练习来提高智力残障人群的身体健康状况和开发身体潜能，不仅使众多智力残障人士受益，也受到了他们的家庭和社会的普遍欢迎，产生了一定的影响。在此基础上，施莱佛经过多方努力，于1968年正式创立了特奥运动，并于当年的7月19日在美国芝加哥士兵广场举行了首届国际特奥运动会。国际特殊奥林匹克委员会（SOI）简称国际特奥会，是为全世界智力残障人士提供体育训练和比赛的国际组织，也是国际奥委会认可的可以使用奥林匹克名称开展活动的组织，多年来一直致力于在全球范围推动特殊奥林匹克（特奥）运动的发展。国际特奥会是全球特奥运动的管理机构，总部设在美国华盛顿区，负责管理和指导世界性的特奥体育活动，监督国际及各国的特奥运动会及教练员培训的组织，并为重要的发展计划、国际会议及培训班提供支持和帮助。同时国际特奥会还设有区域领导者议会、国际顾问委员会、项目规则委员会等，采纳个人和团体反馈的有益建议，不断发展和完善其章程和项目规则。

现如今世界各国的特奥运动不断发展和壮大，越来越多的智力残障人士从中获益，截至2020年，已举办了十五届世界夏季特奥运动会和十一届世界冬季特奥运动会，在秉承“为智力残障儿童和成年人参加日常奥林匹克体育训练及竞赛创造条件和机会，使他们发挥潜能、勇敢表现，在参与中与其他运动员、家长分享快乐，交流技艺并增进友谊”的特奥使命下，特奥运动以它强大的生命力，带给每一位智力残障人士实实在在的关怀和温暖。

特奥运动能够得到发展，除了体育本身的魅力和特奥运动本身的特点之外，还有众多内外动因，如丰富多彩的特奥内容、家庭的支持和志愿者的投入、国际特奥组织健全的组织机构和系统的管理方式等。[①] 多年来，特殊奥林匹克运动用自己的方式不断发展壮大，展现对生命的热爱，将友爱的赞歌传送到世界的每一个角落，为智力残障人士这一特殊人类群体带来前所未有的关注。

二、特奥运动来到中国

1985 年，国际特奥会前主席 Mr.Sargent.Shriver 造访中国，由此拉开了中国特奥事业的帷幕。同年 6 月 17 日，我国成立了中国智力残障人体育协会（2004 年更名为中国特殊奥林匹克委员会），并于 1985 年 7 月 6 日加入国际特奥会，这标志着我国的智力残障人士有了自己的体育组织。多年来，特奥运动给他们带来了实实在在的利益，为他们和他们的亲属带来了希望，使其振作精神，走出困境，提高认识和生活能力，融入社会，发挥潜能，展示才华，创造效益，为弘扬人道主义、展示社会主义精神文明建设、推动社会进步发挥了重要作用。

多年来，特奥运动在我国各地发展迅速，特奥运动员达到 50 万人的目标顺利实现，如今，我国已经成为世界上特奥运动发展最快的国家，国际特奥会也将中国列为优先发展国家，对中国的特奥运动给予了大力的支持和帮助，到 2010 年，我国已有 100 万智力残疾人加入特奥运动的行列。无论是从参与人群的数量上，还是参加特奥运动会所取得的成绩来看，中国的特奥运动已经成为世界特奥运动的领跑者。

---

① 张繁．对特奥运动发展壮大原因的初探［J］．体育文化导刊，2006（1）：43-44.

（一）党和国家领导人高度重视

在我国特奥运动的发展历程中，党中央、国务院高度重视，为特奥运动的发展创造条件，这在世界特奥历史上是前所未有的。1996 年，时任国家领导人江泽民、李鹏分别为上海承办的第一届亚洲及太平洋地区特殊奥运会题词，“关心智力残障人体育事业，开展智力残障人体育活动”。时任全国人大常委会副委员长王光英、民政部部长多吉才让、中国残联主席邓朴方、中国特奥会主席阎明复以及上海市有关领导、国际特奥会主席施莱佛出席了运动会的开幕式。2000 年 5 月，我国北京、深圳、上海举办了“中国特奥世纪行”系列活动，江泽民会见国际特奥会代表团。2002 年，朱镕基签署同意上海申办 2007 年第十二届世界夏季特殊奥运会的文件。2004 年 3 月 2 日，时任中共中央总书记胡锦涛同志会见国际特奥会代表团时，对办好特奥会、发展特奥事业和残疾人事业做出重要指示，他指出：“无论是残疾人事业，还是特奥运动，都是促进人的全面发展的重要事业。”

2007 年 10 月 2 日—11 日，第十二届世界夏季特殊奥林匹克运动会在上海成功举办，来自全世界 160 多个国家和地区的 1 万多名特奥运动员、教练员共聚在黄浦江畔。这是世界特奥会 40 年来首次走进发展中国家、走进亚洲、走进中国。除赛场中呈现的 21 个正式比赛项目和 4 个表演项目外，“社区接待计划”“执法人员火炬跑”“学校教育计划”“特奥运动员领袖计划”“全球青少年峰会论坛”“全球家庭论坛”等多个活动同步上演。国际特奥会主席施莱佛在评价上海特奥会时，意味深长地表示：“本届特奥会没有兴奋剂、没有事故、没有丑闻、没有欺骗！”中国特奥代表团团长王新宪则表示：特奥会是最纯洁、最人道的体育比赛。①

① 述评：特奥运呼应“人文奥运”［EB/QL］. http：//2008.sohu.com/20071011/n252606036.shtml.

（二）地方性和全国性的特奥活动得到广泛开展

特奥运动在我国各地发展迅猛，地方特奥会定期组织省市特奥运动会或者单项比赛，在社区，特奥活动也受到了欢迎和重视。2002年6月20日，由山西省残联和太原残联共同主办的全省首届特殊奥林匹运动会在太原市迎泽区特殊教育中心学校隆重举行，截至2020年，我国共成功举办了七届全国特奥运动会，规模越来越大，参与人数也越来越多。2019年8月25日—9月1日，全国第十届残运会暨第七届特奥会在天津举办，这是我国首次与全运会同城举办的残运会暨特奥会，来自全国31个省区市以及新疆生产建设兵团、香港特别行政区、澳门特别行政区共35个代表团的6121名运动员，进行了43个大项45个分项的角逐，参赛规模为历届之最。[①]除开展特奥比赛和训练以外，我国还先后实施了“特奥运动员领袖计划”“特奥运动员健康计划”“快来参加特奥”“特奥融合运动”等多项特奥活动，丰富了特奥的内涵，也扩大了特奥运动的参与面。

如今，中国的特奥运动已由最初拥有5000多名参赛者的运动会发展成为一场拥有500 000名参赛者的盛会。在各方的共同努力下，特奥运动正以它独特的魅力、丰富多彩的运动形式吸引着更多的人士参与到这项运动中来。

（三）特奥工作者的培训日益完善

在全国，特奥会拥有8～10个全国培训中心、30个省级培训基地及100个培训点，到2005年，全国已建立了5000个社区特奥活动中心，所有这些，都需要特奥工作者无私奉献和辛勤付出。在国际特奥会的大

① 新华网．全国第十届残运会暨第七届特奥会圆满闭幕［EB/QL］．［2019-09-02］．http://www.tj.xinhuanet.com/ztbd/2019cyh/2019-09/02/c_1124948037.htm.

力支持下，中国特奥会有计划有步骤地分批培训了特奥教练员、行政管理人员和志愿者。1986 年 2 月，7 个城市的 21 名教练员参加了在香港举行的特奥培训班，为中国内地的特奥运动开展奠定了一定的基础。1987 年中国派人员参加了在深圳举办的亚太区特奥领袖和教练员培训班。1988 年 8 月在秦皇岛举办了第一届全国特奥工作者和教练员培训班，共有 20 个省 80 名教练员参加。截至 2003 年底，我国已经举办 40 多期国家级培训班，全国 31 个省、自治区、直辖市的 3000 多名教练员、管理人员和家长接受了培训，他们已成为特奥运动宣传、推广的中坚力量，并为推动各地区开展特奥运动和比赛提供了有利条件和打下了坚实的基础。在这些特奥运动工作者的努力下，特奥运动在二十年间改变了中国人对特奥运动的理解和认识，在中华大地上掀起了人文、人本、人道、人性化的特奥运动之风。

（四）相关法令法规陆续出台

特奥运动是针对智力残障人士而举办的特殊体育活动，与其他残疾人体育一样，它的开展除了需要社会各界共同努力之外，还要靠相应的法令法规加以保障。改革开放以来，我国各级政府高度重视特殊教育工作，在党中央的文件和国家法律中都明确地提出了要发展特殊教育。1991 年国家颁布并实施了《中华人民共和国残疾人保障法》，同年开始相继出台了《中国残疾人事业“八五”计划纲要》《中国残疾人事业“九五”计划纲要》《中国残疾人事业“十五”计划纲要》等一系列法规，1995 年，《中华人民共和国体育法》颁布，这些法令法规的颁布实施都对我国残疾人体育（包括智力残障人体育）做了明确的要求和规定：国家和社会鼓励、帮助残疾人参加各种文化、体育、娱乐活动。努力满足残疾人精神文化生活的需要，要求在全社会范围内发展特奥运动，举办特奥运动会，以“平等、参与、自强、共进”为宗旨，向全社会展现智力残疾人奋发向上的良好精神风貌。2004 年中国残疾人联合会、教育部、民政部、国家体育总局联合下发了《关于进一步加强和改进特奥工作的意见》，对特奥运动又做了进一步明确的要求：各地体育、民政、教育、残联要把特奥工作纳入规划，统筹安排，明确责任，发挥优势，狠抓落实。随着这些法令法规的出台，残疾人体育、智力残障人体育逐渐受到重视，各省市积极响应予以贯彻执行，形式多样的特奥运动蓬勃开展。

（五）参加国际赛事，融入世界特奥运动

多年来，在党和政府的关怀下，在国家体委和残联的支持下，我国的特奥运动以“为智力残障人提供平等机会参与社会生活，使他们成为有益于社会并成为社会所接受和尊敬的人”为目标，在扩大特奥运动的参与人群的基础上，积极开展特奥训练和比赛，并力争参与一些国际赛事，提高中国特奥运动的影响力，在世界特奥运动中树立了良好形象。中国智力残障人体育协会成立的当年，就加入了国际特奥会，并积极开展国际交流。1987 年 7 月 28 日到 8 月 8 日，我国首次派团参加在美国印第安纳举行的第七届世界夏季特奥运动会。代表团共 35 人，其中运动员 23 人，参加了田径、游泳、乒乓球、足球四个项目的比赛。随后，我国又相继派团参加了第八届、第九届、第十届、第十一届夏季特奥运动会，均取得了显著的成绩。1992 年 9 月 15 日至 23 日，我国派团参加由国际奥委会、国际智力残障人士体育联合会和西班牙政府主办的在西班牙马德里举行的首届世界智力残障人士运动会。除此之外，随着一些冬季运动项目的开展和特奥运动的逐步深入，我国又派团分别于 1993 年、2001 年参加了第五届、第七

届世界冬季特奥运动会。第十五届世界夏季特奥会于2019年3月14日—21日举行，200个代表团参加、逾7500名运动员参赛，均创造了世界夏季特奥会举办50年以来的新纪录。为期8天的赛会，进一步倡导了参与、融合、快乐的特奥理念。第九次出征世界夏季特奥会的中国代表团共有104名选手参加了10个项目的角逐，在运动成绩上再次获得丰收。其中轮滑队获得11金，5人参赛的乒乓球队获得6枚金牌；中国特奥举重老将独得4枚金牌，中国代表团年龄最小的10岁运动员李小奇也在女子100米仰泳比赛中夺冠。[①]

运动成绩虽然不是特奥运动的全部，但至少从一个侧面说明了中国的特奥运动正在逐步融入世界，甚至一度站在了世界特奥运动的前列。第十五届世界夏季特奥会中，中国代表团副团长赵素京表示，这次中国代表团还参加了“运动员健康计划”“城市接待计划”等一系列活动，不仅赢得了比赛，还收获了友谊，更增长了见识，结交了很多朋友[②]。这些难得的宝贵经历，所有人都将铭记在心。

三、“超越身体”：重审和批判特奥运动的功利性意义

特奥运动为提高我国智力残障人士的生活质量起到了积极的推动作用，同残疾人体育一样，特奥运动使众多的智力残障人士参与体育，享受快乐，和正常人一样参与生活，与同龄人交流技艺，增进友谊。它的价值也就在于凸显智力残障人士对生命的热爱和对自我的超越，体现着自强不

---

① 奚婷，吴一凡．第十五届世界夏季特奥会在阿布扎比圆满闭幕．中国网［EB/OL］．［2019-03-22］．http://canjiren. china. com. cn/2019-03/22/content_40696756. html.

② 王祖敏．第十五届世界夏季特奥会闭幕中国代表团收获60金158枚奖牌，中国网［EB/OL］．［2019-03-22］．http://canjiren. china. com. cn/2019-03/22/content_40696324. html.

息的精神，这一点是毫无疑问的。但是如果仅仅停留在锻炼身体和体现精神价值的阶段，特奥运动往往很难拓展生存的空间，年满 8 周岁的特奥运动员，只要 8 周专门的训练即可参加特奥运动会，可以说，参与和竞争是并存的，我们应该正确而辩证地看待这一事实，在广泛参与的基础上发掘特奥运动的特点，实现健身和竞技的有机结合，来赢得社会的更大关注，从而为特奥运动的发展壮大赢得支持。

伴随特奥运动的发展，众多世俗的关于特奥意义的判断可谓达至泛滥。以功利主义和理性主义为主导的现代社会对特奥会参与者甚至再扩大一点到残疾人群体的认知大多停留在功利的浅薄层面，并未深刻认知到“人生而残疾”的命题内涵。一个显见的事实是，世俗不尊重残疾人，不管出于有意还是无意，人们对肢体残缺者除了抱有可能性态度上的同情之外，并没有深刻认识到所谓的肢体“残缺”和“正常”之间究竟存在多大程度上的差别。因为他们根本没有洞察到残疾人给予这个世界的真实意义。有些人认为，智力残障人士给家庭和国家带来了负担，甚至一度阻碍了社会的进步和发展等。另一种观点则认为，智力残障人士体育是对人体体能和机能的强化，在此基础上推动智障个体进一步适应社会，是一个国家文明程度和经济水平的体现。这些直接或间接的表述一度成为主流，虽然有其合理性，但我们不禁要问，这些是特奥运动乃至残疾人体育的终极价值吗?

有学者对残疾人体育观的嬗变和残疾人体育的发展进行了历史考察，指出东西方残疾人体育观的嬗变存在一定的差异，大体经历了“野蛮对待、理性对待、同情保护、平等对待、融合等阶段和过程”，并且随着中国残疾人组织的建立以及组织相关人群积极参与国内外的体育竞赛，中国残疾人体育就此与国际残疾人体育接轨，保持了观念的更新和行动的一致。[①]古今中外无数的生动事例表明，肢体残疾者往往也取得了常人难以达到的成绩，所谓的肉身亦并非人类取得成功的关键性因素。质言之，“身体残疾已不再是阻碍人类前进的绊脚石”[②]。而真正的、真实的“残疾”则可以从历史中找到众多的例证。这说明，身体无道德，思想的黑暗和人性的阴影才是人的真正残疾。历史上的无数战争最能诠释这一论点。身体健康、精力充沛，但具有邪恶心理和“恋尸症”[③]的希特勒可以说是第二次世界大战的罪魁祸首。与此形成强烈反差和对比的则是，因患脊髓灰质炎而致残的美国总统罗斯福以自己的意志来说服美国参战反抗法西斯反人类行为，并取得最后的胜利。[④]卢梭有言，“人生而平等”，众人生来就是平等的，生来就有参与权，生来就应该共享这个社会；更深刻地说，这个社会欠他们很多，原本就应该对他们进行补偿，而不是由他们来追求。因此，这里的追求应该说是追求生命、追求幸福、追求人类的反思。

综上来看，体育运动可以说是残疾人实现社会化的一种手段，也是残疾人进行自我社会化的一种途径，但绝不能因此将参与体育运动看成残疾人社会化的最终目标。体育活动在培养残疾人的生活意志和社会交往上具有积极的正向作用，使我们这些“正常人”意识到肢体残疾并非区别健全

---

① 张军献，虞重干. 残疾人体育观的嬗变与残疾人体育的历史回顾[J]. 体育科学，2007(3)：17-21，31.

② 覃兴耀. 再论残疾人体育的意义［J］. 体育文化导刊，2008（1）：78-79，70.

③ ［德］E. 弗洛姆. 人类的破坏性剖析［M］. 孟禅森，译. 北京：中央民族大学出版社，2000：398.

④ 李力研在论述“体育精神”时也曾列举美国总统中的两位“体弱志坚”者——西奥多·罗斯福(Theodore Roosevelt)和富兰克林·罗斯福(Franklin D. Roosevelt)，见李力研. 野蛮的文明——体育的哲学宣言［M］. 北京：中国社会出版社，1998：265-286.

与否的重要判断，更重要的是通过残疾人体育活动的发展壮大来加快“正常人”观念的转变。而这种转变才是他们实现社会化的唯一保证。

因此，残疾人取得每一个突破，很大程度上都不是依赖于身体，而是依赖于坚强的意志和良好的道德。质言之，坚强的意志和良好的道德才是进步的源泉。超越身体的羁绊，追求自由和幸福才是它的目的。西方国家已经开始用“People with Disabilities”取代“Disabled Persons”以凸显“以人为本”。残疾人的体育参与权日益受到重视并不断得到保护，特奥运动特别强调“融合”的理念，而融合的理念正是对残疾人在就业、受教育、参加包括体育在内的文化活动的社会排斥的一种回应。在生产力发展和科技水平不断提高的背景下，残疾人同样能够参与社会财富创造。残疾人体育的崇高价值也在于超出自身的范围，警醒全人类，人性的危机才是人类永远的残疾。① 为什么说残障人体育的发展从一个侧面反映出一个国家的社会文明程度、经济发展水平以及综合的民族素质，其道理或许正在于此。

四、几点展望性思考

国际特奥会主席蒂姆·施莱佛（Timothy Shriver）曾说，“中国是我们特奥会的未来”“中国在国际特奥事业的发展中起到了领导者的作用”②。新时期，也仍然有很多问题需要解决，如何扩大特奥运动的参与面，更好地普及和推广特奥运动，已成为摆在我们面前刻不容缓的问题所在。

其一，设立特奥基金，拓宽资金来源渠道。开展特奥运动，需要一定

---

① 覃兴耀. 再论残疾人体育的意义［J］. 体育文化导刊，2008（1）：78-79，70.

② 胡苏，刘旸，张逸之. 国际特奥会主席蒂姆：中国已成国际特奥运动发展领导者. 新华社［EB/OL］.［2010-09-24］. https://sports. sohu. com/20100924/n275232657. shtml.

的经费作为保障，根据我国目前的实际情况，可以采取“政府支撑为主导，社会广泛参与操作”这样一个发展模式，地方财政相应加大对特殊教育、特奥活动的经费投入，社会福利彩票、体育彩票按照相应比例拨付支持，以及一些有条件的企业单位或社会团体采用赞助、募捐的方式来广泛筹集资金，动员全社会的力量，设立特奥基金，通过各种渠道，拓宽特奥运动的资金来源渠道，进而为特奥运动的发展提供经费保障。

其二，加强宣传教育，扩大特奥运动参与面。特奥运动所要面对的往往不是特奥运动员这个孤立的群体，它牵系着智力残障人士生活的家庭、亲属、社区以及整个社会。做好特奥运动的宣传工作和加大相关知识的宣传力度，尤其是提高智力残障人士的家属和一般人群对特奥运动的认识程度，是保证特奥运动能够得以健康发展的重要因素。因为家庭是他们生活的第一环境，是特奥运动和运动员进行交流沟通的桥梁，没有家庭的理解和支持，他们是不可能参与到特奥运动中来的。在中国，家庭还是特奥董事会的成员，帮助特奥运动筹集资金，家庭已经成为特奥运动中不可缺少的重要组成部分，他们和特奥运动员们一起参加特奥运动，共同向外界展示团结、友爱的伟大力量。

其三，强化制度建设，在可能的情况下为特奥工作者提供必要的制度保障。世界特奥运动组织是一个非营利性机构，它主要是通过社会各界志愿者的无私奉献来推动开展，大量的工作人员都是以志愿者的身份出现在特奥运动中，任何人都可以通过相应的培训来参与到特奥运动中来，来自各行各业的工作人员在特奥运动中扮演着重要的角色，他们将自己的时间和精力奉献在活动组织、赛事安排中，并且担任教练员、助残员等工作，特奥工作者的积极奉献是特奥运动蓬勃开展的坚实基础。从某种意义上来说，没有特奥工作者，就没有特奥运动，因此，我们要大力开展特奥工作者的培训，包括各种特奥体育指导员、教练员、志愿者等。另外，可以从教育部门、体育部门、社区工作人员中有计划、有目的地吸收一批热爱特奥运动的特殊教育人员、教练员、社区特奥指导员来共同参与特奥运动，通过各种形式的培训，不断提高特奥工作者的能力水平，扩大特奥工作者的参与面，共同推进特奥运动的开展。

其四，统筹地区协作，力求共同提高。中国的特奥运动历史不长，整体发展水平相当迅速，然而各个地区之间的发展却存在着不平衡的现象。经济发达地区，尤其是一些东部城市，资金、信息等各方面程度都比落后地区要好，政府和各级组织重视特奥运动的开展，一直致力于智力残障人士、残疾人的福利事业，每年都会有一定的财政拨款，而且社会上的企业、团体也很热衷于特奥运动，因此，它们在对特奥运动的认识、组织、管理等方面都要相应地规范和合理。在中国，要进一步扩大特奥运动的影响力，推动特奥运动在每一个地区都能均衡开展，让更多的智力残障人士受益，就要加大对落后地区在资金、技术、培训、管理等方面的扶持和帮助，逐渐缩小地区差异，使特奥运动真正成为全中国智力残障人士的事业。

其五，加强监督管理，进一步完善并丰富特奥运动的项目与种类。1985 年成立的中国特奥会是由民政部、国家体委和国家教委共同负责组织和领导，1998 年，特奥会作为中国残疾人体协的二级机构归口中国残联管理，管理职能进一步明确，可以说，规范的管理和健全的机构是特奥运动得以开展的基本保证。新时期，要加强特奥会以及各地分支机构的管理和监督，明确相关工作人员的工作职能，并加以引导和沟通，为开展特奥运动做好明确分工和协调。从管理到实施，完善特奥运动体系，丰富特奥运动内容，在已有的基础上，做进一步完善和提高，并不断探索适合特奥运动员，尤其是适合家庭共同参与的特奥运动项目，通过这些项目来吸引特奥运动员乃至社会的广泛参与，在高校中开设特奥课程，共同推进特奥运动开展。

特奥运动不是慈善、不是怜悯，更不是同情和可怜，而是赋予人力量和尊严的体育活动。和健全人一样，智力残障人士同样需要得到运动、锻炼、比赛和各种生活的机会，他们也同样有拼搏向上、坚定追求美好生活的愿望。特奥运动员克服困难、迎接挑战、取得成绩的这种精神是值得我们每一个人学习和尊敬的，希望全世界能够接纳智力残障人士，发掘他们的潜力，使他们能感受到体育的快乐和力量。

回顾历史，展望未来，中国的特奥运动正面临新的机遇和挑战，深刻理解特奥运动的内涵，正如特奥会奖牌所蕴含的崇高真谛——“和自己拼”一样，在参与中体验快乐和胜利，让特奥运动沿着健康的方向发展，真正为智力残障人士谋求幸福。把握机遇，迎接挑战，中国正为建立一个全新、有力的特殊奥林匹克运动会而努力。

第二节　非奥运项目的现实、价值与发展

非奥运项目，通常指那些在当前未被正式列入奥运会比赛的项目，也可以看成是一个庞杂的运动项目集群。由于我国体育发展战略长期坚持以“举国体制”背景下的“奥运争光”计划为引导，历来重视在以奥运会为代表的世界体育大赛中的夺标表现，对奥运项目往往投入巨大，无论是资金保障、人才梯队还是制度建设、政策扶持，奥运项目的发展都占有绝对的“天时地利人和”之便。与此相对应，非奥运项目的发展，在资源获取和生存空间上则明显处于弱势地位，往往面临“国家政策偏移、认知程度低、

资金缺口大和项目自身文化价值匮乏”[1]的发展短板。事实上，就项目本身的属性和价值来看，这种人为的刻意划分并不利于体育运动的整体开展。排除“争金夺银”的功利性发展取向，在某种程度上，这些非奥项目甚至更加契合当代社会人的身心发展需要。质言之，整个国民体育文化的发展和繁荣与体育项目的整体发展是密不可分的。尤其是近年来随着“人文体育观”的逐步确立，单纯的“生物体育观”日渐淡出，个体和社会对体育的需求已经发生了重新定位，国家的“集体本位”逐渐向“个人本位”转移，人们越来越意识到，体育本身的价值在于“满足人在自身价值实践上的需求”，而不分是否奥运项目。非奥运项目发展，既能满足个体的发展需要，又符合当前时代的背景趋势，因此研究探讨新时期我国非奥运项目的发展具有非常重要的现实意义。

一、对当代奥运项目的批判性思考

毫无疑问，奥林匹克运动正遭遇发展中的严峻危机：政治倾向严重、商业开发过度、锦标主义盛行……带来的道德层面的争议，作弊、服用药物、对儿童的过度训练等等。使得现代奥林匹克运动面临着巨大的发展危机。

一部奥运史，堪称比赛项目动态发展史。当前的奥运项目框架，植根于英国户外运动、德国体操和瑞典体操，浸润于欧美中心主义，于顾拜旦时期基本成型，项目格局存在着僵化、固化的问题：已纳入项目居高自傲，危机感和主动性不足，门槛外新兴项目迫切渴求跻身奥林匹克大家庭

① 于文谦，张廷晓．基于“木桶理论”视域下的非奥运项目［J］．北京体育大学学报，2015（4）：1-5.

但进程却举步维艰。[①]时至今日，顾拜旦提倡的“业余主义”早已被打破，尽管国际奥委会对项目选择有一定的要求和标准，但值得我们注意的是，奥运会比赛项目，是否就真正契合奥林匹克运动的宗旨？达·科斯塔（Da Costa）曾说：“生理上的努力、全身的协调配合、寻找身体和精神的最佳配合状态，找到这三者之间的联系也就抓住了理解奥林匹克‘精神描述’的关键。[②]”事实则是，个别奥运项目离这样的“精神描述”却有不短的距离。

NBC体育总裁兼NBC奥林匹克部主任迪克·爱默生（Dick Emerson）在谈及广播电视网对汉城（现首尔）和巴塞罗那奥运会拳击项目的影响时曾说过：“我们过去每转播1分钟拳击，就失去至少25%的观众，我们过去几年失去了所有的女性观众。[③]”虽然我们一再提倡观看、参与体育运动可以适当缓解压力，但社会心理学研究表明，“运动迷在观看攻击性的运动后，攻击性并不会降低，事实上，他们的攻击性可能更高[④]”。借助于枪械和弓箭的射击射箭项目和“以身体练习为基本手段”的体育运动有多少联系？军事类项目和体育类项目有何异同点，该类项目是否真正契合体育的本质意义？曾被打上“贵族运动”“精英运动”烙印的马术项目，堪称奥运会中花费最贵的运动项目，纯种马的圈养与训练是否可以成为划分社会等级和阶层的标准？此外，运动项目更新依赖高科技发展，运动水

---

① 冯雅男，孙葆丽．变迁的解构：后奥林匹克主义下四个议题的思考［J］．武汉体育学院学学报，2017（7）：26–31.

② K.吐依，A.J.真实的奥运会［M］.维尔著，朱振欢，王荷英，译.北京：清华大学出版社，2004：155.

③ K.吐依，A.J.真实的奥运会［M］.维尔著，朱振欢，王荷英，译.北京：清华大学出版社，2004：65.

④ Aronson，E．社会心理学［M］．候玉波，译.北京：中国轻工业出版社，2005：372.

平提升依赖于服装、场地和器材，“身体”的角逐逐渐被“科技”的竞争所取代。奥运项目发展究竟是应该弘扬人的主体性价值，还是沦为科技的奴役，是当代奥林匹克运动发展必须面对的难题之一。总之，部分奥运项目游离于奥林匹克精神本质之外，近乎成为一个显见的事实。

奥运会追求“更快、更高、更强”的竞技呈现，激励运动员不断超越身体极限，去刷新身体纪录。但是西格蒙德·罗兰（Sigmund Roland）教授的话也值得我们深思：“慢速就一定代表人类的表现不佳吗？慢速就一定不能实现奥林匹克‘道德与身心和谐完善’的理想吗？未来的奥运会就不能发生观念的转变？[①]”

与此相对应，非奥运项目展现出了极强的生长性与包容性。这种包容，不仅是对传统身体文化的吸纳与养护，而且为新兴运动项目的出现、推广和发展提供了可能。非奥运项目的特点，决定其可以游离于政治之外；强调参与，弱化不必要的竞争；依托商业化，而非被奴役；以一种包容的态度面对根植于不同文化背景下的身体观……朝着理想中的奥林匹克“精神描述”去努力。奥林匹克主义是将身、心和精神方面均衡地结合起来并使之得到提高的一种人生哲学。总之，非奥运项目的开展，一方面可以繁荣体育文化，另一方面也可以调适奥林匹克危机，促进奥林匹克运动的健康发展。

二、调试、补充与叛逆：非奥运项目的存在逻辑

回顾奥林匹克运动发展史，奥林匹克“人文危机”可谓五花八门：兴奋剂滥用无孔不入，已成为阻碍公平竞技的顽疾；商业化层层渗透，奥运

① 约翰·贝尔，米特·克劳奇·克里斯滕森，等. 后奥林匹克主义？——21世纪体育批判[M]. 王润斌，译. 北京：人民体育出版社，2015：150.

会赛场不得不坚守最后一片“纯净”的空间；意识形态倾向与奥运会独立性反复碰撞，即便在大规模抵制和极端政治化不可能再演的今天，奥运会比赛个人间的竞争终究是只能在宪章中出现的字眼；科技手段的介入使得竞技比赛的公平竞争面临最为严峻的挑战。[①]这些奥林匹克发展中的难点和焦点，具体体现形式不同，但奥林匹克人文价值正遭遇空前的危机与挑战。

身体乃万物之尺度。但是在现实中，身体被规训、惩罚、改造，工具化痕迹异常明显，从而成为生产的工具、军事的工具、政治的工具，奥林匹克运动的人文危机鲜明地呈现出这一点。人们主动或被动地锻炼身体，改造身体的目的只是为了使得身体更加符合现实社会的需要，更加具有被利用价值，而在此过程中一度忽略了人的主体性存在。按照马克思主义的哲学观，主体性是相对于主客体关系中的客体所表现出来的人的能动性、自主性和自为性。非奥运项目所表现的自由性、愉悦性、趣味性和体验性等特点，似乎正好体现了人的自由，体现了对人的尊重和关怀，弱化了对身体的控制和物化的利用。从人的身体和精神和谐、全面发展的角度看，身体竞争和内在自由的本质是不可任意偏废的。有学者研究指出：“从体育的身体竞争本质和内在自由本质两个维度来分析人类生活中存在过的、正在发生的、未来的体育形式和内容，可以发现我们对体育的本真的追求其实如此简单，它就在贴近我们生活的地方。[②]”

正如奥林匹克格言“更快、更高、更强”所呈现的那样，奥运项目无论从运动员备赛还是竞技场比拼，都强调竞争与拼搏、努力与进取，

① 王成．青奥会：理想追寻与价值回归［M］．北京：北京体育大学出版社，2013：64.

② 刘映海，石岩，丹豫晋．论体育的本质及其教育价值［J］．教育研究，2014（9）：24–32.

将“更快、更高、更强”的奥运理念诠释到极致。与此相对应，非奥运项目恰恰是对上述理念的调适与补充，强调人与自然的和谐相处，重视身心的自我体验。它强调在自然与社会双重语境下，重新找寻身体存在的意义，是个性的彰显，亦是人性的体现。如果说全球城市化抹杀了城市与乡村的二元“特色”，那么人类在钢筋与混凝土构成的高楼大厦和水泥丛林中，则迫切渴望重回森林与绿地，希冀亲近自然，呼吸新鲜的户外空气。工业文明下怅然若失的人们对亲近自然、返璞归真激发出无限憧憬与向往，户外远足、山涧漂流、骑行等运动可谓正当其时。并且，人们不再单纯满足于健身房内的流汗，而更加向往与自然、阳光、空气、沙滩等密切接触。徒步越野、登山攀岩等项目日渐成为城市居民首选的锻炼项目。

滑板，一度成为深受青少年喜爱与追捧的项目。城市里、公园间、广场上、台阶外，各种场地往往都伴随着滑板少年的动感身影。滑板之所以成为深受青少年喜爱的运动项目，原因之一就是因为“行进中的滑板与主体人在违反城市空间的治安布局”①。毕竟，城市空间中的任何建筑、台阶、扶手等，其设计本身均基于功能目的性，不允许有多余。例如，公园为休憩，不允许有风险性，台阶为登高，创造一种隔绝外在的庄严感。在这样的环境下，滑板“风一般”驶过，把本来安全性较高的空间变成了风险之地，变成了有主体性故事的叙事，这就是滑板的叛逆性所在。如果按照城市空间安全的角度，应该极力禁止诸如轮滑、滑板、小轮车等危险项目存在，但是从另一层意义来看，滑板的诞生就是对这种禁止

① 程志理观点。

本身的禁止。[①]

伴随着技术的进步和社会的转型，奥林匹克运动也在不断变革中寻求与时代发展的一致性。提高公信力、吸引青少年和追求可持续性是国际奥委会指导奥林匹克改革的三大主题，从中亦可以看出“唯有求变才有可能保持不变”的道理，正如国际奥委会主席巴赫在第127次全会开幕式中提及的那样，“假如我们自己不驱动这些改革，别人就会迫使我们去改革。我们想成为改革的领导者而不是改革的对象”。[②]事实上，虽然奥林匹克运动一度成为现代体育的代言人和代名词，但是任谁也无法忽视非奥项目的存在。从某种意义上说，奥运项目与非奥运项目这种人为性的划分只在于做一个显见的项目类别区分，并不能成为判断项目优劣的标准。更何况，奥运项目并非一成不变。前任国际奥委会主席罗格就曾直言：“奥运会项目不应是28块划定好了的势力范围。而是一个妙不可言的‘大杂烩’，既有个人运动又有集体运动，既有对抗性运动也有观赏性运动，甚至还包括在某个洲流行，而在其他洲毫无名气的项目，我们必须做到这一点！否则很快我们就销声匿迹了。[③]”

一个显见的事实是，受制于竞技比赛和临场评判的限制，部分奥运项目比赛规则一改再改，柔道已非原本的柔道，跆拳道也非其原本面目，而成为

---

① 2020年东京奥运会，滑板成为奥运会正式比赛，此番滑板入奥颇具“反转意味”。而事实上，与滑板相类似的项目还有帆船、冲浪、滑雪等，其中就有奥运项目。但显然，街头滑板与奥运会项目滑板存在着差异。

② IOC. *Speech on the occasion of the Opending Ceremony 127th IOC Session* [EB/OL]. [2014-11-07].http://www.olympic.org/Documents/IOC_Executive_Boards_and_Sessions/IOC_Sessions/127_Session_Monaco_2014/127th_IOC_Session_Speech_Opening_Ceremony_President_Bach-English.pdf.

③ [英]迈克尔·佩恩. 奥林匹克大逆转[M]. 郭先春，译. 北京：学林出版社，2005：78.

一种新的“竞技柔道”和“竞技跆拳道”，这便是一种传统运动挤入奥运殿堂之代价。放眼全球，各国、各族群、各地方都有自己的传统项目、热门项目、普及项目和优势项目，粗略估计可能有几千甚至数万种，进入奥运项目的仅几十种，这样一个庞杂的项目群体其影响力是不可小觑的，亦是不易忽视的。电子竞技、街舞、轮滑、健身这些广受青少年喜爱的运动项目，谁能忽视它们的存在价值，谁又能肯定它们不是下一个“跆拳道”和“棒球”呢？

三、非奥运项目的社会文化价值

从文化角度分析，任何一个社会的发展不外乎两大动力：一是自身的传统文化，二是吸收外来有益的文化。二者缺一不可，后者又常常是本民族文化加速发展的催化剂。[①]西方社会改革已经深刻意识到，社会的稳定、健康发展，需要寻求其他文化形态的补充。多元化是事物发展的基本样态，每一种文化都有其存在的社会背景和现实基础，体育文化多元化、多样化，亦是当代体育运动发展的真实样态，夏季项目与冬季项目，奥运项目与非奥运项目，由此构成了独具魅力的体育风景。非奥运项目的存在，究其根本，实则是人为的划分，但其对社会文化价值的拓展，却也有助于建立超越竞技的国民体育文化价值体系，从而为人文体育观的建立提供鲜活的教育样本和丰富的本土样本。

从国际视角看，非奥运项目是奥林匹克运动活动形式和项目载体的有益补充。正如前文所述，部分项目的开展对奥林匹克主义内在思想起到了一定的调和与拓展，也是对奥林匹克思想价值体系的有益补充。

---

① 陈峰君．东西方文化的异同及东方文化对西方文化的吸取［J］．国际论坛，2000（3）：62-68.

从本土视角看，非奥运项目作为一个极具中国特色的话语表述，在传承和发展中国传统体育文化方面发挥了重要作用。以国际交往为例，众多非奥运项目在海内外的广泛传播已超越国家和民族的界限，为全世界所接受，逐渐成为全人类共同的财富。20世纪60年代以来，以武术为代表的中国传统体育文化就率先走出国门，奔向世界舞台，Kung Fu（功夫）甚至一度成为英语世界中的特色词汇。

从现实角度看，现代人生活节奏加快，压力倍增，城市化在一定程度上挤压了人类的休闲与活动空间，人们的价值观念与生活方式已经发生了翻天覆地的变化。在这样的背景下，众多新兴体育运动作为一种社会文化现象，其独有的价值和功能正在被越来越多的人所熟知。抛开争夺锦标的功利心态，娱乐、休闲、享受正成为这些项目的主要参与目标，带有积极、自由、奔放、热情等主观态度的体育运动逐渐进入到人们的日常生活。众多非奥项目也正是在这种观念的影响下流行开来，受到年轻人的追捧，并以此作为挑战自然和彰显个性的活动形式。

此外，非奥运项目对社会体育的价值还可以体现在为群众体育锻炼提供更多的选择空间，为学校体育教学改革提供了更多的、可选择的思想和空间。

网络社会的来临，使人们生活和生产方式面临新一轮变革。随着休闲意识的提高和劳作方式的改变，人们更愿意走出户外，亲近自然，展示个性和风采，体验自然的魅力。以满足人们好奇心理和挑战多样自然环境为代表的新兴体育项目应运而生。这些项目极富挑战性与刺激性，彰显出时代的流行底色。从需求层次的角度来理解，这些新兴非奥项目的产生绝非偶然，也不是时髦的说辞和模仿，而是在创造性思维的条件下，打破了传统的桎梏，以先进的认识论和方法论所取得的演进成果具有积极意义。

四、探索非奥运项目的发展空间

据中华全国体育总会官网显示，中国非奥运项目协会已达34个（奥运项目协会33个），此外还有各级各类民间体育活动项目形式等。如何探索本土实情下的非奥运项目发展，从而走出一条符合中国特色的新路子，是值得思考之处。

不可否认的是，凭借奥运会的平台和影响力，项目“入奥”（大都遵循从表演项目到竞赛项目的入奥路径），在某种程度上的确会给项目本身带来更大的发展空间。历史上确有不少项目在符合奥运会项目要求和规范的基础上成功“入奥”，从而乘奥运东风于全球推广，并借此宣传本国特有的文化、历史、民风和民俗。韩国的跆拳道项目便是典型代表。① 但这种模式并不适合所有的非奥项目，② 对这些项目而言，如何在安全前提下进行有效的活动组织，分级培训，分类竞赛，并以此为基础进行相关市场

① 为推广跆拳道运动，韩国很早就在世界范围内开展了大量卓有成效的工作，如外派教练员队伍，扶持他国发展跆拳道项目。1973年，首届跆拳道世界锦标赛举行；1988年汉城奥运会，凭借东道主之便，跆拳道成为表演项目，1992年巴塞罗那奥运会，依然为表演项目；1996年亚特兰大奥运会，被取消；但是2000年悉尼奥运会，跆拳道终于成为奥运会正式比赛项目。

② 是否具备国际基础是能否成为奥运项目的重要条件，但在各方利益博弈的现实背景下依然存在其他众多不确定因素。换言之，成为奥运会正式比赛项目，也绝非非奥运项目的唯一出路。一旦脱离原先的生存环境和土壤特征，项目极有可能陷入“改头换面”“削足适履”的窘境。登山、攀岩、定向越野等运动项目，植根于广袤的自然环境中，崇山峻岭和岩石峭壁是项目不可分割的一部分，不迎合奥运项目的要求，坚持本色，反而会在某种程度上提高项目的吸引力和美誉度，引起更多人群的关注。在现实中发现，年轻人抵制许多有组织的体育运动中的组织形式和成年人的控制，他们通过其他活动来寻找对身体的挑战，攀岩是那些替代性体育运动中的一种。［美］杰·科克利．体育社会学——议题与争议（第6版）［M］．刘精明，译．北京：清华大学出版社，2003：636-637.

开发，从而使项目活动更有规范地管理和发展，吸引更多的参与者和爱好者，或许比争取“入奥”要更具现实意义。

就政策环境而言，当前中国体育尤其是非奥项目可谓面临空前的机遇。2010 年 3 月 19 日，国务院发布《关于加快发展体育产业的指导意见》，从国家层面首次明确了体育产业的地位。2014 年 10 月 2 日，国务院又发布《关于加快体育产业促进体育消费的若干意见》，明确提出“发展体育事业和产业有利于满足人民群众多样化的体育需求、保障和改善民生，有利于扩大内需、增加就业、培育新的经济增长点”。在市场经济时代的潮流下，非奥运竞赛表演市场得以充分拓展、项目联赛和商业赛事愈加活跃，大众健身的快速发展、体育彩票销售额的迅速提升以及各单项俱乐部、体育用品业的成长，为提升国民素质和生活质量发挥了重要作用。此外，我国对非奥项目产业化的尝试正在进行中，电子竞技、围棋、健美操、钓鱼、龙舟、桥牌以及信鸽等项目，都已利用非奥项目产业为平台为当地经济发展提供了运作空间，为当地经济做出不可估量的贡献，更为实现非奥项目的路径提供了参考价值。

改革开放以来，随着中国经济持续发展，计划经济向市场经济转型，体育项目也面临着新的政治、经济、社会条件，奥运项目与非奥项目，同为运动项目家族的成员，理应取长补短，互为补充。“奥运争光计划”与“全民健身计划”是中国体育发展的两个重心，不应厚此薄彼，存有主次之分。从这个意义上看，关注和发展非奥项目是实现全民健身与奥运同行、全面发展中国体育的应有之义和必然选择。

第三节 《奥林匹克议程 2020》：改革走向及其认知讨论[①]

2014 年 12 月 8 日，国际奥委会第 127 次全会，摩纳哥蒙特卡洛，奥林匹克运动发展中一份重要的改革文本《奥林匹克 2020 议程》（*Olympic Agenda* 2020）发布。该议程所涉及的改革建议对奥林匹克运动的未来发展路线进行了全景设计，提出了若干新观点和新思路，同时这也是巴赫担任国际奥委会主席以来所发布的第一份重要文件，从这层意义上看，议程本身也凝结了巴赫的奥林匹克治理理念。深入理解本次全会的改革议题，准确、客观地把握这次改革动向，对深刻认识当前奥林匹克运动发展十分必要。对此，本书从“文本与背景（context and background）”“20+20 建议（20+20 recommendations）”两份材料入手，结合国际奥委会第 125 次、126 次、127 次全会的相关文本材料，解读《奥林匹克 2020 议程》的改革理念，梳理和分析当代奥林匹克运动发展的历时性改革节点，清晰、客观地呈现当前国际奥林匹克运动发展势态，同时，希冀能够借此北京张家口联合承办 2022 年冬奥会之际，筹办工作积极推进，进一步推动中国奥林匹克事业健康有序地发展。

一、《奥林匹克 2020 议程》酝酿历程与文本架构

2013 年，国际奥委会第 125 次全会上，刚刚卸任的国际奥委会第八任主席罗格坦言，新主席将面临两大挑战，一是如何在世界经济不景气

① 王成，靳铁军.《奥林匹克议程 2020》解析——兼论新时期奥林匹克运动改革新动向［J］. 上海体育学院学报，2016（2）：90–94.

的情况下维持奥运会的高质量，二是如何遏制愈演愈烈的兴奋剂丑闻。①控制奥运会规模与成本、节俭办奥运、持续推进奥运瘦身计划、平衡奥运利益博弈势在必行。第九任国际奥委会主席德国人托马斯·巴赫上任伊始，便针对奥林匹克运动发展现状进行改革筹划，酝酿改革议题与建议。通过征集与协商，大约从各奥委会委员、各类世界体育组织、外界专家、社会团体、公众以及其他奥林匹克利益相关者中收集超过 43 000 份电子邮件建议，形成了大约 1200 个想法，浓缩成五大主题：奥运会的独特性（the Uniqueness of the Olympic Games）、运动员（Atheletes：at the heart of the Olympic Movement）、奥林匹克主义在行动（Olympism in action：keep Olympism alive 365 days a year）、国际奥委会的角色（The IOC' s rold：unity in diversity）、国际奥委会结构和组织（IOC structure and organisation），②并且于 2014 年 2 月在索契举行的国际奥委会第 126 次全会上进行了专门性探讨。同年 10 月，国际奥委会执委会在 14 个小组分组讨论后最终拟定了这些提议。2014 年 12 月 8 日下午，国际奥委会全体成员在第 127 次全会上就改革提案进行再次讨论和商议。此次会议上，104 名国际奥委会委员中有 96 人到会、8 人缺席，在对 40 项提案进行逐一讨论、有些甚至引起激烈争执后，最终每项提案经过举手表决皆为全票通过，无一反对、无一弃权。国际奥委会第 127 次全会之后，执委会将确定这些建议的优先实施权。

---

① IOC. *Closing speech by IOC President Jacques Rogge* [EB/OL]. [2013-09-10]. http：//www.olympic.org/2020-host-city-election-125th-ioc-session.

② IOC.*Olympic Agenda 2020 126th IOC Session* [EB/OL]. [2014-02-05].http：//www.olympic.org/Documents/IOC_Executive_Boards_and_Sessions/IOC_Sessions/126_Session_Sochi/Olympic_Agenda2020_Part_1_English.pdf.

14个工作组涉及的讨论主题以及最终给出的40条改革建议见表8-1：

表8-1 《奥林匹克2020议程》涉及讨论小组和最终建议①

主席	14个工作组	40项建议
John D.Coates. AC	招标程序	招标方式变“申办”为“邀请”
		通过评估关键因素与风险考察竞标城市
		降低招标成本
HSH Prince Albert Ⅱ	可持续性与传承性	将可持续性贯穿奥林匹克运动会的各个方面
		将可持续性融入奥林匹克运动日常活动中
Sam Ramsamy	奥林匹克运动分化	与其他运动的赛事组织者保持密切合作
		加强与体育组织的联系
		建立起与职业联赛的关系
Franco Carraro	奥林匹克设项机制	构建奥林匹克项目的框架
		大项基础制转变为小项基础制
		倡导男女平等
Mario Pescante	奥运会的管理	降低成本，提高奥运会管理的灵活性
		最大化与奥林匹克运动利益相关者的协同效应
Claudia Bokel	保护干净运动员	重申奥林匹克主义第六条基本原则
		改进保护干净运动员的理念
		充分利用国际奥委会20万美元的基金以保护干净运动员
		表彰干净运动员
		加大对运动员的支持力度
Thomas Bach	奥林匹克频道	开设奥林匹克频道
Gerardo Werthein	奥林匹克主义在行动	建立战略伙伴关系
		加强国际奥委会倡导力
		传播奥林匹克价值观基础教育
		与社团建立友好关系
		评估青年希望计划
Ser Miang Ng	青奥会	重新审视青奥会的定位
Lambis V.Nikolaou	文化政策	进一步加强运动与文化的融合
		遵守善治基本原则
		支持自主治理
Graig Reedie	善治与自治	提高透明度

① 表中数据根据国际奥委会官方文件 Olympic Agenda 2020 context and background（2014-11-18）整理而成，其中每一项建议都附有详细的背景与描述，并且从法律、财政、组织、人力资源影响等方面对涉及的议题进行了讨论分析。在国际奥委会第126次全会上，对上述分组和议题进行了讨论，第127次全会上，到会的委员进行投票表决，每项建议皆获全票通过。

续表

主席	14个工作组	40项建议
Youssoupha Ndiaye	道德标准	加强国际奥委会道德委员会的独立性
		确保服从性
		强化道德标准
Tsunekazu Takeda;Juan Antonio Samaranch	赞助、授权和经营策略评估	进一步促使赞助商加入“奥林匹克主义在行动”计划
		构建全球许可计划
		加强TOP计划中赞助商与国家（地区）奥委会的互动
		扩大非商业用途的奥林匹克标志使用权
HRH Grand Duke Henri of Luxembourg	国际奥委会成员	重新修订国际奥委会成员年龄限制
		进行有针对性的招聘
		促成与社会间的对话以及奥林匹克运动内部的对话
		重新审视国际奥委会下属委员会的范围和组成

可以看出，这40项改革措施涉及奥运会申办程序、奥运会项目设置、新媒体、奥运会的可持续发展、财政透明监管、体育竞赛的诚信价值、运动员职业道德、青少年体育素质的培养等，直指奥林匹克改革的关键点与核心环节。议程建议牵涉面广，既涉及奥林匹克运动的方方面面，又描绘出奥林匹克运动发展的整体运营蓝图。

二、《奥林匹克2020议程》改革聚焦与奥林匹克发展走向

（一）聚焦本源，将奥林匹克运动纳入可持续发展之轨道

可持续、公信力和青少年，是2020议程体现出的三大统摄性主题。国际奥委会前任主席罗格自2002年上任以来，一方面强调体育运动的普及与诚信，另一方面则是更为现实地推行奥林匹克理想。[①] 巴赫的就任延续了罗格的发展思路，在奥运会举办的问题上，控制规模、降低成本、普及推广，本次改革文本着重提出联合申办的新主张：由于很多西方国家对

---

① 任海．论国际奥委会的改革［J］．体育科学，2008（7）：3-25.

承办奥运会热情衰减，国际奥委会希望能通过改革降低奥运会举办成本，以提升其在全世界的吸引力。国际奥委会今后将会允许多国、多城市联合举办奥运会，打破了传统的单一城市理念。这一改革的提出，有利于更好地保证奥运会质量，减轻举办国家和城市的压力，同时在一定程度上给那些有意愿举办奥运却能力欠缺的国家和城市提供契机，使得申办奥运不再是大国游戏。当然，国家间联合办赛只会在“特殊情况下”进行，联合申办必须在申办之初就提出来，并且要得到国际奥委会执委会的同意才能操作。此外，奥运申办流程发生变化，奥委会将会向有能力举办奥运会的城市发出“邀请”。“申办”变成“邀请”，意味着申奥将逐步由“奢侈品”转变成“必需品”。此举的目的是带来更多的灵活性，并让国家和城市有机会与国际奥林匹克委员会以“伙伴关系”共同努力，根据城市自身发展需要和条件量身打造奥运会计划。

国际奥委会决定主办权归属则着眼于两个方面，一是对申办城市进行充分的风险和机遇评估，重点着眼于可持续性和奥运遗产保护，二是要求承办费用与运营费用这两项预算的区分更加明确。同时，议程提出要提倡节俭办赛，鼓励城市最大限度地利用现有的和临时性的场馆，该建议符合当前社会可持续发展战略，奥运会举办目的是弘扬体育精神，而不是举办国家和城市用来铺张浪费、彰显财力的工具。可持续作为议程三大统摄性主题之一，在规划奥林匹克发展图景中被置于首要地位。谋求奥运会长盛不衰，在体育回归教育、奥林匹克重在育人并建立美好世界的愿景框架下，以体育运动的普及和诚信为本源指向，推进奥林匹克可持续发展。

（二）聚焦奥运，维护奥运会独特性，巩固其世界首要赛事的地位

奥运会，是奥林匹克运动的浓缩与象征，办好奥运会，依然是国际奥

委会的核心要务，这一点不能变，也不能改，而奥运会本身也不能变化太多。本次议程有关奥运会的建议中，一方面继续巩固奥运会作为世界首要赛事的地位，另一方面，也体现出国际奥委会有意放权给奥运会承办方，以最大限度地调动承办方热情。议程提出奥运会设项机制发生变化，在未来，东道主将有权提出设项申请，在奥运会开赛前三年决定项目的增减，项目也将由“大项基础制变为小项基础制”。国际奥委会前任主席罗格在其任内一直致力于“奥运瘦身”，2008年北京奥运会28个大项、302个小项，2012年伦敦奥运会26个大项、300个小项，2016年里约奥运会28个大项，306个小项，现有奥运项目不够积极进取，外场非奥项目意欲挤头进入，如何平衡奥运项目和非奥项目间的布局，一直是困扰国际奥委会的难题。对此，议程提出今后夏季奥运会小项上限设定为310个，大项则不做具体限定，由此，奥运会设项将更具灵活性，给小项进入提供了更多可能。另外，在新增的设项规则中，除了小项上限为310个，夏季奥运会参赛运动员和注册官员也将分别被限制在10 500人以内和5000人以内，冬季奥运会则限制为2900名运动员、200名注册官员以及100个小项，这就对奥运会的规模做出了具体限定，同时也增加了设项的灵活度。

受新冠肺炎疫情影响，2020年东京奥运会虽然延期举办，但是从现实层面看，日本有可能会成为此项改革的第一个受益者，目前棒球、垒球以及日本强项空手道皆有意提出进入或者重返奥运项目，根据东道主将在设项上拥有更多主动权的条款，东京奥组委在推进其强项成为奥运会比赛项目时面临契机。另外，从这一层面延伸看，议程所体现出的奥林匹克发展态势和环境将更有利于中国体育的国际化进程，在奥林匹克去欧美中心化、更加多元化的前提下，也未尝不是中国本土体育发展的一个战略性机遇和突破口。

（三）聚焦善治，推进国际奥委会的自身改革与发展

作为奥林匹克运动的领导者，国际奥委会的地位与作用异常关键，但是，成立于19世纪末的国际奥委会，强调的是“组织独立、精英自治”。作为一个非营利的社会公益组织，却拥有巨大的商业资源和利益，其组织性质呈现出一种混合状态的“准公共性”和“准商业性”，这种变化亦暴露出业余运动组织进入社会核心运作机制时其自身固有的先天不足，如人治色彩浓重、结构不健全、规范不足、法制缺失、监管不力等。①

20世纪末，善治的概念开始流行，此后逐渐成为众多国际和国家体育组织关注和讨论的焦点。事实上，奥林匹克治理问题自从国际奥委会诞生之日就已然存在，国际奥委会的组织特点就是组织独立，精英自治。2008年，国际奥委会出台《奥林匹克和体育运动善治的基本通则》，从七大原则、38项主题、120项考虑出发，制定了相关的善治建议，讨论了奥林匹克和体育善治的具体内容和设施原则。②本次议程再次提出遵守善治基本原则、支持自主治理、提高透明度，体现了国际奥委会对这一问题的密切关注和治理决心。诚然，国际奥委会治理如同其他国际体育组织的治理一样，涉及多种复杂关系，牵涉大量利益相关方，这种网络状互动博弈的复杂格局，使得未来的国际体育秩序不会按照任何一方的设计构建，而只能在众多矛盾关系的综合作用中发展。2020议程对国际奥委会改革也提出了具体要求，处理好自治与善治的关系，既要保持奥林匹克组织的

---

① 任海．国际奥委会演进的历史逻辑——从自治到善治［M］．北京：北京体育大学出版社，2013：2.

② IOC. *Basic Universal Principles of Good Governance of the Olympic and Sports Movement* [R]. 2009-09-11.

独立自主，又要遵从《奥林匹克与体育运动善治通则》，从而防止组织腐败，体现多元和谐，提高组织效率。国际奥委会的善治之路任重而道远。

（四）聚焦传播，拓展奥林匹克运动发展路径与渠道

奥林匹克广播服务公司（OBS）和终端综合管理系统（ITMS）在国际奥委会财务、法律以及外界专家的支持下进行了一项可行性研究，建议国际奥委会开设奥运频道（Olympic Channel），而这一建议最终也得到了国际奥委会委员的支持，在议程中正式确认。该频道 2015 年在全球推出，展示体育运动——但并非直播奥运会，而是投身蓬勃发展的互动市场，试图吸引全世界青年的目光，由奥林匹克广播服务公司（OBS）运营。该频道的基地将设在瑞士和西班牙，首先通过互联网播出，然后进入主流广电系统，24 小时不间断地展示奥林匹克运动，内容包含新闻、专题节目、重大赛事，例如奥运会资格赛和国际联合会举办的世界锦标赛等。预计该频道七年的成本超过 4.46 亿欧元，其中国际奥委会将提供 2.05 亿欧元，国际联合会和各国奥委会将各自提供 7200 万欧元。奥委会估计，频道将带来 1.33 亿欧元的广告和电视转播权收入。① 国际奥委会主席巴赫对此表示："对国际奥委会和奥林匹克运动来说，这绝对是历史性的一步！"

拥有自己的频道给奥委会提供了宣传其理念的平台，也有利于从源头上规范和引导市场化的健康发展，奥委会通过打造这一家电视频道，能够更好地掌握自身的话语权，发出独立的声音，把控媒体舆论。诚然，该频道将成为国际奥委会的一个重要财政来源，而开设这样一个频道也意味着奥林匹克运动的商业化进程更进一步，但是正如议程中所表明的

① 国际奥委会开通全球 24 小时频道，耗资 4.5 亿欧元［EB/OL］.［2014-12-09］.http：//sports.qq.com/a/20141209/003791.htm.

那样，奥运频道开设的最终意图是希望能够成为奥林匹克运动的家园，沟通并联结网民和观众，推广奥林匹克价值观，实现体育的教育功能。

此外，议程突出运动员的核心地位中，不仅重申奥林匹克主义第六条基本原则（体育是人权），提出了要考虑参赛者的性别平衡，更要鼓励设置男女混合项目，同时要保护和嘉奖不使用违禁药物的运动员，加强青少年奥林匹克教育，最大限度地降低兴奋剂事件发生，这也是聚焦人本、关注运动员自身健康发展的呈现，努力建造一个“干净、纯洁、人性”的奥运会，将奥林匹克精神更好地传递给青少年。

三、议程建议的辩证性认知与讨论

（一）改革举措从宏观上规划战略蓝图，但具体实施中仍遭遇“度的掌控”之难题

浪漫理想与严峻现实间的掌控与平衡，是现代奥林匹克运动自诞生之日起就面临的难题。巴赫主席倡导的本次奥林匹克改革，从大方向和大环境给出了宏观设置，提供了奥林匹克今后发展的基本思路，但是在实施过程中如何把握和操作，仍存在众多不确定性。目前议程仅是获得通过，具体实践还有待进一步观察。

例如，在奥运会承办问题上，变“申办”为“邀请”，问题亦随之而来：邀请的标准是什么？如何制定这样的标准？有实力承办的城市没有申办意愿怎么办？如何考虑在没有承办实力的城市和地区普及推广奥林匹克运动？如何体现“邀请”的公平性与普及性？等等。这些问题需要在实践进程中思考，进一步权衡与辩证。再如，奥运会在时间和空间上的同一性，往往遵循“一届奥运会一个城市”的办会原则，此次议程国际奥委会提出

今后允许跨国办赛，这也为具体的实施带来困难：多国申办时的流程应该怎样实施？哪些项目适合集中办？哪些项目适合分散办？集中和分散各有利弊，亦存在诸多矛盾：集中可以有效解决赛后利用问题，有利于参与者享受奥运会的庆典狂欢，而分散办则会影响运动员和观众的奥运体验，削弱奥运会庆典氛围，集中与分散的“度”该如何掌控？允许不同国家或地区联合申办和允许同一个国家不同城市联合办赛的做法，在某种程度上也有悖于国际奥委会“紧凑办赛、压缩运动员的出行和支出负担”理念，而该项建议在全会讨论时就曾遭遇过委员们的质疑与诘问。瑞士委员奥斯瓦尔德直言对联合办赛的担心：“允许奥运会在一个国家的不同城市甚至是不同国家进行，这令我忧心忡忡，我担心这会破坏奥运会的独特性。对于那些被分流出去的参赛选手来说，奥运村就不再是奥运村，更像是世锦赛，这些人将无法体会真正的奥运会经历。[①]”

再如，以往国际奥委会道德委员会成员是由主席直接指定，改革后将由国际奥委会全体委员选举产生，虽然从程序上改推选方式更显民主，但依然是“自己人”监督“自己人”。如果说真正的监督理应由第三方予以执行，那么这也违背了国际奥委会的“自治”原则，很矛盾。国际奥委会积极需求与世界其他组织的合作与对话，本次特别提及“与联合国合作、联合”，那么如何在这种追求开放的进程中有效确保自身独立性，使国际奥委会能够按照自身意愿办事，划清与政府、官方的界限，亦是难事。此外，东道主权限内的增减设项怎样明确规定？青奥会如何准确定位、进一步发展？凡此种种，皆未给出明确答案，具体问题还要具体分析，尤其是在“度”的掌控上，依旧是矛盾重重，答案悬而未决。

---

① 新华社．国际奥委会同意联合申办奥运会 灵活节俭办赛［EB/OL］．［2014-12-08］．http：//www.chinadaily.com.cn/hqcj/xfly/2014-12-08/content_12859293.html.

（二）巴赫就任主席延续欧洲人的改革基因，从而使该议程呈现出鲜明的个人色彩

讨论《奥林匹克2020议程》以及被称为“改革全会”的国际奥委会第127次全会，就不能不提及这次改革议程的设计者、倡导者，也是现今担任国际奥委会主席的托马斯·巴赫。对于《奥林匹克2020议程》以及带来的改革愿景，巴赫早在2013年就任以来，就已开始酝酿，这是他精心打造的国际奥委会未来发展图景，巴赫亦坦言40条提案被全数通过的这一天一定要载入史册，在他看来，议程的酝酿与实施反映了国际奥委会锐意改革、推动进步并付诸实践的伟大决心。笔者曾在《青奥会：理想追寻与价值回归》一文中，从理念逻辑线索的角度分析青奥会创立的四个思想背景渊源：古希腊的竞争精神与公民意识、奥运会的狂欢盛典与永恒主题、欧洲人的价值理念与强势文化以及改革者的贵族身份与理想情怀。[①] 巴赫的此番改革从另一个角度看，其实质也蕴含着欧洲人的价值理念、强势文化、改革基因和理想情怀，国际奥委会主席的个人身份背景亦是这种文化基因的隐秘延续。

托马斯·巴赫于1953年出生于德国，青少年时期从事击剑运动，曾获得1976年蒙特利尔奥运会男子花剑团体金牌，还涉猎网球和足球领域。迄今九任国际奥委会主席中，他是目前唯一的奥运冠军，也是第八位来自欧洲的主席。有媒体评论巴赫能成功当选为国际奥委会主席至少以下因素是不可忽视的：奥运冠军身份、国际奥委会委员的老资格以及欧洲传统体育强国的优势。[②]1981年，巴赫被推选为当时新成立的国际奥委会运动员

---

① 王成．青奥会：理想追寻与价值回归［M］．北京：北京体育大学出版社，2013：2.

② 封面人物第99期［EB/OL］．［2014-12-19］．http://sports. cntv. cn/zonghe/special/people/Bach/index. shtml.

委员会成员，第七任国际奥委会主席萨马兰奇曾经赞扬说：“托马斯·巴赫是我们国际奥委会中最好的委员之一，他的前途广阔。”1982 年，巴赫进入联邦德国奥委会；1994 年，巴赫被萨马兰奇任命为国际体育法院上诉法庭庭长；1996 年，巴赫成功竞选国际奥委会执委，成为第六位进入奥委会执委的德国人，长期管理项目委员会和司法委员会等部门，且负责奥运会欧洲地区的电视版权销售工作，其间领导了多起兴奋剂案件的调查工作；2000 年，巴赫出任国际奥委会副主席，2004 年 8 月退出副主席职位，2006 年 2 月，都灵冬奥会期间，再度当选国际奥委会副主席，同年 5 月，被选为新成立的德国奥林匹克体育联合会名誉主席；2013 年 9 月 10 日，国际奥委会第 125 次全会上，当选为国际奥委会主席。①

除巴赫本人的欧洲人身份外，他曾长期负责奥委会，这与他的法学博士背景有关，1973 年至 1979 年巴赫在维尔茨堡大学攻读法律与政治专业，后在德国联邦宪法法院取得法学博士学位。自 2013 年 9 月当选主席以来，巴赫即致力于推动国际奥委会的改革进程，《奥林匹克 2020 议程》从某种程度上也体现出他在国际奥委会第 125 次全会上获选主席后的致辞中明确提及的奥林匹克治理理念——多样性的统一（unity in diversity）。② 不仅如此，第 127 次全会也是巴赫上任以来的第二次全会，并且在第 126 次全

---

① 材料根据相关媒体报道整理而成：新国际奥委会主席 [EB/OL]. [2013-09-12]. http://news.ifeng. com/gundong/detail_2013_09/12/29537208_0. shtml；罗格退休巴赫接棒 国际奥委会迎来第九任掌门 [EB/OL]. [2013-9-12]. http://sports. sohu. com/20130912/n386441536. shtml；维基百科 . 托马斯巴赫 [EB/OL]. [2015-03-10]. http://zh. wikipedia. org/wiki/.

② *Thomas Bach' s speech following his election as IOC president* [EB/OL]. [2013-09-10]. http://www.olympic.org/Documents/IOC_Executive_Boards_and_Sessions/IOC_Sessions/125_Session_Buenos_Aires_2013/President_election_Thomas_Bach_speech.pdf.

会上也对该议程进行了初步讨论。综上可见，《奥林匹克 2020 议程》中的众多建议与巴赫本人的经历、身份、背景密切相关，这份由巴赫一手推动的改革文本，不仅是国际奥委会未来指引奥林匹克运动发展方向的重要文件，也是巴赫奥林匹克改革理念与发展思路的重要体现，从中更不难看出他本人对奥林匹克运动所持有的理念和态度。

（三）如何深化对该议程和本次全会的认知，需要从多方位进行历时性解读与分析

《奥林匹克 2020 议程》作为一份建议文本，是国际奥委会第 127 次全会的重要成果，不仅体现出巴赫的奥林匹克改革理念，从某种程度上也为当代奥林匹克在新的社会情境中如何进一步发展提供了指导性意见。有学者评价“这是巴赫接替罗格成为国际奥委会第九任主席后对奥运改革的全面设计，规划了未来几十年中奥林匹克运动发展的战略宏图”。[①] 如何正确看待议程文本的改革思路、深刻理解本次改革的重大意义，如何清晰认识本次全会召开所具有的节点价值，这都需结合奥林匹克运动与它所依附的社会背景、发展现状去找寻线索，改革的动因也必须从奥林匹克与社会的互动中来寻求答案。

近年来，国际奥林匹克运动发展迅猛，近乎达到历史顶峰。从奥林匹克品牌理念看，以“卓越、尊重、友谊”为代表的奥林匹克核心价值观正随着奥运会等活动的开展在全球日益推广开来；从奥林匹克组织体系看，国际奥委会、国家（地区）奥委会和国际单项体育联合会注重跨界整合、多元合作，已逐步建立起有效的组织管理和运作体系；从奥林匹克活动体

① 任海．奥林匹克改革：接地气、拢人气、合天气［J］．小康，2015（1）：107.

系看，奥运会作为赛事商品，强调市场运作，为奥林匹克奠定基础支撑；残奥会惠泽大众，彰显普通生命关怀；青奥会重在精神引领，谋求奥林匹克回归本源，这种价值互补、殊途同归的三角结构已然为奥林匹克运动铺垫出更为稳定坚固的发展格局。从 2008 年北京奥运会的“无与伦比”，到 2012 年伦敦奥运会的“充满快乐和荣耀”，再到 2014 年南京青奥会的“精彩绝伦”，奥林匹克运动发展进入新的历史时期。

但是，任何事物发展都必然存在辩证两面性，繁盛同时亦隐藏潜在危机，任何事物在发展至极致之时，唯有求变，以求通达。改革奥运会及其相关的组织、章程、实施等，不仅重要，而且必要。以 2022 年冬奥会申办为例，此前克拉科夫、北京、奥斯陆、阿拉木图和利沃夫一道正式提出申办。然而在递交申办报告后不久，奥斯陆、慕尼黑、斯德哥尔摩等城市相继退出申办，2014 年 7 月，国际奥委会公布初选结果，仅剩北京和阿拉木图。不管退出城市出于何种动因，此种局面无疑让国际奥委会危机感倍增。毕竟，当城市对奥运会的申办已无热情可言，推广奥林匹克运动只能是一句空话。国际奥委会未雨绸缪地提出改革方案，在奥运举办成本不断攀升、滥用兴奋剂之风愈演愈烈、网络时代青少年参与体育运动热情下降的大背景下，亦是化被动为主动，此番思路理应顺应奥林匹克发展的时代需要。新时代，一切都面临被颠覆的可能，奥林匹克一百多年来几度在危机中求得生存，变革自新，就是明证。诚如巴赫在第 127 次全会开幕式中提及的那样：“成功是改革的最佳因素”，“假如我们自己不驱动这些改革，别人就会迫使我们去改革。我们想成为改革的领导者而不是改革的对象”。[①]

① IOC. *Speech on the occasion of the Opending Ceremony 127th IOC Session* [EB/OL]. [2014-11-07].http: //www.olympic.org/Documents/IOC_Executive_Boards_and_Sessions/IOC_Sessions/127_Session_Monaco_2014/127th_IOC_Session_Speech_Opening_Ceremony_President_Bach-English.pdf.

除危机意识之外，国际奥委会也更为重视在当代多元社会中与社会各界组织寻求对话与合作。巴赫坦言，“我们需要改革，因为今天的体育在社会中太重要，使得我们不能忽略社会的其他领域。我们不是生活在一个孤岛上，我们生活在一个现代的、多元的、数字化的社会。假如我们要继续使体育服务于社会，这也是我们奥林匹克原则的一部分，我们就必须融入社会。如果我们想让奥林匹克主义的价值观——卓越、友谊、尊重、对话、多元、非歧视、宽容、公平竞争、团结、发展与和平的价值观对社会发挥作用，现在就是改革的时机”。①

此外，如果从近年来被称为国际奥委会“改革全会”的历次召开背景和讨论主题考察，也可以看出 2020 议程和第 127 次全会体现出的独特价值定位。国际奥委会全会（全称为国际奥林匹克委员会全体会议）是国际奥委会的最高权力机构，一切奥林匹克重大问题的决策均由全会掌控。在国际奥委会历史上，尤其是 20 世纪盐湖城冬奥会丑闻事件（1998 年）以后，国际奥委会先后召开过 19 次全会，其中有几次全会（尤其是特别全会）意义重大。1999 年 3 月，第 108 次特别全会（洛桑）直接针对盐湖城丑闻进行应急式处理与应对；同年 12 月，第 110 次特别全会（洛桑）通过 50 项改革措施，国际奥委会从丑闻中平稳过渡；2002 年 11 月，第 114 次特别全会（墨西哥城）全面回顾改革措施，上任一年半的罗格主席明确提出自己的改革理念和基本思路，对奥林匹克发展进行战略性谋划。从这种历时性梳理看，第 127 次全会（摩纳哥）不仅体现出新主席（巴赫担任主席后的第二次全会）的强势领导，也预示着国际奥委会掌握主动权，未雨绸缪，

---

① IOC. *Speech on the occasion of the Opending Ceremony 127th IOC Session*［EB/OL］.［2014-11-07］.http：//www.olympic.org/Documents/IOC_Executive_Boards_and_Sessions/IOC_Sessions/127_Session_Monaco_2014/127th_IOC_Session_Speech_Opening_Ceremony_President_Bach-English.pdf.

对奥林匹克未来发展做出前瞻性预测和应对。

由是观之，国际奥委会此次改革建议差异于以往奥林匹克面临危机时的那种被动而急进式改革，是掌握主动、积极推进的改革方案，在奥林匹克鼎盛时期寻求可持续发展，因势而动，着眼长远，从宏观上把握改革主动权，《奥林匹克 2020 议程》的改革提议是在奥林匹克运动成长的新形势下应对未来危机具有前瞻性的回应。议程中若干具有转折意义的提议，必将为国际奥委会在奥林匹克运动史上掀开崭新一页。

整体而言，《奥林匹克 2020 议程》针对当代奥林匹克运动发展所呈现出的种种问题，提出了若干新观点、新思考和新建议，也提供了奥林匹克今后发展的整体性思路。虽然在具体的操作层面缺乏实施对策和详细路径，给实践运作带来困难，但是，这种居安思危和因势而动的改革方向，恰恰给具体操作带来了调整与应变空间。顺应时代，去权威化、去权贵化、去欧美中心化，奥林匹克运动驶入新的历史时期，在浪漫理想与残酷现实之间，如何进行度的掌控与把握，将是摆在国际奥委会面前的一大难题。

参考文献

著作书籍：

[1] 常乃军，王岗.20世纪的奥林匹克运动［M］.北京：中华书局，2001.

[2] 马仲良，王鸿春，黄亚玲.人文奥运研究［M］.北京：北京体育大学出版社，2005.

[3] 彭永捷，张志伟，韩东晖.人文奥运［M］.北京：东方出版社，2003.

[4] 卞婴.奥林匹克新论［M］.兰州：兰州大学出版社，2003.

[5] 中华体育网.点燃水中梦想——解读悉尼奥运［M］.北京：北京体育大学出版社，2001.

[6]［英］戴维·米勒.从雅典到北京：奥运会和国际奥委会的历史［M］.王承教，等译.哈尔滨：哈尔滨出版社，2008.

[7] 任海.奥林匹克运动读本［M］.北京：人民体育出版社，2005.

[8] 柳林，赵全宜.集思广寓：吉祥图形新视觉［M］.武汉：武汉大学出版社，

2005.
[9] 张荣 . 古代漆器 [M] . 北京：文物出版社，2005.
[10] 丁华民，志敏 . 奥林匹克全书 [M]（第一卷）. 长春：吉林文史出版社，2006.
[11] 中国人民大学人文奥运研究中心编写组 . 圣火传递心中的爱 [M] . 北京：北京出版社，2004.
[12] 王军 . 奥林匹克视觉形象的历史研究 [M] . 北京：北京体育大学出版社，2004.
[13] [英] 麦克尔·佩恩 . 奥林匹克大逆转 [M] . 郭先春，译 . 上海：学林出版社，2005.
[14] [法] 塞莫斯·古里奥尼斯 . 原生态的奥林匹克运动 [M] . 沈健，译 . 上海：上海人民出版社，2008.
[15] [法] Vanoyeke. 奥林匹克运动会的起源及古希腊罗马的体育运动 [M] . 徐家顺，译 . 天津：百花文艺出版社，2006.
[16] 孔繁敏 . 奥林匹克文化研究 [M] . 北京：人民体育出版社，2005.
[17] [法] 皮埃尔·德·顾拜旦 . 奥林匹克理想——顾拜旦文选 [M] . 北京：奥林匹克出版社，1993.
[18] 钟秉枢，邱招义，于静，等 . 奥林匹克品牌——中、美、澳三国奥林匹克品牌的比较研究 [M] . 北京：北京体育大学出版社，2006.
[19] 陈立基 . 论奥林匹克运动发展观 [M] . 北京：北京体育大学出版社，2007.
[20] 吴晓群 . 古代希腊仪式文化研究 [M] . 上海：上海社会科学院出版社，2000.
[21] 王祖爵 . 奥林匹克文化 [M] . 北京：中国水利水电出版社，2005.

[22] 孔繁敏 . 奥林匹克文化研究 [M] . 北京：人民体育出版社，2005.

[23] [法]皮埃尔·德·顾拜旦 . 奥林匹克理想 – 顾拜旦文选[M]. 詹汝琮，等译 . 北京：奥林匹克出版社，1993.

[24] 金元浦 . 大学奥林匹克文化教程 [M] . 北京：高等教育出版社，2006.

[25] 国际奥委会 . 奥林匹克宪章[M] . 詹雷，译 . 北京：奥林匹克出版社，1993.

[26] 国际顾拜旦委员会 . 奥林匹克主义——顾拜旦文选 [M] . 北京：人民体育出版社，2008.

[27] [法] 皮埃尔·德·顾拜旦 . 奥林匹克回忆录 [M] . 刘汉全，译 . 北京：北京体育大学出版社，2007.

[28] [美] 阿尔弗雷德·海勒 . 文明的进程世博会的发展与思考 [M] . 吴惠族，译 . 上海：上海科学技术文献出版社，2003.

[29] 杨桦等 .2008 年奥运会提升中国国际地位和声望的研究 [M] . 北京：中国法制出版社，2007.

[30] [法] 理查德·W·庞德 . 奥林匹克内幕：奥运会幕后的政治、丑闻和荣誉 [M] . 屠国元，等译 . 长沙：湖南文艺出版社，2006.

[31] 任海 . 国际奥委会演进的历史逻辑——从自治到善治 [M] . 北京：北京体育大学出版社，2013.

[32] 吴建中 . 世博文化解读 [M] . 上海：上海大学出版社，2009.

[33] 易剑东 . 百年奥运史 [M] . 南昌：百花洲文艺出版社，2008.

[34] 魏纪中 . 我看中国体育 [M] . 上海：三联书店，2005.

[35] 路云亭 . 重估中国体育文化传播的文化价值 [M] . 上海：复旦大学出版社，2013.

[36] 李力研. 野蛮的文明——体育的哲学宣言[M]. 北京: 中国社会出版社, 1998.

[37] 郭庆光. 传播学教程 [M]. 北京：中国人民大学出版社，2011.

[38] 克劳德·赛尔旺，竹田一平. 国际级博览会影响研究 [M]. 上海：上海科技文献出版社，2003.

[39] 王文章. 非物质文化遗产概论 [M]. 北京：文化艺术出版社，2006.

[40] 刘世锦. 中国文化遗产事业发展报告（2008）[M]. 北京：社会科学文献出版社，2008.

[41] 张泉. 北京文化发展报告（2009—2010）[M]. 北京：社会科学文献出版社，2009.

[42] 魏小安, 王洁平. 创造未来文化遗产[M]. 北京: 中国人民大学出版社, 2006.

[43] 杨桦. 奥林匹克与北京奥运国际论坛、中外体育院校校长论坛 [M]. 北京：北京体育大学出版社，2004.

[44] 张福娟, 等. 特殊教育史 [M]. 上海：华东师范大学出版社，2000.

[45] [俄] 瓦·利·施泰因巴赫. 奥运会通史 [M]. 纪联华，等译. 济南：山东画报出版社，2007.

[46] [法] 维嘉雷洛. 从古老的游戏到体育表演：一个神话的诞生 [M]. 乔咪加，译. 北京：中国人民大学出版社，2007.

[47] [德] 沃尔夫冈·贝林格. 运动通史：从古希腊罗马到 21 世纪 [M]. 丁娜，译. 北京：北京大学出版社，2015.

[48] [美] 阿伦·古特曼. 从仪式到记录：现代体育的本质 [M]. 花勇民，等译. 北京：北京体育大学出版社，2012.

[49] 任海. 奥林匹克运动读本 [M]. 北京：人民体育出版社，2005.

[50] 易剑东 . 百年奥运史 [M] . 南昌：百花洲文艺出版社，2008.
[51] [美]新闻自由委员会 . 一个自由而负责任的新闻界[M]. 展江，等译 . 北京：中国人民大学出版社，2004.
[52] 胡申生 . 传播社会学导论 [M] . 上海：上海大学出版社，2002.
[53] 陈龙 . 传媒文化研究 [M] . 北京：中国人民大学出版社，2009.
[54] [美] 道格拉斯·凯尔纳 . 媒体奇观——当代美国社会文化透视 [M] . 史安斌，译 . 北京：清华大学出版社，2003.
[55] 郭庆光 . 传播学教程 [M] . 北京：中国人民大学出版社，2011.

期刊论文：

[1] 范励 . 浅析传统吉祥图形——“云纹”在现代标志设计中的应用 [J] . 中国包装，2006（1）.
[2] 王成，田雨普 . 北京奥运会圣火点燃创意研究 [J] . 体育文化导刊，2006（8）.
[3] 李尔山 . 印象中国红 [J] . 中华遗产，2007（2）.
[4] 王成，田雨普 . 奥林匹克仪式变迁及其当代价值 [J] . 体育文化导刊，2008（12）.
[5] 姜艳 . 神话思维与古希腊仪式文化 [J] . 黑龙江社会科学，2005（5）.
[6] 柴王军，汤卫东，覃兴耀 . 青奥会价值目标探讨 [J] . 体育文化导刊，2008（6）.
[7] 王润斌等 . 青年奥林匹克运动会初探 [J] . 体育文化导刊，2008（3）.
[8] 周娜，李建英 . 永恒共融创新——现代夏季奥运会开幕式主题曲的分析与讨论 [J] . 体育科学，2011（7）.
[9] 程至理 . 奥林匹克运动与音乐 [J] . 天津体育学院学报，1999（1）.

[10] 王成，田雨普．奥林匹克生活传递的历史追溯与解读［J］．首都体育学院学报，2009（4）．

[11] 刘敬民．北京申办 2008 年奥运会的公关策略［J］．公关世界，2002（8）．

[12] 王成，吴明，陈刚．南京成功申办 2014 年青奥会策略分析［J］．体育文化导刊，2010（11）．

[13] 赵丙军等．衡量 2008 年北京奥运会成功的主要标准探析［J］．上海体育学院学报，2005（1）．

[14] 卫京伟．对青奥会的冷思考［J］．天津体育学院学报，2010（5）．

[15] 韩丹．论奥运会承办的三种模式［J］．山东体育学院学报，1997（2）．

[16] 韩雯．政府与市场：奥运会组织模式的两翼——兼论 2008 年北京奥运会组织模式［J］．天津体育学院学报，2003（4）．

[17] 耿申．北京奥林匹克教育的国际贡献［J］．教育研究，2009（7）．

[18] 高力翔，王凯．共生共赢：南京与青奥会共成长［J］．南京体育学院学报（社科版），2011（2）．

[19] 田雨普．奥运会的收支体系及经济效益分析［J］．体育学刊，2005（6）．

[20] 王成，田雨普．2014 年南京青奥会教育展望［J］．南京体育学院学报（社科版），2011（6）．

[21] 史国生．青奥会的发轫动机、原则与展望［J］．南京体育学院学报（社科版），2011（5）．

[22] 文心．绿色奥运，彰显节约［J］．中国高新技术企业，2005（4）．

[23] 任海．论国际奥委会的改革［J］．体育科学，2008（7）．

[24] 王成，靳铁军．《奥林匹克议程 2020》解析——兼论新时期奥林匹克运改革新动向［J］．上海体育学院学报，2016（2）．

[25] 张兆斌 . 青奥文化梳理与解读 [J] . 南京体育学院学报（社科版），2011（3）.

[26] 易剑东 . 中国体育文化建设三题 [J] . 上海体育学院学报，2012（2）.

[27] 王润斌 . 当代奥林匹克核心价值观的多维审视 [J]. 武汉体育学院学报，2015（2）.

[28] 孙葆丽 . 东方智慧与奥林匹克运动改革 [J]. 体育文化导刊，2010（3）.

[29] 胡孝乾 . 国际奥委会《遗产战略方针》框架下的奥运遗产愿景与治理 [J] . 上海体育学院学报，2019（1）.

[30] Claude-Louis GALLIEN. 青年奥运会的作用——健康、预防、社会适应 [J] . 体育科研，2008（5）.

[31] 王晓林 . 奥林匹克价值观的经济伦理学解读：在公平竞争中和谐发展 [J] . 经济问题探索，2008（8）.

[32] 王凤云 . 后现代的渗透与人文教育观 [J]. 国际关系学院学报，2004（1）.

[33] 何振梁 . 奥林匹克价值观与奥林匹克普世性 [J] . 体育文化导刊，2010（4）.

[34] 易剑东 . 冬奥背景下中国奥林匹克认知偏误及其辨析 [J] . 成都体育学院学报，2016（5）.

[35] 胡宝平，万书玉 . 社会主义核心价值观互动生成研究 [J] . 学术论坛，2013（11）.

[36] 任海 . 奥林匹克改革：接地气、拢人气、合天气 [J] . 小康，2015（1）.

[37] 于德山 . 媒介奇观与商业神话：当代体育文化传播的特征分析 [J] . 体育科学，2007（3）.

[38] 王成，田雨普 . 论青奥会的创新、使命与发展 [J] . 体育与科学，2010（2）.

[39] 胡小明. 体育制度的改革契机——南京青奥会随想[J]. 体育与科学，2010（2）.
[40] 杨善顺. 微传播时代的来临与传统媒体的利用[J]. 传媒，2009（8）.
[41] 张颐武. "事件"的冲击——"微时代"的文化想象力[J]. 电影艺术，2012（1）.
[42] 冯霞，尹博. 北京奥运文化传播与中国国家形象塑造[J]. 北京社会科学，2007（4）.
[43] 陈勤奋. 哈贝马斯的"公共领域"理论及其特点[J]. 厦门大学学报（哲学社会科学版），2009（1）.
[44] 霍启立. "微传播"时代的文化特质[J]. 编辑学刊，2010（4）.
[45] 黄璐. 政治传播批判视角：青奥会的品牌优势与媒体形象[J]. 新闻界，2012（1）.
[46] 董进霞. 北京奥运会遗产展望——不同洲际奥运会举办国家的比较研究[J]. 体育科学，2006（7）.
[47] 黄亚南等. 体育文化遗产数字化保护研究与应用[J]. 体育科学，2007（3）.
[48] 葛荣玲. 遗产研究：理论视角探索[J]. 徐州工程学院学报（社会科学版），2012（1）.
[49] 史国生，范妤婧，吕季东. 奥运遗产研究前沿与热点分析[J]. 成都体育学院学报，2018（6）.
[50] 沈宁. 西方当代遗产理论综述[J]. 民族学刊，2012（1）.
[51] 李经龙等. 试论世界遗产的出路[J]. 旅游学刊，2006（9）.
[52] 理查德·卡什曼、杨清琼. 奥运会及其遗产：悉尼奥运会的经验教训[J]. 体育文化导刊，2007（12）.

[53] 林俊，陈作松．北京奥运精神遗产质性研究［J］．武汉体育学院学报，2011（8）．

[54] 王成等．北京奥运会文化遗产的基本理论研究［J］．西安体育学院学报，2011（3）．

[55] 韩封三祝．浅析我国非物质文化遗产保护中的“申遗后遗症”［J］．经济论坛，2010（5）．

[56] 任海．奥运会筹办的伦敦模式［J］．体育与科学，2012（4）．

[57] 郑永廷，张彦．当代精神文化价值研究［J］．中山大学学报（社会科学版），2001（3）．

[58] 乌丙安．非物质文化遗产的界定和认定的若干理论与实践问题［J］．河南教育学院学报（哲学社会科学版），2007（1）．

[59] 刘东锋．基于主办城市居民视角的北京奥运会遗产研究［J］．上海体育学院学报，2014（6）．

[60] 韩丹．论奥运会承办的三种模式［J］．山东体育学院学报，1997（2）．

[61] 马维平．特殊体育论探析［J］．上海体育学院学报，2000（S1）．

[62] 李文辉，程传银，陶于．国际特奥运动的溯源及新世纪的展望［J］．南京体育学院学报（社会科学版），2002（1）．

[63] 吴雪萍，金昌龙，周李莉．我国特殊体育教师专业化内涵探析［J］．上海体育学院学报，2005（3）．

[64] 张繁．对特奥运动发展壮大原因的初探［J］．体育文化导刊，2006（1）．

[65] 单敬松，卢伟鹏．志愿者服务对于特殊奥林匹克运动发展的重要作用［J］．体育文化导刊，2005（1）．

[66] 冯萌．改革开放以来我国残疾人体育发展回眸［J］．体育文化导刊，2006（7）．

[67] 朱建伟，蔡祥．论残疾人体育活动的意义［J］．上海体育学院学报，2003（6）．

[68] 戴昕．对特殊奥林匹克运动的认识［J］．首都体育学院学报，2003（4）．

[69] 王庆军，王汝英．青奥传播：我国传媒面临的内在矛盾与对策［J］．南京体育学院学报（社会科学版），2010（6）．

[70] 樊乐声．南京 2014 青奥会推广宣传片视觉文化解析［J］．体育成人教育学刊，2012（6）．

[71] 严晓青．媒介社会责任研究：现状、困境与展望［J］．当代传播，2010（2）．

[72] 王庆军．拟态狂欢：消费时代电视体育传播的范式［J］．体育学刊，2011（1）．

学位论文：

[1] 孙葆丽．奥林匹克运动人文价值的历史流变［D］．北京：北京体育大学，2005.

[2] 邵玉辉 .2008 年北京奥运会无形遗产保护和开发研究［D］．北京：北京体育大学，2011.

报纸：

[1] 慈鑫．让青少年体育运动独立于极端奥林匹克主义之外［N］．中国青年报，2009-02-17.

[2] 慈鑫．青奥依然是“小奥运会”，比赛和成绩仍是主旋律［N］．中国青年报，2010-08-22.

[3] 朱永超．共同探索青奥会的“南京模式”［N］．南京日报，2010-11-23.

［4］慈鑫．青奥成绩辉煌难掩短：三大球不灵 文化素质偏低［N］．中国青年报，2010–08–26.
［5］石成．青奥会给南京带来财富机遇［N］．现代快报，2010–02–12.
［6］朱永超．青奥会品牌价值提升，为南京带来更大机遇［N］．南京日报，2010–08–23.
［7］庄伟．南京青奥会金牌数定第一，选苗子从现在开始［N］．东方卫报，2010–02–12.
［8］汤敏．南京小记者环球采访首抵狮城［N］．扬子晚报，2010–08–19.
［9］汤敏．青奥会运动员房间不设网线［N］．扬子晚报，2010–08–20.
［10］汤敏．看新加坡青奥，想南京咋办［N］．扬子晚报，2010–08–21.
［11］汤敏．体育设施都能玩，也都玩得起［N］．扬子晚报，2010–08–22.
［12］汤敏．泳池都没见过，照样“游”进青奥［N］．扬子晚报，2010–08–24.
［13］张磊．要让南京百姓分享青奥遗产［N］．扬子晚报，2010–08–26.
［14］孙嘉晖．新加坡青奥会主席：广州亚运将独具特色［N］．广州日报，2010–08–24.
［15］李冀．朱善璐调研青奥会申办工作［N］．南京日报，2009–11–26.
［16］新华社．青奥会不必照搬新加坡模式［N］．现代快报，2010–10–17.
［17］季路德．世博应该成为国民教育新契机［N］．人民日报，2010–05–27.
［18］李云鹏．世博会的教育期待［N］．中国教育报，2010–05–10.
［19］朱彦．受邀赴阿根廷参加奥林匹克运动论坛“南京经验”获国际奥委会充分肯定［N］．南京日报，2018–11–15.
［20］邱雪．雅典奥运会的启示：让文化遗产与奥运会对接［N］．人民日报，

2008-01-11.

电子公告及其他：

[1]《奥运火炬：用“纸”与“火”对立统一表现奥林匹克融合共生》http://torchrelay.beijing2008.cn/cn/news/headlines/torchlaunch/s214041024/n214042234.shtml.

[2]《漆器：中国传统工艺》http://chinaabc.showchina.org/rwzgxl/zgctgy/02/200703/t108969.htm.

[3]《历届奥运会火炬接力基本情况》http://torchrelay.beijing2008.cn/cn/archives/others/n214039404.shtml.

[4]《三星都灵冬奥会火炬传递，让普通人表中国心》http://sports.sohu.com/20050803/n226549797.shtml.

[5]《古代奥运会圣火》http://baike.baidu.com/view/1093013.html.

[6]《联想的奥运诱惑》http://jiangsu.qg68.cn/html/news/6606.shtml.

[7] 1920年，用宣誓诠释公平，奥运老照片［EB/OL］.［2007-09-18］. http://www.bbtnews.com.cn/onyourmark/channel/political27228.shtml.

[8] 国际奥委会宣布正式创立“青少年奥运会”［EB/OL］.［2007-04-25］. http://news.xinhuanet.com/sports/2007-04/25/content_6028043.htm.

[9] 国际奥委会开通全球24小时频道，耗资4.5亿欧元［EB/OL］.［2014-12-09］.http://sports.qq.com/a/20141209/003791.htm.

[10] 新华网．可持续发展［EB/OL］.［2002-08-21］http://news.xinhuanet.com/ziliao/2002-08/21/content_533048.htm.

[11] 新加坡教育联盟：《新加坡：跳出世界 舞向青奥》［EB/OL］. http://www.studysg.com/detail_3446.html.

[12] 新加坡夏季青奥会官方网站 http://www.singapore2010.sg/public/sg2010/en/en_culture_education/en_cep_athletes/en_community_project.html.

[13] 江苏省统计局：《2008 年江苏省国民经济和社会发展统计公报》http://www.jssts.com/Item/180.aspx.

[14] 南京市体育局：《备战全运求突破，繁荣赛事塑品牌》http://www.jssports.gov.cn/newsfiles/301/2009-02/29241.shtml.

[15] 南京喜获 2014 青奥会主办权 97% 支持率成胜利基石 [EB/OL]. [2010-02-11] .http://sports.titan24.com/other/2010-02-11/62772.html

[16] 南京青奥办：《南京申办 2014 年青奥会温哥华陈述稿》.

[17] 2nd summer Youth Olympic Games in 2014: Report of the IOC evaluation commission. Lausanne. January 2010.

[18] 刘利民. 《国际奥林匹克教育中的“北京模式”及其影响》http://www.beijing2008.cn/boda-activity/n214609842.shtml.

[19] 梁保华 . 努力办一届成功精彩的青奥会 在南京青奥会申办总结表彰暨承办动员大会上的讲话 [N] .2010-03-23.http://gov.longhoo.net/2010-04/01/content_2229849.htm.

[20] 网易体育 . 蔡振华鼓励队员多沟通 中国 131 人次参加文教活动 [EB/OL]. [2010-08-22]. http://sports.163.com/10/0822/19/6ENDFJOJ00051CAQ.html.

[21] 华奥星空 . 再次点名批队伍和队员 蔡振华曝代表团四大不足 [EB/OL]. [2010-08-26]. http://www.olympic.cn/2010qah/china/2010-08-26/2062680.html.

[22] 人民网 . 罗格：奥运会正面临着成为自身成功牺牲品的危险 [EB/OL]. [2002-02-05]. http://olympic.people.com.cn/

GB/22183/22205/1603965.html.

［23］罗格参观视察后表示：青奥会选择南京是正确的［EB/OL］.［2010-08-29］.http://www.js.xinhuanet.com/xin_wen_zhong_xin/2010-08/29/content_20750317.htm.

［24］罗格：祝选手玩得开心［EB/OL］.［2010-09-02］.http://www.yangtse.com/news/ty/201008/t20100812_754886.htm.

［25］张丹.国际奥委会：希望南京“从简”办2014年青奥会［EB/OL］.［2012-01-19］.http://sports.qq.com/a/20120119/000088.htm.

［26］新华网.罗格访问北京 谈自己对“节俭办奥运”的理解［EB/OL］.［2004-11-01］. http://news.xinhuanet.com/sports/2004-11/01/content_2166257.htm.

［27］新华社.国际奥委会同意联合申办奥运会 灵活节俭办赛［EB/OL］.［2014-12-08］. http://www.chinadaily.com.cn/hqcj/xfly/2014-12-08/content_12859293.html

［28］巴赫：南京青奥会特别成功特别精彩 非常满意［EB/OL］.［2014-08-28］.https://sports.qq.com/a/20140828/068623.htm

［29］姚东明.青奥会被赞成功诠释文化教育与体育并重理念［EB/OL］.［2019-01-30］.http://www.china.com.cn/sports/nanjing2014/2014-08/28/content_33363374.htm.

［30］联合国教科文组织：《保护非物质文化遗产公约》（2003）［EB/OL］.https://www.360kuai.com/pc/97334571a2fb99cd5?cota=4&tj_url=so_rec&sign=360_57c3bbd1&refer_scene=so_1

［31］人文奥运网［EB/OL］.http://www.c2008.org/center.asp.

［32］IOC: The Youth Olympic Games Brochure, www.olympic,org 2007-07-05.

[33] 北京奥运城市发展促进会 [EB/OL] .http://www.beijing2008.cn

[34] 中国残疾人联合会、教育部、民政部、国家体育总局：《关于进一步加强和改进特奥工作的意见》，2004 年 .

[35] 中国残疾人体育 [EB/OL] .http://www.cpc2008.org.cn

[36] 中国残疾人联合会 [EB/OL] .http://www.cdpf.org.cn

[37] 国际奥委会 [EB/OL] .https://www.olympic.org

[38] IOC.*Basic Universal Principles of Good Governance of the Olympic and Sports Movement* [R] .2009-09-11.

[39] The IOC. *Olympic Movement' sAgenda* 21 [R/OL] . [2019-01-30] . https://stillmed.olympic.org/Documents/Reports/EN/en_report_300.pdf.

[40] http://sports.cntv.cn/zonghe/special/people/Bach/index.shtml [EB/OL] . [2014-12-19] . 封面人物第 99 期 .

[41] Robert K · Barney.*the genesis of sacred fire in Olympic ceremony: a new interpretation* [A] .OLMPIC STUDIES READER [C] .Dante Gastaldoni，2008（1）：238.

[42] IOC.*Olympic Charter* [R] .2007 edition.

[43] The IOC. *Olympic Agenda* 2020 [R/OL] . [2019-01-30] .http://stillmed.olympic.org/media/Document%20Library/OlympicOrg/Documents/Olympic-Agenda-2020/Olympic-Agenda-2020-127th-IOC-Session-Presentation.pdf.

[44] The IOC. *Speech on the occasion of the Opening Ceremony 127th IOC Session* [R/OL] . [2014-11-07] .http://www.olympic.org/Documents/IOC_Executive_Boards_and_Sessions/IOC_Sessions/127_Session_Monaco_2014/127th_IOC_Session_Speech_Opening_Ceremony_

President_Bach-English.pdf.

[45] International Olympic Committee. *WHAT IS OLYMPISM?* [EB/OL] . [2016-03-06] .http://www.olympic.org/olympism-in-action.

[46] IOC. *Closing speech by IOC President Jacques Rogge* [EB/OL] . [2013-09-10] .http://www.olympic.org/2020-host-city-election-125th-ioc-session

[47] IOC.*Olympic Agenda 2020 126th IOC Session* [EB/OL] . [2014-02-05] .http://www.olympic.org/Documents/IOC_Executive_Boards_and_Sessions/IOC_Sessions/126_Session_Sochi/Olympic_Agenda2020_Part_1_English.pdf

[48] *Thomas Bach' s speech following his election as IOC president* [EB/OL] . [2013-09-10] .http://www.olympic.org/Documents/IOC_Executive_Boards_and_Sessions/IOC_Sessions/125_Session_Buenos_Aires_2013/President_election_Thomas_Bach_speech.pdf

[49] IOC.*Speech on the occasion of the Opending Ceremony 127th IOC Session* [EB/OL] . [2014-11-07] .http://www.olympic.org/Documents/IOC_Executive_Boards_and_Sessions/IOC_Sessions/127_Session_Monaco_2014/127th_IOC_Session_Speech_Opening_Ceremony_President_Bach-English.pdf

[50] IOC.*Speech on the occasion of the Opending Ceremony 127th IOC Session* [EB/OL] . [2014-11-07] .http://www.olympic.org/Documents/IOC_Executive_Boards_and_Sessions/IOC_Sessions/127_Session_Monaco_2014/127th_IOC_Session_Speech_Opening_Ceremony_President_Bach-English.pdf

[51] The IOC. *Olympic Charter* [R/OL] . [2019-01-30] . http://stillmed.olympic.org/media/Document%20Library/OlympicOrg/Olympic-Studies-Centre/List-of-Resources/Official-Publications/Olympic-Charters/2015-Olympic-Charter.pdf#_ga=2.129149391.252323856.1549887055-103244758.1549614298.

[52] The IOC. *Olympic Values Education Programme* [R/OL] . [2019-01-30] . http://stillmed.olympic.org/media/Document%20 Library/2015/08/12/19/07/20/Olympic-Values-Education-Programme.pdf#_ga=2.58240233.252323856.1549887055-103244758.1549614298.

[53] The IOC. *The Fundamentals of Olympic Values Education* [R/OL] . [2019-01-30] . http://stillmed.olympic.org/media/Document%20 Library/OlympicOrg/Documents/OVEP/Fundamentals-Olympic-Values-Education/English/1539_OVEP_Fundamentals_ENG_3a_AW.pdf#_ga=2.137511411.252323856.1549887055-103244758.1549614298.

[54] *International Olympic Committee Conclusion and Recommendations International Symposium on Legacy of Olympic Games* [S] ,1984-2000.

[55] The IOC. *Olympic Legacy* [R/OL] . [2019-01-30] . http://www.stillmed.olympic.org/media/Document% 20Libary/OlympicOrg/Documents/Olympic-Legacy/Olympic-Legacy-Brochure.pdf.

[56] The IOC. *Olympic Games: Legacies and impacts 2015* [EB/OL] . [2019-01-30] .http://stillmed.olympic.org/media/Document%20Library/OlympicOrg/Documents/Olympic-Legacy/Olympic-Games-Legacy-and-Impacts-Bibliography.pdf#_ga=2.233007581.252323856.1549887055-103244758.1549614298.

[57] The IOC. *Legacy strategic approach moving forward* [R/OL] . [2019-01-30] . http://www.olympic.org/-/media/Document%20Library/OlympicOrg/Documents/Olympic-Legacy/IOC_Legacy_Strategy_Full_version.pdf?la=en&hash=0BCD9D4723539CDC8495FE1AE6AC562BCBDAF316.

[58] *International Olympic Committee Conclusion and Recommendations International Symposium on Legacy of Olympic Games* [S] ,1984-2000.

[59] IOC: The Youth Olympic Games Brochure, www.olympic.org 2007-07-05.

附 录

探寻城市变革与奥运危机的破局之道[①]

《奥林匹克2020议程》发布以来，国际奥委会推动的一系列奥运改革一时间引发多方热议。而在这些改革举措中，“城市与奥林匹克运动”命题可谓备受关注。未来的奥林匹克运动何去何从？奥运危机的背后说明了什么？城市和奥运会之间彼此意味着什么？基于这一问题意识，《“无城来办”的背后：后现代城市变革下的奥运呼求》（《体育学研究》2020年第1期，以下简称《“无城来办”》）一文从奥运会申办遇“冷”的现实问题切入，基于城市学研究视角，分析后现代城市变革下奥运会与之不相适应的困局，对上述问题进行了积极回应，并进行了卓有成效的考察。文章视角独特，立论新颖，亦将奥运与城市研究逐步引向深入。

事实上，自现代奥运会复兴以来，奥林匹克运动的发展就一直遭遇波折。举办初期，奥运会公众认可度低，先是沦为世博会的陪衬品（1900年巴黎奥运会），后是接二连三遭遇世界性的战争：第一次世界大战，被迫取消（1916年柏林奥运会），第二次世界大战，再度被取消（1940年东

① 本文乃受《体育学研究》杂志之邀所撰写的一篇学术评论，刊载于《体育学研究》2020年第3期，发表时有删减，此处为全文，特此注明。

京奥运会、1944 年伦敦奥运会）。此后几十年由于“锦标至上”“兴奋剂滥用”“政治捆绑”“信任危机”等问题，一直遭受批评，甚至一度面临“国家抵制”之局面。1984 年洛杉矶奥运会之后，由于商业模式的成功，奥运会总算是迎来了自己的“高光时刻”。但是好景不长，在表面风光、万人欢腾的背后，却也存在承办方债台高筑之现实，于是民生哀怨，抵制声不绝于耳。事实的情况是，众多欧美发达城市陆续对奥运会失去兴趣，民间组织高呼“NO-Olympism”。德国人托马斯·巴赫（Thomas Bach）就任国际奥委会第九任主席之后，不得不提前着手将奥运会改革提上议程，因为他深知“假如我们自己不驱动这些改革，别人就会迫使我们去改革。我们想成为改革的领导者而不是改革的对象”。于是，申办奥运从“竞标”到“邀请”，从“单一城市”到“允许多城联办”，甚至出现举办权“双分配方案”。否则，奥运会真将面临“无城来办”的困局。

显然，我们可以从体育治理不善、赛事运作不力、经济动荡与财政吃紧等视角观察和理解奥林匹克运动的这种危机局面，但是，城市——确实是一个往往容易被忽视却极为重要的考察思路。正如作者在文中提及的那样：“我们很少将‘城市’抽离为一个相对独立的、自在的、专门的视角与逻辑进行考察。实际上，城市有着自己的历史、体系、规律、哲学、议题。[①]”我们都知道，体育是城市现代化的表征。亚里士多德有句名言：“人们来到城市是为了生活，人们居住在城市是为了生活得更好。”《“无城来办”》以这个以往研究中被忽视的视角切入，相当精彩地考察了城市与奥运会的四种矛盾体现：小与大，城市规划的集约化与奥运会超大规模之

① 冯雅男，孙葆丽，毕天杨．“无城来办”的背后：后现代城市变革下的奥运呼求——基于对《奥林匹克 2020 议程》的思考［J］. 体育学研究，2020（1）：87-94，48.

间的不平衡；公与私，城市空间的公共化与奥运空间排他性之间的不和谐；实与虚，城市民生的实际期许与奥运会政治经济宏大设想之间的不一致；弛与张，城市生活的休闲化与奥运会工业文化逻辑之间的不同向。既直面当前奥运发展中的种种困局与危机，又契合后现代城市变革的特点与趋向，可谓精准。

不可否认的是，一篇好的学术文章不仅要能阐述并论证自身的观点，还要能激发他人更多的思考，即提供一定的学术生长空间。《“无城来办”》论及的这四种矛盾困局，每一条都有延伸展开的空间和继续研究的余地。例如，在“小与大：城市规划的集约化与奥运会超大规模之间的不平衡”中，能够引发我们思考的是，体育规划如何才能置身于城市规划之中？城市规划如何与体育规划“多规合一”？从“有机分散”到“城乡联姻”，从田园城市、广亩城市、拼贴城市，到智慧城市、生态城市、体育城市，人类一直致力于探索边界清晰、能够自给自足、适合人居的城市生活空间，从而对城市恶性增殖和无序化发展持有强烈的批判意识，那么如何实现城市与体育的联动、可持续发展？在“公与私：城市空间的公共化与奥运空间排他性之间的不和谐”中，城市空间抑或公共空间，本身就是一个极富魅力、极具拓展性的学术话语，社会学、哲学、政治学都对空间问题展开过丰富多彩的研究。与体育相对应，如果说“城市空间的公共化是城市文明向前发展的一个重要标志”的话，那么城市体育空间则是基于个体身心角度，再次确认市民社会，涵养城市文明的重要因子，因为体育空间本身就具有重要的公共属性。发达国家的经典案例已经告诉我们，多元化的城市体育空间可以促进城市更新和消费转型、推动城市营销、打造健康城市和生态城市。不同的体育空间类型之间联通互动，组成了紧密的城市体育空间网络，共同助力城市发展。如何在对标国际的基础上进行城市体育空间与本土城市发展关系问题的研究？2020年新年伊始，面对突如其来的新冠肺炎疫情，挑战堪称前所未有。体育场馆在此次疫情事件中也扮演着重要的力量。不少体育场馆被临时转为“方舱医院”。在这样的背景下，疫情危机下的城市体育空间如何进行规划应对？城市空间规划和体育规划可以做哪些尝试和反思？如何研究公共空间使用的弹性、可变性、混合性以及容载性等问题？这些问题都有进一步研究的余地和价值。

回到《“无城来办”》的文本以及现实语境中，既然奥运会与城市之间产生了如此多的问题乃至发展困局，那么我们不禁要问：当下的社会和我们还需要奥运会吗？这或许也是一个足够引起思考的问题。

诚然我们可以从很多角度对这个问题进行辩论和分析，但是不可否认的一点是，以奥运会为代表的超大型节事事件具有重要的“情感宣泄”价值，不仅凝聚了“想象的共同体”，亦承载着“现实的乌托邦”。艾伦·古特曼（Allen Guttmann）对此一语中的：“运动赛事创造农神节一样的场合，让我们能够无拘无束地抒发生活中被严格压抑的情绪。”[①]而这样的场景和涂尔干对宗教狂热仪式的描述“团体内的集体亢奋(Collective Effervescence）能产生团结感”有着非常重要的关联。奥运会就是这样的体育“嘉年华”，这也正是芭芭拉·艾伦瑞克（Barbara Ehrenreich）所说的：“我们生为社会性动物，天生便懂得分享喜悦，只要能尽情发挥，世界和平绝非空想。[②]”从这个意义上看，人类需要庆典和狂欢，以奥运会为典型呈现样态的现代体育运动恰是一种“公众参与、集体狂欢、群体共享、

① ［美］芭芭拉·艾伦瑞克．嘉年华的诞生——庆典、舞会、演唱会、运动会如何翻转全世界［M］．胡訢諄，译．新北：左岸文化事业有限公司，2015：277.

② ［美］芭芭拉·艾伦瑞克．嘉年华的诞生——庆典、舞会、演唱会、运动会如何翻转全世界［M］．胡訢諄，译．新北：左岸文化事业有限公司，2015.

欢庆主张”的拟态性全民狂欢。

不仅如此，现代体育比赛构成了一个与我们所处的社会相似的空间。体育具有独立性，宣扬公正、竞争，其崇尚功勋的民主形式正是现代社会的真实写照，为人类社会创造了一个理想的拟态世界。作为综合性竞赛体系代表的奥运会是一个有组织的集体，树立榜样，有自身的价值规范和思想体系，要确保社会中最珍贵的价值如公平竞争、裁判公正、团队协作、履行道德等被广泛传播。虽然奥运会中“游戏”的性质至今似乎已荡然无存，但是通过体育的方式使其具有独立性和反社会性。正如乔治·维嘉雷洛（Georges Vigarello）所言：“体育树立理想，创造神话，在卓越品质和理想日趋消退的时代，凸显了其重要性。[①]”所以，我们需要奥运会，我们需要真正干净、纯洁，有着人性关照的奥运会，而不是卑劣的行径或者其他。

21世纪是一个“城市世纪”，当下的社会也已经进入“城市社会”。古往今来，无论规划思想和发展理念如何演变，“城市是市民的城市，城市是人居中心，城市属于城市中的人”这一核心论点始终没有变。然而历经数千年发展，城市变得更发达、更精彩时，却也滋生了无序扩张、生态恶化、交通拥堵等难题。而奥运会亦是如此，各种组织体系和架构日趋完善的同时，也面临着超大规模、开支飙升、锦标盛行等危机。两者的发展是何其相似！如何破解上述难题，或许真要从“初心”中寻找依据。奥运会还是“以人为本”的奥运会吗？城市还是人民的城市吗？正如《“无城来办”》提到的那样：“城市与奥林匹克运动互动的核心，始终应该围绕

① ［法］乔治·维加雷洛．从古老的游戏到体育表演：一个神话的诞生［M］．乔咪加，译．北京：中国人民大学出版社，2007.

于人，实现人的挺立。当城市与奥林匹克运动，两者都紧密地趋向这一核心的时候，两者就会达成一种善与美的发展；当两者都背离这一核心的时候，就会走向衰微的厄运。[①]”

还是让我们共同拭目以待吧！

① 冯雅男，孙葆丽，毕天杨．“无城来办”的背后：后现代城市变革下的奥运呼求——基于对《奥林匹克 2020 议程》的思考［J］．体育学研究，2020（1）：87-94，48.

跋

我的幼时生活与体育并没有交集，印象中是在初中阶段开始接触体育，从田径场边的单双杠到简易的杠铃、哑铃，不间断的身体训练和健身体验让我萌发了对体育的原始认知，其间曾一度痴迷于武术，并在校田径队跟队训练多年，虽然高考后没有被体育大学录取，但是硕士阶段又重回体育专业，也算是走了一个“曲线迂回”的路子。读书期间曾作为健美操运动员参加过多场省级和全国比赛，如今作为体育教师，教游泳和健身，爱撸“铁”与跑“马”，喜阅读和写作，平时关注体育事件，撰写体育文章，以此观察社会、思考人文，算是以体育为志业，与体育打上了终身的交道。我观察体育、研究体育、参与体育、享受体育，体验体育带给自己的苦痛与抗争、自卑与超越、光荣与梦想，思考体育与人和社会的相互关系。我时常在想，人类生活为什么需要体育？体育在现代社会究竟扮演着怎样的角色？国际奥委会为何能够成为当今世界最具财力和影响力的非政府组织？为什么有那么多的人沉浸在四年一度的奥运庆典中？奥林匹克运动为什么历经百年还能延续？五环的魅力究竟在哪里？奥运的危机与城市的困局如何破解？

2005 年 9 月，我来到心仪已久的南京师范大学攻读体育人文社会学专业硕士研究生，从那时起，算是正式跨入体育专业的圈子，并且打算将体育作为自己今后的工作和事业追求。我清晰地记得，开学前的几日，尚在安徽老家的我，已经开始莫名兴奋起来，连续几个晚上激动得睡不着觉，那时的我经过了长达一年的闭关苦读，最终以总分第三的考研成绩被南师大录取。体育究竟是什么样子的？体育学硕士的读书和学习甚至训练究竟和其他专业有何不同？对此，我满怀期待，憧憬未来。美丽的随园校区、陌生的体育专业、可能的竞技训练，给我带来了一系列充满悬念的想象空间。

入学后不久的一个偶然机会，我随特步十运会助威团参加开幕式的观摩。开幕式上恢宏的团体操和歌舞表演已经记不清楚了，但是火炬点燃的场景却迄今难忘：手持火炬的巨大机器人从奥体中心上空跨步跑向火炬塔，主火炬点燃时，全场轰动，5 万多人的奥体中心爆发出雷鸣般的掌声。正是这次偶然的现场观摩，激发了我对奥林匹克运动这一人类“奇观”的兴趣，开启了我对奥林匹克研究的历程。圣火点燃、火炬接力、奥林匹克仪式、奥运会、青奥会……一个个奥林匹克关键词随着时间的推移不断地进入我的关注视野。

本书从不同角度对奥林匹克运动的诸多议题进行研究，有一些新的尝试，也提出了很多新的观点，既有理论层面的梳理提炼，如“南京青奥会节俭观（文化节俭、适度节俭、务实节俭、效益节俭）”“‘取用于民，全民共享’的青奥遗产理念”，也有实践层面的筹办建言，如“南京模式”“青奥会精神遗产观”等，一些观点也被事实所验证。拘囿于能力和现实的限制，这些探索或许存在很多不足，但尝试是值得鼓励并坚持的，这也是我个人的认知与取向。

值得一提的是，本书中的部分章节曾在《北京体育大学学报》《上海体育学院学报》《西安体育学院学报》《体育与科学》《体育文化导刊》《南京体育学院学报》等期刊发表过，借此书出版之际，我也想对上述编辑部和审稿人表示诚挚的谢意。论文发表，研究成果和观点能够在更加广阔的平台上寻求讨论和交流固然是事实，但是发表对作者本人有信心继续从事该领域的研究更是一项莫大的鼓励。从 2006 年第一篇论文《北京奥运会圣火点燃创意研究》刊发，到 2016 年的《奥林匹克议程 2020 解析——兼论新时期奥林匹克运动发展新动向》，已整十年，可谓弹指一挥间。我的硕士论文是《奥林匹克圣火传递的历史研究》，博士论文是《青奥会：理想追寻与价值回归》，在过去的十五年体育研究中投入精力最多、关注时间最长的莫过于奥林匹克运动。从北京奥运会到南京青奥会再到北京—张家口冬奥会，在关注这些奥运事件的同时，也先后主持完成了国家体育总局体育文化发展中心体育文化研究基地年度课题《北京奥运会文化遗产的内涵与特色研究》、南京大学文科基金青年项目《青奥会承办之“南京模式”研究》、江苏省体育局局管课题《南京青奥会精神遗产研究》、教育部人文社会科学研究青年项目《青奥文化传播与南京城市形象塑造》等与奥运相关的课题研究工作。不同的课题以不同的思维和视角切入中国的奥林匹克实践，彼此间相互促进，互为补充，带给我很多新的思考与启发。

回头看这些年围绕奥林匹克所做的研究，竟然也一以贯之，有着一条清晰的脉络主线。需要说明的是，一些篇章是政策研究和对策建议的产物，由于时效性限制，其观点或许已经过时，但好在事实是清楚的，观点是鲜明的，也愿意接受历史的检验和大家的批评。为了保留当时的写作状态，留存个人的奥林匹克认知史，本书成稿时并没有做太大的改动，仅仅修订了个别错别字和语句不顺之处。

感谢任海教授为本书作序。2008 年奥林匹克科学大会在广州举办，任教授作为中国体育界两位主讲人之一，在奥科会的大会报告上侃侃而谈，与国外学者精彩对话，给当时坐在台下的我留下了极为深刻的印象。虽然从读硕士起，就不断读到任教授有关奥林匹克研究的论文论著，也听我的硕、博导师田雨普教授多次提起他们之间曾经的过往趣事，但直到我硕士毕业才得以有机会在会场中见到这位身带“传奇色彩”的“师叔”。他和我的导师田教授在北京体育大学读书时是同班同学，是 1978 年恢复研究生制度后的首批体育理论专业研究生，求学期间又同住一间宿舍，后留学加拿大，回国后一直在北京体育大学工作。这些年，我和“师叔”多有往来，外出参加学术会议，总能从他的最新研究中获益良多，不管是会议报告还是休息闲谈，总有启智点拨之感。在吾师的《体育沉思录》一书后记中，导师曾直言不讳地提及任教授是他“最为敬佩的人”，我想，这种“敬佩”除了做真学问本身之外，还有那种在为人处世中淡泊名利的心态和气度。的确，任教授为中国的体育事业培养了众多的骨干和精英，而老一辈体育工作者那种无私奉献、追求真理和提携后学的崇高品格一直激励着无数的青年学子，相继投身体育这一令人兴奋和激动的事业。于我而言，这正是“高山仰止，景行行止，虽不能至，然心向往之”的真实写照。

感谢一路走来众多师生好友的鼓励与陪伴。从虎踞关到油坊桥，从南京大学鼓楼校区的体科所到仙林校区的四组团，还有社会学院“慎思堂”、杜厦图书馆……变换的是空间地点，不变的是内心情感。古人云“三人行，必有我师焉”，一次激烈的讨论、一个善意的微笑、一条中肯的建议，甚至是一句不经意间的话语，都可能给我带来莫大的启发和鼓舞。从这个意义上而言，没有这些良师益友，自然不会有现在的我。

虽然子曰“读书不为稻粱谋”，但是世风浮躁，人心浮华，阅读功利化，高校教师迫于职称晋升和聘期考核正面临前所未有的压力。虽然我也不能免俗，但是力求在两者间寻求一定的平衡。本书的一些章节虽有趁势而作之感，但好在思考是明确的，建议也是中肯的。在此，要感谢南京大学为我提供的宽松工作环境以及家庭为我营造的温馨和谐氛围，使我能够在学术著作出版难、论文发表难的“两难”背景下，尚有充分的精力和财力来应对这一切，从而可以不为生计所迫，不为琐碎而扰，安坐于书桌前。

2015 年，北京—张家口联合申办 2022 年冬奥会取得成功，这意味着中国体育将再度发力，再次登上全球舞台，而奥林匹克运动在中国的传播也将更进一步，更深一层。我们需要用自己的实力来证明中国体育的态度和价值，而全球体育也需要中国体育的广泛参与和积极贡献。奥林匹克运动是全人类的事业，我们需要用国际通用和惯用的标准与规则来发展本土体育实践，才能以更加开放和包容的姿态融入奥林匹克，融入国际社会，真正让奥林匹克在中国扎根。同时，这也是中国体育与时俱进，真正彰显文化自信、自强乃至自觉的重要表现。

“兰生幽谷，不为莫服而不芳。舟在江海，不为莫乘而不浮。”奥林匹克研究和探索仍将持续下去，而中国的奥林匹克事业也必将在新的历史时期焕发出新的生机与活力。

王成
2020 年 5 月 30 日 于南京仙林